# 莊子內七篇
## 外秋水・雜天下
# 的現代解讀

王邦雄

# 病中寫莊

《老子道德經的現代解讀》甫出版刊行，內心已給自己一個許諾，接下來要解讀的是承老子之學而開出新理境的莊子。

問題在，只解讀莊子自家作品的內七篇呢？還是要擴及出於後起門徒之手的外雜篇呢？因為，「解讀」不同於辭句的注釋，與字面的翻譯，而是義理內涵的抉發，與生命智慧的體悟。且外篇道已流落在主體生命之外，成了客觀認知的對象；而雜篇對道的觀解，雜陳偶現，而難期精純。加上外有十五篇而雜有十一篇，為了避免篇幅過於冗長，而失去詮釋的重心，故外篇只取〈秋水〉，而雜篇則取〈天下〉。這兩篇獲致歷代學人的絕高評價，〈秋水〉被認為是文學藝術的巔峰之作，〈天下〉則被當成《莊子》一書的後序。我在數十年講論莊學的路上，惟有這兩篇是以單篇論文的形態發表，前篇為〈莊子秋水何以見外〉，後者為〈論莊子天下篇評析各家思想的理論根據〉。由是解讀莊子即以內七篇、外秋水與雜天下三者並列而依序詮表。

民國百年七月，我在大學的專任教職，就在淡江大學中文系所主辦之「第一屆新儒家與新道家學術研討會」熱烈展開聲中，宣告終結。八月，永和住家全面整修，一家五口分居三處，我與家貓阿橘寄身在附近公寓的加蓋頂樓，在漂泊流落的孤寂歲月中，開啟了解讀莊子九大名篇的書寫工程。這是博士論文之後最龐大也最用心的寫作規畫，從重讀歷代注疏，再勾勒出篇章綱目，並依段落逐句給出義理的解析詮釋。九月，新學期開課，每星期仍在淡大中文所授課四小時，並有華山講堂、敏隆講堂、三千教育中心、經典研習班等處的民間講學，還外加一個來家上課之一對一家教，堪稱寫書與講學兩頭忙，完全感受不到教職退休卸下重擔的輕鬆自在。

隔年元月，家整修完成，一家五口又重回舊家新居，人貓不再流落漂泊，而回歸家居日常，身心稍得安頓。一直到六、七月間，整整投入了一年的時光，勉力草成初稿。這期間還安排了新加坡、香港、南京及山西的講座與研討會行程。在內外交逼之下，好幾回腸胃不適就醫，貓也因尿道結晶阻塞，幾度進出醫院，最後做了人工尿道的手術，似乎人貓之間有著相依為命的存在感應！

九月中旬，腹腔劇痛，永和小診所未有檢驗設備，仍依循舊病例，以腸胃炎治療，三天之後病情未見緩解。十七日請華山講堂聽課的紀建興醫師來家觸診，判定病痛在肝膽，而不在腸胃。當晚即開車送往榮總急診，驗血結果，染毒指數破表，白血球飆升至一萬六、七，外科主治醫師前來告知情況嚴重，安排做斷層掃描，發現膽囊阻塞而感染發炎，立即進行引流手術。在這一抽血、打顯影劑的流程中，全身忍不住的劇烈發抖，我試圖以意志力來壓制，卻完全無效，當下還自我批判何以如此禁不起考驗，病痛纏身，生命即面臨全面崩解的邊緣。躺在病床上，蓋了兩層棉被，還兀自抖個不停，測量體溫，已高達三十九度五，難怪畏寒如此之甚。原來，生命病痛是生理官能之形氣邊事，與理想性、價值感、精神涵養跟人生智慧完全不相干。歎了一口氣，躺在急診室的偏僻角落，過了最漫長的一個夜晚，閉著雙眼耳邊盡是病患家屬與醫護人員匆忙來去的吵雜聲，心想眼前景象不就是人間困苦的濃縮寫照嗎？一直挨到第二天中午，才入住內科病房，打抗生素進行對治性的治療。

突然病發住院，所有課程緊急喊停，人情道義一概放下，鎮日困守病床，寫書完全停擺，看《笑傲江湖》解悶，形同令狐沖被師門誤解的一段自我放逐的生涯。住院十二天，九月二十八日主治大夫朱啟仁醫師說老師可以回家了，兩個禮拜之後，再來做摘除膽囊的手術吧！

回家說是調養，實則是加緊彌補被耽擱下來的書寫進程。兩週之後向外科主治大夫報到，驗血結果膽紅素太高，而血紅素偏低，說狀況不好不宜開刀。回轉內科調理，再開抗生素，等膽紅素下降。一週之後，膽紅素未見下降反倒上升，與預期落差太大，內心十分沮喪，有好幾班正等我回去講課呢！十月十六日一女中老學生余美瑛女史來電說病房有空位，請老師再來住院，我斟酌再三，實在不想再去空等，紀醫師隨即在通話中力勸，說總比在家易於控制病情，且可以進入診療醫護的程序中。當天夜晚再度住院，並攜帶書本稿紙前去，得空可以書寫。

十八日午後，紀醫師來病房探視，約請他的同學李醫師，前去跟外科主治大夫溝通，而外科主任也在座，說王教授有地中海型貧血的家族傳統，故膽紅素太高可能是間接性因素造成。三點多四位醫師一起來到我的病房，石主任說假如王教授願意，明天上午即可進行摘除手術，就由石主任與王大夫共同主刀，並謂開完刀就得連袂趕去上海開會。不過兩位大夫還是力勸等情況好轉再開刀較妥，說發炎的膽囊已做了引流手術，基本上生命是安全的，何必急在一時而承擔不必要的風險？並強調有人身上掛著引流袋半年之久，甚至好幾年也可以沒事。此話一出，我再無考慮空間，立刻做出決定：「那就開了！」當下簽同意書，兩位主刀大夫起身離去，做相關安排。那時我正在夕陽斜照中寫〈大宗師〉的最後兩段，向兩位內科醫師致謝送別，護理師要求轉往外科病房，進行心電圖檢測，與肺部X光透視。那時光線夠亮，我還是將當下放下一切的「坐忘」工夫與窮困之極歸之於「命」的這兩段寫完，因為心境完全相應。心想萬一開刀而回不來的話，至少寫出了完整的內六篇，而不要〈大宗師〉缺了末兩段而徒留遺憾。「坐忘」是當下可以放下一切，理由在一切已在當下，故重點在「道」的體悟，而不在「忘」的工夫。最後一段問生命的困窮是誰造成的，既不會是生萬物的天地，也不可能是生兒女的父母，所以給出了一個沒有答案的答案，沒有理由的理由，說還不是「命」嗎？認了也就不苦了，原來，認命等同坐忘，在放下的同時給出了自身存活的空間。

當晚折騰了一晚上，輸血兩袋，因血管太沉，三位護理師忙得團團轉，在我兩隻手上尋找可以扎針的地方。隔天早上八點，推入開刀房，十一點在恢復室醒來，生命存在只剩下一個「痛」字，我什麼都不能想，什麼也不能說，我知道開的不是內視鏡的小刀，而是在腹腔劃了一大刀。石主任來到身邊說了一長串情況是多麼不好的話，我沒有力氣回應。就在書寫莊子的體道過程中，而有此病痛之極，「道」解消不了痛徹心扉的痛，不能問是誰造成的，「命」終究要「認」。道是一切，一切已在當下，而當下卻不再是一切，「痛」僅能自我承擔，因為切身之「痛」是放不下、忘不了也走不開的。

同時開刀的二十八床病患，我是最後一個被推出來，本來還以為依年齡排序；未料，竟是等待再作內視鏡逆行性膽管攝影，以確定總膽管出現的陰影是不是結石。原來，苦難還未結束，在檢驗室換床劇痛之下，忍不住喊痛，還好麻醉之後，此身已非我有，痛就此離身而去。由是可以了悟，道家支派的慎到，何以會說出「塊不失道」的絕望話頭，意謂即使生命如土塊，此中自有道。因為道在生人救人，土塊無知無感，人在痛苦不堪的時候，沒有感覺等同得救。這是戰國亂世從宋榮子的「定乎內外之分，辨乎榮辱之境」，再到告子的「不得於心，勿求於氣」，最後逼出慎到「塊不失道」之一系列逐步沉落的生命自救之道。宋榮子不要外在的世界，不求功名利祿，就可以遠離屈辱，而保有生命本身的榮耀；告子說當外在的不合理現象，已闖入心頭，而擾亂了生命的平靜，那就不要再求助於血氣去硬撐對抗，因為最後連「日出而作，日入而息」的自然作息，也將持守不住。現代人的病痛在此，什麼都想要，「心」亂之後，意志跟進，且鼓「氣」前行，此之謂「心使氣曰強」與「強行者有志」。而使氣強行的後遺症在心律不整、消化不良、內分泌失調，甚至吃不下，也睡不著，說是打天下，實則掏空了自己。「塊不失道」是沒有希望的希望，也是沒有出路的出路，只要把生命壓縮成土塊，就無憂無患，不痛也不苦了。〈應帝王〉說列子「塊然獨以其形立」，放下平生榮耀與一身傲氣，讓自己回到什麼都不是的存在本然中，從泥土裡尋求再活回來的價值空間。

確定不是石頭而是水泡之後，推回病房，又輸血兩袋，打止痛針。迫切的問題在麻醉之後尿解不出，此中尚有一打不破的尊嚴問題，我真的要躺在床上對著尿壺解尿嗎？午夜十二點，住院醫師前來關切，說超過十二小時沒解尿，就得插管導尿。只得忍痛下床，推著點滴架到洗手間，幾番來回，總算解開了壓在心頭的大患。吾人立身處世，在複雜微妙間，「德蕩乎名，知出乎爭」，心知執著名號，就在爭排名的人為造作中，失落了本德天真，執著自困，而造作自苦。問題在，我們也能就醫求診，像開刀一樣的決斷割除，且強忍痛楚一步一步走去面對，並三番兩回的尋求化解之道嗎？假如答案是肯定的話，那人生路上理想的可能失落，情意的不免挫折，也就不會留下那麼多不堪回首，卻又掙脫不了的憾跟痛了。

開刀之後，轉住單人病房，除了清靜之外，友朋來訪，較有立足對坐的餘地閒情，最重要的是吾家太座伴隨照護，起居作息也當有個獨立的空間。每天清晨，起身梳洗，等待小醫師來換藥，再恭候大醫師帶隊來問病情，好像回到成功嶺受訓的歲月。輪班的護理師隨時進來量血壓心跳與脈搏，或抽血吊點滴。第三天，醫師慈悲，點滴架掛上了嗎啡袋，被痛感淹沒時按它兩下，讓痛感暫且離身。嗎啡成了救護靈丹，儼然以「道」的姿態出現。不過，它僅能離苦，而不能活命，故用了五天，即被撤離，以免病人過度依賴，而成了毒品。當代社會，人心盲昧不明，人間茫然不定，而人物忙碌不堪，除了投靠怪力亂神之外，要不就藏身大麻迷幻間，在沒有出路中找出路，在沒有感覺中製造感覺，此身飄飄然，在迷離幻境中，忘了自己是誰，不必背負責任，也不用承受壓力，當下就從苦難煎熬中獲得解脫。問題在，那就是〈天下〉篇所說的「非生人之行，而至死人之理」，哲理智慧本在開發「生人之行」，卻在人間扭曲與人物變形之下，自我異化沉墮而為「死人之理」。從宋榮子不要「外」，而只要「內」，到了告子不要「心」，而只要「氣」；再到慎到竟連「氣」也不要了，只要生命如土塊。「生人之行」竟成了「死人之理」，這是人文價值的全面崩解。

十月卅一日，傷口仍未癒合，兩位醫師說可以回家了，或許擔心病人離開醫療體

家貓阿橘躺臥在書寫莊子的手稿上，一身跨越千年傳統。

系會沒有安全感吧！又體貼的說，你想多住幾天也可以。不用考慮，立即辦出院手續，未料，周進華先生偕同兒子上觀，煮來一大鍋熱騰騰的鱸魚米粉，盛情可感，一道打包回家。心裡只有一個意念，回家寫我猶未完成的解讀工程。

十一月就在家安居療養，除了躺臥擺平自己之外，都關在書房寫稿。老問題又來了，不甘寂寞的阿橘看我打開桌燈，雖然大書桌上已擺滿了書，燈光溫暖卻散發出不可擋的吸引力，牠縱身一跳，總會找到牠最舒服的位置，就橫身躺臥在我的稿紙上。有時我還得讓出大位，偏安一隅，極其委屈的寫稿。看牠頭枕郭象、成玄英，身跨王船山、宣穎，足蹈阮毓崧、王先謙，一身跨越千年傳統，一切已在這裡，一切可以放下，牠坐忘片刻，就夢為蝴蝶去了。牠沒有學究天人，至少已身通古今，是否「成一家」，就看牠的主人能否「虛室生白」而「吉祥止止」了。心「無何有」，生發湧現的是深藏在字裡行間的道妙哲理，而人間美好就依止於筆觸書寫的「希微」聲中。整整一個月足不出戶，寫出了〈應帝王〉、〈秋水〉與〈天下〉三篇，十一月二十九日終告完稿。

十二月我重回講堂，復歸舊有的生活軌道，只是步調放慢許多，英雄無膽，西螺七坎不成，僅能守著第八坎，解讀經典當學者了。民國一〇二年元月中旬，在球友力邀之下，重返網球場，步履猶虛浮，看似輕盈，實則腳跟不穩，踩不著實地，下場拉球十幾分鐘，趕緊喊停，在大榕樹下陪友好喫茶聊天。

回首退休之後的這一年半歲月，變動不可謂不大，而今家整修好了，一家人都回來了；病治好了，書也寫成了。一切放下，一切還在這裡。客廳茶趣，講堂論道，球場競技，一切回歸家常日常，而人生不就在家常日常中活出天大地大嗎？剩下來的考驗在，也可以在生死無常間來去自如嗎？

**王邦雄**序於民國一〇二年三月

# 目錄

## 德充符第五

# 大宗師第六

## 六則寓言的印證

## 天下第三十三

# 逍遙遊第一

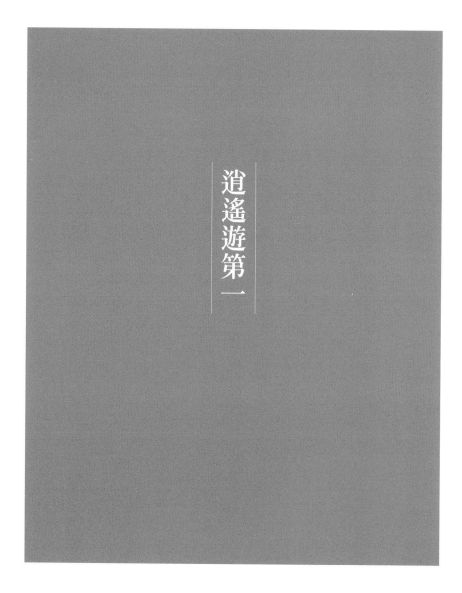

顧桐柏云：「逍者銷也，遙者遠也。銷盡有為累，遠見無為理。以斯而遊，故謂逍遙。」此說最精簡而清晰，有為是有心而為，有心是心知的執著，有為是人為的造作，對生命而言，已成負累，故道家說無心無為。心知無執著無造作，生命即無牽引無負累。銷盡人間有心有為之負累，即可開顯天地無心無為的自在理境。

王船山云：「逍者嚮於消也，過而忘也；遙者引而遠也，不局於心知之靈也。」此亦將逍遙分開解讀，逍是消解，遙是遠引；「嚮於消」是人生要往消解的路上走，老子云：「為道日損。」（四十八章）人間道行要在心知上每天求其減損。當下過，也當下忘，忘了才過，忘不了等同過不去。解消心知的執著，生命得到釋放，就可以高蹈遠引，隨處可遊。心靈無所局限，隨時湧現靈感創意，而融入存在情境，由逍而遙，人間世無不可遊，世間事無非遊也。

王先謙云：「言逍遙乎物外，任天而遊無窮也。」此逍遙連讀，其意涵可兼具逍乎物累，而遙乎物上，此即「形而上者謂之道」，解消物象牽引物欲而成的物累，即所謂超然物外，可遨遊在無窮盡的天地間。

第1章

# 人間天上的永恆追尋

## 一、大鵬怒飛的南冥天池

北冥有魚，其名為鯤。鯤之大，不知其幾千里也。化而為鳥，其名為鵬。鵬之背，不知其幾千里也；怒而飛，其翼若垂天之雲。是鳥也，海運則將徙於南冥。南冥者，天池也。

「冥」本亦作「溟」，而溟，海也，故北冥即北海。老子說玄，莊子說冥，藏有深遠不可知之生命所從來的意涵。「鯤」是魚子，魚子是小，卻說「鯤之大，不知其幾千里也」，此將至小說成至大，不是如楊慎所云「便是滑稽的開端」，也不是方以智所云之「鯤本小魚之名，莊子用為大魚之名」，而是寄寓生命皆走在由小而大之成長歷程的深意。問題在，由小而大的成長，只是數量的增長，而未有品質的提升。故緊接說「化而為鳥，其名為鵬」，此一「化」字可不是進化論的「化」，而是主體生命的自我轉化，這一條大魚，經由修養工夫將自身轉化為一頭大鵬鳥，一樣的幾千里那麼大，卻已從大海飛上天空，此進一步言生命還要由大而化的飛越。數量增長的「大」，可能成為自身的負累，品質超拔的「化」，則不僅不是負累，而是「怒而飛」的能源資藉。「怒」是奮起之意，積存了生命能量，在生命蛻變的轉關時刻，一飛衝天，翅膀展開的一拍一合間，「其翼若垂天之雲」，司馬彪云：「雲垂天旁。」「垂」，馬敘倫云：「借為遮。」遮住半邊天之意，有如雲垂天旁的浩壯。在主體生命的能量積存之外，還要有天地自然的客觀憑藉，「是鳥也，海運則將徙於南冥」，王先謙云：「行於海上，故曰海運。」這一頭由大海飛向天上的大鳥，在六月海上風動的時節，牠就會順著天地自然的季節律動，從北冥飛往南冥。北冥與南冥，不是地理位置的平面分異，而是價值理境的超越區分；不是由北極飛往南極，而是人間天上的永恆追尋。「南冥者，天池也」，堪稱畫龍點睛之筆，說南冥是天池，這樣的轉化飛越，意謂生命之最高理境的開顯。有如《論語》所說的「下學而上達」，而體現了「知我者其天乎」之天人合一的生命境界。

此將北冥所孕育之事實的自然與現象的自然，超拔轉化而為南冥之價值的自然與境界的自然。

## 二、齊諧志怪的水積風厚

齊諧者，志怪者也。諧之言曰：「鵬之徙於南冥也，水擊三千里，摶扶搖而上者九萬里，去以六月息者也。」野馬也，塵埃也，生物之以息相吹也。天之蒼蒼，其正色邪？其遠而無所至極邪？其視下也，亦若是則已矣。且夫水之積也不厚，則其負大舟也無力。覆杯水於坳堂之上，則芥為之舟；置杯焉則膠，水淺而舟大也。風之積也不厚，則其負大翼也無力。故九萬里，則風斯在下矣，而後乃今培風；背負青天而莫之夭閼者，而後乃今將圖南。蜩與學鳩笑之曰：「我決起而飛，搶榆枋，時則不至，而控於地而已矣，奚以之九萬里而南為？」適莽蒼者，三飡而反，腹猶果然；適百里者，宿舂糧；適千里者，三月聚糧。之二蟲又何知！小知不及大知，小年不及大年。奚以知其然也？朝菌不知晦朔，蟪蛄不知春秋，此小年也。楚之南有冥靈者，以五百歲為春，五百歲為秋；上古有大椿者，以八千歲為春，八千歲為秋。而彭祖乃今以久特聞，眾人匹之，不亦悲乎！

「志」用為「誌」，當「記載」解，說《齊諧》是記載怪異傳說的一本書。再引一段《齊諧》的話，與「大鵬怒飛」的主題寓言，做一呼應。「鵬之徙於南冥也，水擊三千里」，當大鵬飛往南冥，起飛時翅膀拍擊水面而激起的浪花，有三千里那麼壯闊，「摶扶搖而上者九萬里，去以六月息者也」，「摶」當「專擅」解，「扶搖」是上行風，言專聚風力由下往上，飛向九萬里的高空。「息」是氣息，「以」當「憑藉」解，此去憑藉六月海上的風動。惟成玄英疏云：「時隔半年。」誤以「六月息」為六個月的時間，實則指涉的是「六月海上風動」的季節風，且可與「野馬也，塵埃也，生物之以息相吹也」的語意連貫。郭象注云：「野馬者，游氣也。」指涉的是春天來臨，陽氣發動，漂浮在水澤上的水氣流動，有如野馬奔騰。成玄英疏云：「揚土為塵，塵細者為埃。」不論是水澤上漂浮的游氣，與空氣中流動的塵埃，都同樣是這一股在生物間相互吹動的生命氣息。

「天之蒼蒼，其正色邪？其遠而無所至極邪？其視下也，亦若是則已矣」，不僅野馬、塵埃，是生物間相互吹動的氣息，瀰漫在天地間，呈現人人眼中的蒼蒼者天，「其」是表疑問的語氣詞，那裡會是天的本色呢？王引之云：「『則』猶『而』也。」故「則已矣」是「而已矣」。更有可能的是遠在天上這一無邊無際的氣息所給出來的感覺吧！我們可以合理的想像從九萬里的高空往下看，也一樣會有其色蒼蒼的感覺印象吧！

「且夫水之積也不厚，則其負大舟也無力」，原來瀰漫在天地間無所至極的這一股氣息，正是大鵬可以展翅高飛扶搖直上的客觀憑藉，故即以水積不夠厚，也就無力乘載大船的比喻，來解說主體生命的大化道行，也要有客體天地的大化流行做為憑藉，才能有北冥人間飛往南冥天池的終極行旅。「覆杯水於坳堂之上，則芥為之舟，置杯焉則膠，水淺而舟大也」，高亨云：「坳堂疑原作堂坳，轉寫誤倒。」堂坳是堂前凹陷處，倒一杯水在堂前的小坑洞裡，那麼小草就可以像船一般的漂浮其上，倘若放置茶杯在其間，那就膠著擱淺了，理由就在水淺而船大之故。「風之積也不厚，則其負大翼也無力」，同樣的道理，天地間積存的風不夠厚實，那麼要背負像大鵬鳥那麼大的翅膀，恐怕也無力支撐了。「故九萬里，則風斯在下矣，而後乃今培風」，此所以大鵬可以飛在九萬里的高空，那是因為底下蘊積了九萬里厚度的風做為憑藉，「而後乃今培風」，王念孫云：「培之言馮也，馮，乘也。風在鵬下，故言負；鵬在風上，故言馮。必九萬里而後在風之上，在風之上而後能馮風，故曰而後乃今培風。」「而後」表時間先後，「乃今」是到了今天才可以憑藉風力飛去。「背負青天而莫之夭閼者，而後乃今將圖南」，「夭」是「折」，「閼」讀為「遏」，當「止」解，因為有九萬里厚度的風做為支撐，大鵬才能背負在九萬里高空之上的青天，「莫之夭閼」是「莫夭閼之」，沒有什麼可以讓牠在飛行途中夭折遏止的，而後到了現在才可以往南冥天池飛去。

「蜩與學鳩笑之曰」，「蜩」是蟬，「學鳩」是小鳩，另說「學」本又做「鷽」，《爾雅・釋鳥》：「鷽，山鵲。」故俞樾云：「學、鳩當是兩物。」此說持之有故，惟下文有「之二蟲」句，故仍以「蜩」與「學鳩」為二蟲。莊子在此安排了兩個配角穿插其間，透過牠們的自我表白與質疑，來襯托出大鵬絕高的生命氣象。「我決起而飛，搶榆枋，時則不至，而控於地而已矣，奚以之九萬里而南為」，「決」有決斷的意味，下一個「起而飛」的意念，「搶」當「突」解，意念一起說飛就飛，衝上了榆枋的矮樹叢上；「時則不至」，「則」，王引之云：「猶或也。」「或」當「有時」解，意謂有時也有衝不上去的意外演出；「控」當「投」解，「控於地」是一頭栽在地面上，「而已矣」是「則已矣」，也沒有什麼大不了，不過灰頭土臉而已！自我表白完了，再進一步質疑大鵬鳥，「奚以之九萬里而南為」，「奚」當「何」解，「以」當「因」解，「何以」是問原因何在，「之」當「往」解，「而南為」，王引之云：「為是句末語氣詞。意謂請教大鵬老兄，為了什麼你一定要飛上九萬里的高空，且往南冥飛去呢？

「適莽蒼者，三飡而反，腹猶果然；適百里者，宿舂糧；適千里者，三月聚糧」，「適」當「往」解，「莽蒼」是郊野之色，「果然」，陳壽昌云：「飽如果實之綻。」去郊遊的人，一天往返，準備三餐也就夠了，回家之後肚子還填得飽飽的；百里路程的行旅，不能當天往返，「宿」是過夜，「舂」是舂擣，總要準備過夜的糧食。往千里之外的長途旅行，「聚」當「儲備」解，那就要儲備三個月的糧食了。此言遠行糧儲要多，正回應風積要厚，才得以飛上九萬里高空的道理。

關鍵點在「之二蟲又何知」，「之」當「是」解，此二蟲看上下語文脈絡，指涉的是蜩與學鳩。意謂適莽蒼的二蟲，又怎能了解適千里之大鵬的心胸氣魄呢？未料，郭象注云：「二蟲，謂鵬蜩也。」成玄英疏云：「大鵬摶風九萬，小鳥決起榆枋，雖復遠近不同，適性均也。」俞樾不以為然，云：「二蟲即承上文蜩、鳩之笑而言，謂蜩鳩至小，不足以知鵬之大也。郭注云二蟲謂鵬、蜩，失之。」此「失之」的斷定，已無翻案的空間。問題在，郭象注的年代，正是儒家理想失落的年代，希聖希賢，成聖成賢，幾近不可能，大鵬怒飛的超拔與飛越，已成絕響。蜩與學鳩的決起而飛，才是苦悶年代無可奈何的生命出路吧！故郭象「小大雖殊，其逍遙一也」的獨特觀點，可能藏有知識分子自我救贖的一點微意吧！

「小知不及大知，小年不及大年。奚以知其然也」，順承上文「之二蟲又何知」，莊子給出了「小不及大」的論定，而以「奚以知其然也」，預留論證的空間，問憑什麼這個說法可以成立？理由就在底下的解說。「朝菌不知晦朔，蟪蛄不知春秋，此小年也。楚之南有冥靈者，以五百歲為春，五百歲為秋；上古有大椿者，以八千歲為春，八千歲為秋。而彭祖乃今以久特聞，眾人匹之，不亦悲乎！」此一說解，以「年」之大小說「知」之大小，「朝菌」，成玄英疏云：「陰溼則生，見日便死，亦謂之大芝。生於朝，而死於暮，故曰朝菌。月終謂之晦，月旦謂之朔。」舊時鄉土溼熱之樹叢草堆，蒸發而生之菌，〈齊物論〉所謂之「蒸成菌」者是。朝生暮死之菌，只存活一天，所以不知有月之始末。成玄英疏云：「蟪蛄，夏蟬也。」夏蟬只存活一季，所以不知有前後之春、秋兩季，這是小年的小知。而生於楚地之南的冥靈，與長於上古之大椿，成玄英疏云：「並木名也。」前者以五百年為一季，後者以八千年為一季，「此大年也」，成玄英本有此四字，上下對顯，意較顯豁，此為大年的大知。另宣穎云：「冥，海也，靈，龜也，海之大龜。」此義較長。因為若二者皆屬木名，一以五百年為一季，一以八千年為一季，卻一同被標舉為大年的代表，未免落差太大。且一季五百年已謂之「靈」，一季八千年卻僅說是「大」，用詞不甚貼切。從天地自然轉眼看人間，傳說中的彭祖活了八百年，就以長壽獨聞於世，天下眾人都希望自身能跟他一樣的活得久長，此相對於海上靈龜的五百年一季，與上古大椿的八千年一季來說，人生歲月豈不是太可悲了嗎？

## 三、湯之問棘的小大之辨

湯之問棘也是已。窮髮之北有冥海者，天池也。有魚焉，其廣數千里，未有知其脩者，其名為鯤。有鳥焉，其名為鵬，背若太山，翼若垂天之雲，摶扶搖羊角而上者九萬里，絕雲氣，負青天，然後圖南，且適南冥也。斥鴳笑之曰：「彼且奚適也？我騰躍而上，不過數仞而下，翱翔蓬蒿之間，此亦飛之至也。而彼且奚適也？」此小大之辯也。

在引《齊諧》以為證之外，再引「湯之問棘」的傳說，以為參證。「湯之問棘也是已」，商湯請問當時之賢者棘的一段話，「是已」，是給出說得有道理的評價。「窮髮之北有冥海者，天池也」，在草木不生的極北之地，有一看不透的海洋，那是生成萬物的形上天池。「有魚焉，其廣數千里，未有知其脩者，其名為鯤」，有魚在此中成長，有幾千里那麼大，沒有人知道牠到底有多長，就以鯤為名。「有鳥焉，其名為鵬，背若太山，翼若垂天之雲，摶扶搖羊角而上者九萬里，絕雲氣，負青天，然後圖南，且適南冥也」，又有鳥在此中成長，就稱之為鵬，鵬背有如泰山那麼壯，翅膀展開就像雲垂天旁，遮住了半邊天，司馬彪云：「風曲上行若羊角。」上行風的曲度有如羊角的形狀，專聚風力扶搖直上九萬里的高空，「絕雲氣，負青天」是說大鵬在雲氣之上，又背負在大鵬之上的青天，「然後圖南，且適南冥也」，然後往南飛去，且飛往南冥。

《列子・湯問》載有這一傳說的全貌：湯之問棘曰：「上下四方有極乎？」棘曰：「無極之外，復無極也。」此一段序曲，在此被刪除，而從「窮髮之北」開其端，可見《列子・湯問》保留的古老傳說，已被莊子做了修正，甚或改造。故改造之後的主題寓言，與〈湯問〉篇保留的此段傳說，大異其趣。其一在「問上下四方有極乎」的一段序曲被刪除了，因為答曰「無極之外復無極也」，此僅是玄談，與生命本身不相干，正與〈齊物論〉所說之「六合之外，聖人存而不論」的持論立場相應，因為所謂「六合之外」，意謂在人生之外，故僅存此一說，而不加論議。其二在說冥海有魚有鳥，而鯤鵬各自獨立，互不相干，只是對既有的現象自然做一描述，改造之後卻通過「化而為鳥」將二者連結，且轉化而為成長飛越的生命哲學，正是莊子畫龍點睛而神龍活現的絕妙筆法。其三在傳說的記載直以冥海為天池，此為原始的自然，而改造之後的寓言，則為主體的大化與天地的大化同體流行所證成體現之最高理境的開顯，故天池已是境界的自然。

「斥鴳笑之曰：『彼且奚適也？我騰躍而上，不過數仞而下，翱翔蓬蒿之間，此亦飛之至也。而彼且奚適也？』此小大之辯也」，「辯」通「辨」，成玄英疏云：「且，將也。斥，小澤也，鴳，雀也，八尺曰仞。」此謂斥鴳是水澤中的小鳥，另說斥、尺古通用，故解為飛不過一尺的小鳥。這一類小鳥一如蜩跟小鳩，也嘲弄起大鵬來，說牠老兄到底要飛去那裡，像我跳躍再往上飛騰，不過數仞之高，就轉而往下飛，任意在蓬蒿的矮樹叢間翱翔，這也是飛的極致啊！而牠老大到底想飛往何處呢？

「棘曰」這一段傳說的記載，莊子下了一個總結，這就是小大的分別所在。正是「小知不及大知，小年不及大年」之更直截了當的論斷。未料，郭象注云：「苟足於其性，則雖大鵬無以自貴於小鳥，小鳥無羨於天池，而榮願有餘矣，故小大雖殊，其逍遙一也。」此說完全顛覆了莊子小不及大的價值論定。郭象注的論據在「物各有性，性各有極」，且「各以得性為至，自盡為極也」，是即各得其性，各盡其極，雖有小大之性殊，亦可安於小大之殊異，郭象就由此說其逍遙一也。問題在，此物各有性，不是普遍性之心性德性，而是殊異性之才性氣性，此偏離道家之人人天生本真的存有論觀點。此支道林有云：「夫逍遙者，明至人之心也。」又云：「苟非至足，豈所以逍遙乎！」故僅是才性氣性之自足，而不是心性德性之至足，故「小大雖殊，其逍遙一也」之說，不是通過修養工夫所開顯之生命最高理境的逍遙。此只有「冥海」

之現象自然義，而未見「天池」之境界自然義。

王船山說「大鵬怒飛」是「此遊於大者也，遙也，而未能逍也」；又說蜩鳩「決起而飛」是「此遊於小者也，逍也，而未能遙也」。且直言「小者笑大，大者悲小，皆未適於逍遙者也」，此論已貼近郭象之說。將大鵬怒飛與蜩鳩決起相對拉平，則主題寓言之「大而化之」的修養工夫所開顯之天池理境，亦隨之崩解，不如宣穎所云：「若夫乘天御氣之人，其大鵬乎！」較得深藏其中的奧義。莊子解消的不是天生才性氣性的小大，而是心知執著的小大，「遊」之所以成為可能，就在能「逍」而後能「遙」，能「遙」而後可「遊」。「逍」是工夫，「遙」是境界，「遊」則是即工夫即境界的理境開顯，「遙」從「逍」來，能「逍」一定能「遙」，怎麼會有「遙也而未能逍」與「逍也而未能遙」之工夫與境界兩相脫落的現象出現呢？

莊子「大鵬怒飛」的主題寓言，以鳥獸蟲魚做為寓言的主角，而深藏其間的卻是人生的哲理。人物是萬物之一，人物又是萬物之靈。人物在才性氣性之外，又有本德天真的心性，問題在，心有知的作用，而知的本質是執著，心知執著人物的才性氣性，也執著人間的名利權勢，由是而有大小多少的分別與比較，此成為生命的自困自苦。困苦從心來，工夫也當在心上做，「逍」就是解消心知的執著與分別，「遙」就是生命得到釋放之後的天地無限寬廣，「遊」就是由自困自苦轉化而為自在自得的無待逍遙。

郭象注與船山解，未就「大而化之」的修養工夫，來思考大鵬所以是大，與小鳩何以是小的價值分判，而僅就天生自然的形軀大小，來同情小鳥的只能小而不能大，且相對的說大鵬也只能大而不能小。在這一思考的基點上，當然是小大各得其性，也各盡其極，小大如一，大家各自逍遙了。實則，莊子首篇〈逍遙遊〉，通過「大鵬怒飛」的主題寓言，所給出來的人生哲理，就在人人皆可逍遙，物物無不逍遙，關鍵在，由小而大是自然的長成，由大而化則是人文的轉化，大鵬的所以是大，小鳩之所以是小，莊子所謂的大小之辨，就在有無做修養工夫，來自我提升與自我轉化而已！未有「逍」的工夫，「遙」的境界開不出，「遊」也就不可能了。

故夫知效一官，行比一鄉，德合一君，而徵一國者，其自視也亦若此矣。而宋榮子猶然笑之，且舉世而譽之而不加勸，舉世而非之而不加沮，定乎內外之分，辯乎榮辱之境，斯已矣。彼其於世未數數然也；雖然，猶有未樹也。夫列子御風而行，泠然善也，旬有五日而後反。彼於致福者，未數數然也。此雖免乎行，猶有所待者也。若夫乘天地之正，而御六氣之辯，以遊無窮者，彼且惡乎待哉！故曰，至人無己，神人無功，聖人無名。

蜩與學鳩的小與大鵬的大的小大之辨，謝幕退場，轉由人間不同層次的人物，粉墨登場。此以人生修養的四重進境，登台亮相。

## ❖有功有名的自困於小

「故夫知效一官，行比一鄉，德合一君，而徵一國者，其自視也亦若此矣」，成玄英疏云：「故是仍前之語；夫是生後之詞。」「故夫」承上啟後，將鳥獸蟲魚的戲碼，轉往人間舞台演出。人間舞台爭逐的是名利，奔競的是權勢，故第一個登台亮相的人物，一定是熱衷於功名利祿的官場人物。說一個人的才智可以承擔一官之職的責任，行誼可以符合一鄉之民的標準，德行可以得到一國之君的賞識，「而」，郭慶藩云：「成疏讀而為轉語，非也。而字當讀能。能、而古聲近，通用也。官、鄉、君、國相對，智、仁、德、能亦相對。則而字非轉語明矣。」此說或許可以成立；不過，由一國之君的賞識，再進而獲致一國之人的信任，故「而」當轉語亦可通。司馬彪云：「徵，信也。」倘若，「而」當「能」解，會與「知效一官」之「知」重疊，且才智已涵蘊能力，不必在「知」之外另說「能」。這樣一位功名利祿集於一身的成功人物，在莊子的筆下，竟成了「其自視也亦若此矣」的小人物，「此」指謂的是尺鴳，他的自我期許也不過像尺鴳的自以為「飛之至」一樣的可悲亦可笑。一生為功名所綁住，故曰自困於小。

## ❖無功無名的宋榮未樹

「而宋榮子猶然笑之，且舉世而譽之而不加勸，舉世而非之而不加沮，定乎內外之分，辯乎榮辱之境，斯已矣。彼其於世未數數然也。雖然，猶有未樹也」，「而」當轉語，「猶然」是笑貌，此「笑之」是不以為然的覺得可笑。那宋榮子立身處世的「然」在那裡？就在全天下的人讚美他，對他沒有勸勉的作用，全天下的人毀謗他，對他也沒有沮喪的效應。他把生命的價值從內外的定分，來做出榮辱的分界，認定回歸自我才能保住榮耀，往外求取就不免承受屈辱了。「斯已矣」，郭象注云：「亦不能復過此。」成玄英疏云：「斯，此也，已，止也。宋榮子智德止盡於斯也。」兩家說似非莊子語文脈絡中的意思，看上下文，「斯已矣」當是人生在世本就如此簡單罷了，不必有那麼多的牽扯瓜葛，清清爽爽磊磊落落而已，且下文還對宋榮子有「數數然」之不可多見的肯定。「數數然」，一者可當「急促」解，如郭象注所云之「未數數然求之也」；一者可當「頻」解，如郭嵩燾之所云：「猶禮記之云天下一人而已！」宋榮子已認取「內是榮，外是辱」的生命價值觀，當然不會汲汲營營往外去求取功名了，故當「急促」解似成多餘，意謂像他這樣不要功也不要名的人，在人世間並不多見。莊子在此留下一筆，「雖然，猶有未樹也」，雖然難能，卻不一定可貴，「樹」當「立」解，畢竟他把「榮」界定在我可以不要功不要名的基礎上，這樣的「榮」，是虛的，是空洞的，只有形式的意義，而未有實質的內涵，所以對生命價值而言，並未有根有本的樹立，未積極去填補充實其虛懸的價值內涵。宋榮子對人間有功有名而自困於小的官場人物不以為然，他無功無名，無求於外，卻困守於內，而守住的「榮」也只是「虛」榮而已。

## ❖無己御風的列子有待

「夫列子御風而行，泠然善也，旬有五日而後反。彼於致福者，未數數然也。此雖免乎行，猶有所待者也」，宋榮子可以無功無名，卻仍有一個要苦苦守住的「己」，所以困守於內，列子進一步，他無己，無己可以放開自己，隨風而行。郭象注云：「泠然，輕妙之貌。」就從輕妙說善，頗有自得之意。問題出在，十五天之後，一陣風起又把他給送了回來。形體或許輕妙，自得之善倒也未必。故看似我御風而行，實則風御我而回，白忙一場又回到原地，不過是打個轉而已！此《列子‧黃帝》有云：「竟不知風之乘我邪？我乘風邪？」也有同樣的省思。「彼於致福者，未數數然也」，「致」當「得」解，問題在，對無己的列子而言，「福」不在求取人間的功名，而在回歸天地自然的美好。陳壽昌云：「乘虛策空，翛然自得，於清修致福中求之，如彼者亦不多得，匪但世俗。」郭嵩燾云：「致福，謂備致自然之休。」兩說貼近，「數數然」仍當「頻」解，不可多得之意。列子假借風力前行，雖然可以免於行累，「猶有所待者也」，畢竟是有待於外，風不來，則行不成，人生之行完全由外在的風向決定，自家不能做主，還能有什麼輕妙自得的「善」可說呢？

世間人大多從「得」來說「在」，由身價來論定存在的意義，故謂值得。「值」是身價，就由「得」的身價，來貞定存在的價值，此由「得」說「在」，是生命的大顛倒。「得」往外求，「在」自身定不住，不免落於有待。

## ❖無己無功無名的至人無待

知效一官是有功有名；宋榮子是無功無名，惟尚有己，而己卻未立；列子進一步可以無己，卻有待於風。故人間世的精神出路，惟在「若夫乘天地之正，而御六氣之辯，以遊無窮者，彼且惡乎待哉！故曰，至人無己，神人無功，聖人無名」。「正」郭象注作「自然」解，云：「萬物以自然為正。」老子云：「我好靜而民自正。」（五十七章）此「民自正」正是「百姓皆謂我自然」之意。故郭象注堪稱得其確解。「辯」成玄英疏云：「變也。」大鵬怒飛「海運則將徙於南冥」，與「去以六月息」，說的就是「御六氣之變」。風積要厚以負大翼，與列子御風而行所說的「乘」與「御」，是客觀的憑藉，而「乘天地之正，而御六氣之變」，則是主體的融入。郭象注云：「乘天地之正者，即是順萬物之性也，御六氣之變者，即是遊變化之塗也。如斯以往，則何往而有窮哉！所遇斯乘，又將惡乎待哉！此乃至德之人玄同彼我者之逍遙也。」郭象以「順」解「乘」，重在消解主客相對二分而不免有待的困局，且天地之大不可乘，六氣之變不可御，今曰乘曰御，實則是不必乘，不必御，不論天地有多大，六氣再多變，任何時段任何地點，主體的我，都與天地同在，與六氣同行，我不在天地、六氣之外，故云：「玄同彼我。」天地在那裡，我也在那裡，六氣往那裡走，我也往那裡走，這就是「何往而有窮」，與「所遇斯乘」的真正意涵。跟天地同在，跟萬物同行，不就是無待最貼切的寫照嗎？

人物活在人間的現實存在，總是在相互依存中，而不免有待；無待的理境僅在精神的超拔與生命的飛越中開顯。「以遊無窮者，彼且惡乎待哉」，「彼」指涉的是乘天地御六氣的那個人，「惡」當「何」解，問還有什麼好等待的，意即無待。此「無窮」指謂的不是物理的時空，而是精神的時空，不是天地自然的無限寬廣，而是生命主體的無待自在。故從主體無待說「遊於無窮」。什麼都有了，什麼都不必等了，人間無不可遊，世事也無非遊也。

郭象注以「所遇斯乘」說無待逍遙，而其理據在「玄同彼我」，而「玄同」語出老子所謂之「挫其銳，解其紛，和其光，同其塵，是謂玄同」（五十六章），「挫其銳」是「無」，「解其紛」與「和其光」是「有」，「同其塵」，也就是玄同於萬物。體現有無玄妙的生命人格，在道心的觀照之下，天下萬物一體無別，郭象可能就從玄同彼我，說「小大雖殊，其逍遙一也」。此一觀點，乃以〈齊物論〉之破小大，來解〈逍遙遊〉之立小大，〈逍遙遊〉從生命立小大，〈齊物論〉則從心知破小大，莊子此兩義並存，立小大是「有」，破小大是「無」，道體不就在又有又無中顯現其自身嗎？

此段總結就落在生命主體的工夫與境界說，「故曰，至人無己，神人無功，聖人無名」，成玄英疏云：「至言其體，神言其用，聖言其名。故就體語至，就用語神，就名語聖，其實一也。」依老子所云：「大成若缺，其用不弊；大盈若沖，其用不窮。」（四十五章）大成、大盈言其體，不弊、不窮言其用，若缺、若沖言其相，此體、用、相連言，兩相對照之下，就名語聖或聖言其名，實不如就相語聖或聖言其相，因為形相具體而名號抽象，聖人形相已深植人心，且較有親切的感受，無己、無功、無名的「無」，是工夫的字眼，有如老子所云：「吾所以有大患者，為吾有身；及吾無身，吾有何患！」（十三章）此「無身」就是「無己」，無掉心知對自身的執著，「吾有何患」，意即「彼且惡乎待哉」，「患」就在有待，有待於功名利祿來高貴自身也榮耀自身，無己則功名頓失依附的主體，故由無己而無功無名，即是無待，不僅遠離人世間患得患失的大患，根本就逍遙無待了。故宣穎云：「然則無己之為逍遙遊，思過半矣。」又云：「三句為一篇之主，第一句又三句中之主也。……至人無己一句，是有道人第一境界也。」這三句，可以是敘事句，「無」做動詞用，「無己」是工夫的修養；也可以是表態句，「無己」是謂語，用以描述至人的境界。故這三句是亦工夫亦境界，莊子就從工夫開顯境界。

有人認為大鵬怒飛，有待於六月海上風動，亦如列子的御風而行，故仍有待。實則，天地自然之氣，已瀰漫在生命存在的時空，問題在，「人」的主體已「大化」了嗎？故從修養工夫的進程看，是有待，而從開顯的最高境界看，則是無待。列子「旬有五日而後反」，與大鵬之徙於南冥天池，相差何止天壤，怎能將大鵬怒飛與列子御風相提並論呢！關鍵在，列子的無己，是形軀的修鍊，而至人的無己，卻是精神的解放。前者隨風而去，而後者卻與天地同在，與六氣同行，轉化北冥而為南冥，提升人間而至天上了。

解消物象牽引物欲而成的物累，即所謂超然物外，可遨遊在無窮盡的天地間。

# 第3章 生命人格的逍遙體現

此下三段，分別就堯之事功與修養，詮表「聖人無名」、「神人無功」與「至人無己」的逍遙境界。

## 一、堯讓天下的聖人無名

堯讓天下於許由，曰：「日月出矣，而爝火不息，其於光也，不亦難乎！時雨降矣，而猶浸灌，其於澤也，不亦勞乎！夫子立而天下治，而我猶尸之，吾自視缺然。請致天下。」許由曰：「子治天下，天下既已治也，而我猶代子，吾將為名乎？名者，實之賓也，吾將為賓乎？鷦鷯巢於深林，不過一枝；偃鼠飲河，不過滿腹。歸休乎君，予無所用天下為！庖人雖不治庖，尸祝不越樽俎而代之矣。」

「堯讓天下於許由」，是道家版的堯舜禪讓，不是讓給聖王舜，而是讓給隱者的先驅許由。此〈徐無鬼〉有云：「齧缺遇許由，曰：子將奚之？曰：將逃堯。」意即逃離堯的讓天下。《史記‧伯夷列傳》有云：「箕山上有許由冢。」這一段寓言與孟子說堯舜禪讓，大異其趣。孟子從「民受之」說「天受之」，從「民與之」說「天與之」，民意之所在，即是天意之所在。此是政權的合理轉移，以天理做為最後的保證。而道家的詮釋系統，堯要把治天下的權位讓給許由，這是何等的大事，要說服自己，也要說服天下人。「曰：日月出矣，而爝火不息，其於光也，不亦難乎！時雨降矣，而猶浸灌，其於澤也，不亦勞乎」，「爝火」是人所燃之火，「浸灌」是浸潤漸漬之意，理由在太陽月亮已在天上，不論是陽光普照，抑或月華滿地，而我還在高舉火把，說帶給大地光明，不是天大笑話嗎？及時雨正普降甘霖，而我卻澆水灌溉，說帶給萬物潤澤，不是白忙一場嗎？堯將許由說成「日月出」與「時雨降」，說自己竟舉火把與日月爭光，忙澆水與時雨別苗頭，不僅多餘且屬徒勞。

「夫子立而天下治，而我猶尸之，吾自視缺然。請致天下」，「夫子」說的是許由，許由隱居在穎水之濱，以其人格高潔，有如站立在人人仰望的高崗上，只要夫子立在那裡，雖無為，而天下自然平治。故表面上看來是堯治天下，實質上是許由讓天下歸於平治。「尸」當「主」解，「缺然」是欠缺合理性，「致」當「與」解。我對自身高踞權位，有其名而無其實，自覺不合理，請容許我將天下權位如實的歸給許由先生吧！

這一段讓位許由的自我表白，試圖說服許由，並取得天下人的認同。許由是何等人物，他有其生命的高度，要如何回應堯看似善意而近乎挑釁的公開宣告呢？「子治天下，天下既已治也，而我猶代子，吾將為名乎？名者，實之賓也，吾將為賓乎」，許由雖隱居日久，卻洞察複雜人情，回應說：「本來就是閣下在治天下，而天下業已平治，名在你，而實也是你，卻要我這個遊於方外的人，來取代你，你以為我是追求空名的人嗎？本質上名號只是實體的客位，你以為我不做自己的生命主體，而想要成為你的虛名客位嗎？」這樣的回應顯現出道家高蹈遠引的高明智慧。人家一禮讓，自家就欣然接受，那道家思想還能傳諸千古嗎？

「鷦鷯巢於深林，不過一枝；偃鼠飲河，不過滿腹。歸休乎君，予無所用天下為！庖人雖不治庖，尸祝不越樽俎而代之矣」，許由在反駁對方的說法之後，再表明自家的立場。「鷦鷯」是巧婦鳥，「偃鼠」當是壓低自身的小鼠。巧婦鳥再善巧，築巢在深林中，也不過一枝而已，小鼠壓低自身潛行河邊飲水，再怎麼口渴，也不過滿腹罷了。「休」當「美善」解，就把平治天下的美善還歸你自身吧，天下權位對我而言，是毫無用處的。「庖人」是主管廚房的人，「尸祝」是掌理祭祀的人，成玄英疏云：「尸者，太廟中神主也，……祝者，執祭板對尸而祝之，故謂之尸祝也。樽，酒器也；俎，肉器也。」主管廚房的庖人，雖已厭倦而求去，對掌理祭祀的尸祝而言，他是不會離開祭器，而取代庖人的。言下之意，堯是庖人，正困在人間功名利祿中打轉的權力圈人，而許由是尸祝，對神主祈求以遠離俗染塵囂的清修之士，怎麼會舍禮器而就廚具呢？

宣穎云：「許由以名為賓而不居，以上證聖人無名意也。」問題在，誰是聖人？依文化傳統看，一定是治國平天下的人，才能說是聖人。所以內聖一定涵蘊外王。許由退出人間，人格再高潔也只是一位賢者，故聖人無名，說的是堯是聖人，堯又無名。堯讓天下於許由，正是堯既有聖人之實，又解消了自身對聖人名號的執著。此為道家詮釋系統下的聖人形態。王弼《微旨例略》云：「絕聖而後聖功全。」「絕聖」所絕棄就是聖人的名號，反而可以因化解的作用，而保存聖人的事功。郭象注云：「夫治之出乎不治，為之出乎無為也。取於堯則足，豈備之許由哉！」旨哉斯言，故「夫子立而天下治」，說的當是堯自己立，堯自己治，無為而治在堯自身的修養與功業，那裡會是許由的專利特權呢？問題是，治的根本在不治，為的源頭在無為，此已將儒聖的根本定在老莊。這是道家詮釋系統下的堯，不再是儒家理想之聖王典型的堯了。所以，牟宗三判定說，這是陽尊儒聖，而陰崇老莊。

## 二、神凝旁礴的神人無功

肩吾問於連叔曰：「吾聞言於接輿，大而無當，往而不反。吾驚怖其言，猶河漢而無極也；大有逕庭，不近人情焉。」連叔曰：「其言謂何哉？」曰：「藐姑射之山，有神人居焉，肌膚若冰雪，綽約若處子。不食五穀，吸風飲露。乘雲氣，御飛龍，而遊乎四海之外。其神凝，使物不疵癘而年穀熟。吾以是狂而不信也。」連叔曰：「然。瞽者無以與乎文章之觀，聾者無以與乎鐘鼓之聲。豈唯形骸有聾盲哉？夫知亦有之。是其言也，猶時女也。之人也，之德也，將旁礴萬物，以為一世蘄乎亂，孰弊弊焉以天下為事！之人也，物莫之傷，大浸稽天而不溺，大旱金石流、土山焦而不熱。是其塵垢粃糠，將猶陶鑄堯舜者也，孰肯以物為事！」

肩吾、連叔與接輿皆隱逸人物，其稱號非姓氏，乃就其人格行誼而言，肩吾乃擔負自我，連叔可能是廣結道友的長者，接輿則是緊追孔子車隊之後的人。肩吾向連叔請教說，我曾聽聞接輿說道，話題太寬廣而不切當於存在之理，太玄遠而不能回歸生命本身，他的言論讓我驚恐，感覺上好像隔著天上的銀河一樣的遙不可及。「極」當「盡」解，司馬彪云：「極，崖也；言廣若河漢無有崖也。」是永無盡頭，無邊無際之意。宣穎云：「逕，門外路也；庭，堂前地也。……今言大有逕庭，則相遠之甚也。」意謂有如堂前地與門外路一樣的界線分明，與生命實存大有落差而難以跨越。

連叔回應說，那請問接輿到底說了些什麼，讓你如此的不能接受。肩吾就引述了接輿的論道之言。成玄英疏云：「藐，遠也。」姑射，山名。在遙遠姑射的山頭，有神人居於此。他的肌膚像冰雪一樣的白，長相像少女一般的美，不食五穀粗糧，僅汲取天地的靈氣，啜飲自然的甘泉，憑藉雲氣飛上天，駕御飛龍般的六氣變化，而超離在人間塵垢污染之外遨遊。船山云：「其神凝，三字一部南華大旨。」王先謙亦云：「三字吃緊，非遊物外者，不能凝於神。」意謂他心神凝聚專注，使萬物不會生惡疾毀壞，而年穀常熟。他說的太神奇了，我以為是誑語而不相信。成玄英疏云：「冰雪取其潔淨，綽約譬以柔和，處子不為物傷，姑射語其絕遠。……斯蓋寓言耳，亦何必有姑射之實乎？宜忘言以尋其所況。」此宣穎云：「此蓋以山喻身中也。」又解「神人」云：「身中之神。」此說大有洞見。這一位隱居在遙遠姑射山頭的神人，指謂的是生命的主體，心不執著無分別，可以海闊天空，任我遨遊，可以無為而無不為，讓萬物回歸自然的美好。

連叔聽聞肩吾引述的一段論道之言後，回應說：失去視覺的人，無從看到文章的華麗，失去聽覺的人，無從聽聞音樂的美妙，那裡只是人的形體官能會有聾盲，心智也一樣會有。郭慶藩云：「時，是也，謂猶是女也，猶時二字連讀。」意謂此心智的聾盲，說的正是像你這般的人。「之人也，之德也，將旁礴萬物，以為一世蘄乎亂，孰弊弊焉以天下為事」，兩「之」字當「此」解，李楨云：「旁礴，廣被也，旁礴萬物，承上之德也三字，言其德將廣被萬物。」又云：「亂，治也。」是為反訓。宣穎云：「蘄，求也。」像接輿所說之神人的生命人格與德行涵養，將廣被萬物，以為一世的人求天下得以平治，有那一個人會為了治理天下，而勞神累形呢？此老子云：「我無為而民自化。」（五十七章）斯人斯德，無心無為，虛靜明照而照現萬物，還要執著造作，苦思焦慮去經營天下嗎？「之人也，物莫之傷，大浸稽天而不溺，大旱金石流、土山焦而不熱。是其塵垢粃糠，將猶陶鑄堯舜者也，孰肯以物為事」，此說神人的生命人格，沒有物會成為他的負累，也沒有任何物可以傷害他。船山云：「稽，至也。」大水像天那麼高，他不會陷溺；大旱時節金石融解，土山燒焦，他也不會被灼熱燒傷。成玄英疏云：「散為塵，膩為垢，穀不熟曰粃，穀皮曰糠。……鎔金曰鑄，範土曰陶。」盧文弨云：「粃糠，猶煩碎。」意謂他生命人格所拖帶出來的表相粗迹，就足以成就堯舜一樣的功業，誰願意把天下萬物放在心上來煩累自己呢？我無心無為，天下就自正自化了。

此《淮南子・俶真》作「孰肯分分然以物為事也」。王叔岷以為當補「分分然」三字，與上文句法一致。「分分然」即紛紛然，與「弊弊焉」相對成文，紛擾就是弊害。紛紛然從心知說，弊弊焉從生命說，心知紛擾，生命就承受壓力傷痛了。宣穎云：「德修於心，而功被於世，我何與焉。」亦即郭象注所云：「神人即今所謂聖人也，聖人雖在廟堂之上，然其心無異於山林之中。」此即所謂「堯舜事業，何異浮雲過太虛」般的過而不留。

這一節說的是「神人無功」，無功是化解的作用，而作用的保存神人平治天下的功業。

## 三、往見四子的至人無己

宋人資章甫而適諸越，越人斷髮文身，無所用之。堯治天下之民，平海內之政，往見四子藐姑射之山，汾水之陽。窅然喪其天下焉。

宋人為殷商後裔，被孤立在周王朝各諸侯國間，老被看做不識時務的小丑般人物，孟子「揠苗助長」是宋人，韓非子「守株待兔」也是宋人，此節亦然。

「宋人資章甫而適諸越」，成玄英疏云：「資，貨也。……章甫，冠名也。」資章甫，是投資做禮服禮冠的生意，卻前往南越去行銷。問題在，越人斷髮文身，斷髮是不留長髮，文身是身上刺上圖案，禮冠禮服根本用不著。上半段說的是宋人有己，以己身之穿著衣飾，推想越人亦當如是，未料特殊的天候地理，讓越人有斷髮文身的習俗，此為有身之大患也。下半段說的是堯雖治天下之民，平海內之政，卻可以閒散的前往遙遠姑射的山頭，去拜見四位隱居於此的神仙。說它遙遠，實則切近，因為水之北曰陽，而汾水之北，正是堯都所在。成玄英疏云：「而四子者，四德也。」此與孟子言人有四端之心的說法，彼此切合而兩相呼應。李楨云：「蓋堯之心未嘗有天下，其心即姑射神人之心，其身亦如姑射神人之身，雖垂衣廟堂，如逍遙海外，是以彼山藐遠，無殊近在帝都。」此說精到。所以藐姑射之山，指謂的是堯的都城，往見四子，是堯回歸自身的無心天真，意謂無心無知，也無為無事，說四位神仙是擬人化的筆法。司馬彪云：「四子，為王倪、齧缺、被衣、許由。」此解太著實了，反而遮蔽了這一段寓言的深意。

「窅然喪其天下焉」，宣穎云：「窅，音杳，深遠貌。」故與「冥」形義皆近，是解消執著分別，雖君臨天下，卻忘了天下。船山云：「唯喪天下者可有天下。」心靈因釋放而無累，萬物因無為而自化。

此節言「至人無己」，至人解消了心知對自我的執著，功名也就失去了可以依附的主體，是為神人無功與聖人無名的根本源頭。

## 第4章 莊子與惠施的人間對話

### 一、拙於用大的有蓬之心

惠子謂莊子曰：「魏王貽我大瓠之種，我樹之成而實五石，以盛水漿，其堅不能自舉也。剖之以為瓢，則瓠落無所容。非不呺然大也，吾為其無用而掊之。」莊子曰：「夫子固拙於用大矣。宋人有善為不龜手之藥者，世世以洴澼絖為事。客聞之，請買其方百金。聚族而謀曰：『我世世為洴澼絖，不過數金；今一朝而鬻技百金，請與之。』客得之，以說吳王。越有難，吳王使之將。冬與越人水戰，大敗越人，裂地而封之。能不龜手，一也；或以封，或不免於洴澼絖，則所用之異也。今子有五石之瓠，何不慮以為大樽而浮乎江湖，而憂其瓠落無所容？則夫子猶有蓬之心也夫！」

惠施宋人，身為梁相。有回對莊子說道：魏王送給我大葫蘆瓜的品種，我種植有成，長的果實有五石那麼大，做為水壺用來盛水，卻因它的堅韌度不能撐持它自身，而提不起來；把它剖成兩半，做為水瓢，卻因為它的體態平淺，而容不下多少水。水壺、水瓢兩不成，大葫蘆瓜果真是大，卻是虛大，我受不了它的無所可用，就用力把它擊碎。

莊子以好友的身分，也以道家的觀點回應說：閣下對於「用」而言，不免顯得大大的笨拙了。宋有戶人家，家傳有專治肌膚龜裂的妙藥。世世代代用來為人漂洗絲絮。成玄英疏云：「洴，浮也；澼，漂也。絖，絮也。」故洴澼，是漂洗之意，絖，則是絮之細者。冬天漂絮水中，有此妙藥，手可免於龜裂之患。盧文弨云：「疑洴澼是擊絮之聲，……二字本雙聲，蓋亦象其聲也。」此說生動許多，既說其動作，又象其音聲。遠方來客獲知此一訊息，請求以百金代價來購買這一家傳藥方。這一家就聚集族人開會商討說，我們世世代代為人漂洗絲絮，所得也不過數金而已，今一旦賣出藥方，即可獲得百金之多，請大家支持把家傳秘方賣給遠方來客。此「鬻」當「賣」

解。來客一得此藥方，即刻前去遊說吳國君王。正好越國有難，吳王抓住時機，就派他帶兵出征，冬天跟越人水戰，就因為有此妙藥的護持，而大敗越人。吳王因他有功，而裂地封侯。不龜手的藥是一樣的，不善用的人不免於為人漂洗絲絮，善用的人卻可以封有土地爵位，這是所發揮的效用大有不同。現在閣下有五石那麼大的大葫蘆瓜，「慮以為大樽」，成玄英疏云：「慮者，繩絡之也。」司馬彪云：「猶結綴之意。」宣穎云：「樽者酒器，可為腰舟以渡。」意謂為什麼不把它繫在腰邊，當作一個大酒器般的隨著它浮浪江湖之上，怎麼會擔心它平淺而容不了多少水，就把它擊碎毀棄呢？那先生的心上，好像塞滿了雜草。此猶孟子所謂「今茅塞子之心矣」，蓬蒿茅草長滿心頭，心也就失去了它本有的虛靜靈動。

## 二、無何有的安所困苦

惠子謂莊子曰：「吾有大樹，人謂之樗。其大本臃腫而不中繩墨，其小枝卷曲而不中規矩。立之塗，匠者不顧。今子之言，大而無用，眾所同去也。」莊子曰：「子獨不見狸狌乎？卑身而伏，以候敖者；東西跳梁，不辟高下；中於機辟，死於罔罟。今夫斄牛，其大若垂天之雲，此能為大矣，而不能執鼠。今子有大樹，患其無用，何不樹之於無何有之鄉，廣莫之野，彷徨乎無為其側，逍遙乎寢臥其下。不夭斤斧，物無害者，無所可用，安所困苦哉！」

---

惠子對莊子說：我有一棵樹，人家說它是臭椿惡木。成玄英疏云：「嗅之甚臭，惡木者也。」「本」為根本，此大本指謂的是主幹，若是根本則成不了棟梁之用。此謂樹幹臃腫而不合繩墨，小枝拳曲而不合規矩。繩墨與規矩，是木匠用以量度規畫的工具與標準，今言主幹不中繩墨，而小枝不中規矩，「中」當「合」解，等同整棵樹皆不合用。所以立在路旁，木匠走過，也沒有人回頭看，可真是一點用都沒有，正如同先生的論道，雖空闊無邊，卻一無所用，天下人都聽不下去。

此直批對方一生的學養，跟人間不相干。莊子回應說，閣下沒見過黃鼠狼嗎？牠壓低自己的身子，藏在路邊，等候出遊的小動物，一有捕獲，就跳起慶功舞，「東西跳梁」是東邊跳兩下，又西邊跳兩下，這一橫跨東西所形同的弧度，有如拱橋一般。

牠根本不在意地形的高下，結果中於獵人設下的機關，死在陷阱的網羅裡。牠是小而有用了吧！你看命運又如何。

再看斄牛，成玄英疏云：「猶旄牛也。」體形甚大，有如掛在天邊的一團雲。牠體形算是大了吧，卻不能捕鼠，看來牠真的是大而無用，卻能存全自身。

現在你有這一棵大樹，正煩惱它大而無用，為什麼你不把它種植在什麼都沒有的鄉土。「無何有」是心中無何有，而不是大地無何有，解消心知的執著與分別，眼前朗現的就是「廣莫之野」，成玄英疏云：「莫，無也，謂寬曠無人之處。」「廣」是寬廣，「莫」是無限界，問題在，那可不是空曠無人之處，那豈不是人煙絕跡的荒原了嗎？故「廣莫之野」，是心中無何有所開顯之天地無限寬廣的理境。立身此間，不就可以什麼都不做的徜徉在它的身側，甚至什麼都不用想的睡臥在它的樹蔭下，根本不會有斧頭柴刀來砍斫它，沒有物可以傷害它，因為它什麼用都沒有，請問生命還會有什麼困苦呢？

原來，人生的困苦都從心中所執著之「用」的標準來，標準帶出責求，執著引來造作，既分有用無用，而有用又分大用小用，此即落入「有用之用」的執著造作中。人人都要證明自己有用，且是大用；而擺脫無用，且是小用的負面評價。生命就此落在無邊的困苦中，執著是困，而造作是苦。扭轉之道，就在從「有用之用」，轉向「無用之用」，「無」當動詞用，無掉心知執著之「用」的標準，心知一鬆綁解套，生命立即從困苦中得到釋放，人人回歸自身本來的「用」，人間再無有用與無用之分，也無大用與小用之別，人人皆有用，人人皆自在也自得，那不就是無待逍遙的真實體現了嗎？故「有用之用」的「用」，只成就少數人的有用且是大用，卻逼出大多數人的無用跟小用，那是心知執著與人為造作的「小用」；而「無用之用」的「用」，成全了每一個人的有用且是大用，人間沒有人被流放在無用跟小用的生命幽谷中，這才是釋放生命朗現天真的「大用」。這一「無用之用」的價值體現，就是「無何有之鄉，廣莫之野」的理境開顯了。

總結全篇，心「無何有」是「逍」，「廣莫之野」是「遙」，「無為其側」、「寢臥其下」是「遊」。只要心無何有，我們立身的田園鄉土與都會街頭，立即轉化為「廣莫之野」，這樣的話，任何時段任何場域，生命一放下，人人有如大鵬鳥，立即在「大而化之」的成長飛越間，逍遙而遊。

# 齊物論第二

## 【解題】

先說逍遙之遊，再論齊物之論，〈逍遙遊〉是生命主體的超拔飛越，〈齊物論〉是天人物我的同體肯定。大鵬怒飛是人間飛往天上的價值體現，再以主體逍遙的生命高度，由天上回顧人間的物論紛擾，依據南冥天池的超越觀點，化解彼是相對而自是非他的是非爭端，照現各家物論皆自我完足的「是」，而平息彼此把不同說成不對的「非」，從而建構出「萬竅怒呺」的主題寓言，做為物論可以平齊的理論根據。

解讀〈齊物論〉，有「齊物」連讀，解成「齊物」之論；另有「物論」連讀，解為齊「物論」。看全篇義理，旨在平齊萬物。問題在，萬物的背後各有一套物論，以合理的解釋萬物的存在。若「物論」不平齊，說「齊物」無異是空話，而且不可能。故綜合二者，而兩義並存，可以解讀為「齊物」之道在齊「物論」。

莊子立身戰國時代，所要齊的「物論」，是儒墨兩家的是非，在人類邁上二十一世紀的今天，我們所要齊的「物論」，是五大教的教義。從搶救自然生態的自然環保，昇越而為搶救人文生態的人文環保，而許給全球人類一個可能的美好未來。

## 第1章 萬竅怒呺的怒者其誰——逼顯無聲之聲的天籟

南郭子綦隱机而坐，仰天而噓，荅焉似喪其耦。顏成子游立侍乎前，曰：「何居乎？形固可使如槁木，而心固可使如死灰乎？今之隱机者，非昔之隱机者也？」子綦曰：「偃，不亦善乎，而問之也！今者吾喪我，女知之乎？女聞人籟而未聞地籟，女聞地籟而未聞天籟夫！」子游曰：「敢問其方。」子綦曰：「夫大塊噫氣，其名為風。是唯無作，作則萬竅怒呺。而獨不聞之翏翏乎？山林之畏隹，大木百圍之竅穴，似鼻，似口，似耳，似枅，似圈，似臼，似洼者，似污者；激者，謞者，叱者，吸者，叫者，譹者，宎者，咬者，前者唱于而隨者唱喁。泠風則小和，飄風則大和，厲風濟則眾竅為虛。而獨不見之調調之刁刁乎？」子游曰：「地籟則眾竅是已，人籟則比竹是已，敢問天籟。」子綦曰：「夫吹萬不同，而使其自己也。咸其自取，怒者其誰邪!?」

首段，是〈齊物論〉的主題寓言，「萬竅怒呺」可與「大鵬怒飛」，前後呼應。

南郭子綦，成玄英疏云：「古人淳質，多以居處為號，居於南郭，故號南郭。」而子綦是字，「隱机而坐，仰天而噓」，「隱」當「憑」解，「机」為「几」，言南郭子綦靠著茶几靜坐，仰視上天，長長吐了一口氣。「荅焉似喪其耦」，「荅焉」是「解體貌」，「耦」有二解，一是心與形為「偶」，一是心寄「寓」於形中，二義皆通。在長長吐了一口氣的當下，如釋重負的擺脫了形體的拘限。顏成子游，以謚號為名，子游是字，從「立侍乎前」來看，應是子綦弟子，站立陪侍在老師身邊。此一情景當是老師靜坐，弟子當護法。看到老師從靜坐中回神，立即上前請教。「何居乎」，「居」是語氣詞，等同「何乎」，問老師有什麼道理好說嗎？「形固可使如槁木，而心固可使如死灰乎」，問的是老師靜坐時的生命氣象，形體像是一塊了無生氣的乾枯木頭，而心神也像生機全無的死灰一般，請問顯發這樣的生命氣象是合理的嗎？更讓弟子不解甚至不安的是「今之隱机者，非昔之隱机者也」，今天靠几靜坐的師父跟以前大有不同。請師父給出合理的解釋，以解開弟子心中的困惑。這可是嚴重的質疑，弟子追隨師父做工夫，假如成果是形如槁木，心如死灰的話，做為弟子的可能要重新評估，這樣的道行，還要「勤而行之」嗎？「喪其耦」有如「為道日損」（《老子・四十八章》）的「損」，減損的是心知加在形軀上的束縛，而「物或損之而益」（《老子・四十二章》），物有時減損了反見增益，增益的可是「道」的體悟，那不會是「心」如死灰啊！

子綦答道，「偃」是子游的名，「不亦善乎，而問之也」，此是倒裝語句，「而」當「爾」解，「亦」是語助詞，意謂你的發問不是問得很精到嗎？直接肯定弟子的觀察與質疑。「今者吾喪我，女知之乎」，今昔不同關鍵在「吾喪我」。言今昔隱几者所以會有不同的生命氣象，理由就在修養工夫的進境有了突破。今天心靈的我已解開了形體我的負累。從心說，無了形體的生氣，所以看似心如死灰；從形體說，無了心靈的潤澤，所以看似形如槁木。「女聞人籟而未聞地籟，女聞地籟而未聞天籟夫」，意謂或許你聽到了人間的聲音，但你不一定聽得到大地的聲音，再進一步說，或許你也聽到了大地的聲音，但你終究聽不到天上的聲音！因為人籟地籟是有聲之聲，而天籟卻是無聲之聲，你或許聽到了有聲之聲，但你終究聽不到無聲之聲，就好像你看得到有形的我，但你終究看不到無形的我。子綦回應子游，或許你看到了有形之我的形如槁木，但你絕對看不到無形之我的心如死灰。意謂你可以說我形如槁木，但請不要說我心如死灰，那是你從我的形如槁木推斷我一定心如死灰，而這樣的推論是不能成立的。歸結一句，形如槁木與心如死灰，是「吾喪我」之修養工夫所開顯的生命理境，那可不是魂不附體或心不在焉的衰敗氣象。

子游仍未能通透藏在其間的義理，再問一句：「敢問其方。」郭象注云：「方，道術也。雖聞其名，未解其義，故請三籟，其術如何。」意謂以三籟之喻通向修道之門的途徑，就請老師指引出來。子綦答道，「夫大塊噫氣，其名為風。是唯無作，作則萬竅怒呺」，這一主題寓言，在千呼萬喚之中始現身說法。「大塊」，郭象注云：「無物也。」成玄英疏云：「造物之名，亦自然之稱也。」故「無物」不是沒有物存在，而是不知其為何物，造物本自然，故說是無物。俞樾云：「大塊者，地也。……司馬云大朴之貌，郭注曰大塊者無物也，並失其義。此本說地籟，然則大塊者，非地而何！」此解有待商榷。因為「地」僅有事實義，而未有天長地久的價值義。「大塊」一詞另見於〈大宗師〉：「夫大塊載我以形，勞我以生，佚我以老，息我以死。」若依俞樾大塊是地之說，僅能解釋形氣之生老死的變化，而不能解釋超離生老死之上的四個「我」字的存在，此心神的我，當由超越之天道內在於萬物而有，故大塊作「天道」或「天地」解，才能做為萬物存在的價值根源。郭慶藩據《一切經音義》引司馬彪云：「大塊，謂天也」，較得其確切之義。寓言擬人化，大塊噫氣一如子綦仰天而噓，是天地吐了一口氣，就稱為是風，「是唯無作」，「作」當「起」解，除非此風不起，「作則萬竅怒呺」，此風一起，吹向大地，穿過大地萬種不同的竅穴，就會同時發出萬種不同的聲音。

「而獨不聞之翏翏乎？山林之畏佳，大木百圍之竅穴」，「而」是「爾」，馬敘倫說，「翏」為「飂」省，《說文》：「飂，高風也。」「翏翏」是長風之聲，意謂你獨獨沒有聽聞長風吹過的聲音嗎？「山林」，奚侗云：「林，當為陵。」畏佳是嵔崔，山陵之嵔崔，是山陵起伏盤曲的樣子，而百人合圍的大木，樹幹枝條形成各個不同形狀與大小的竅穴，「似鼻，似口，似耳」，形狀有像人體的鼻、口、耳，「似枅，似圈，似臼」有像物形的柱頭斗拱、牛羊圈欄、舂米的石臼，「似洼者，似污者」，有像地形的深池、泥坑。「激者，謞者，叱者，吸者，叫者，譹者，宎者，咬者」，不同的形狀會發出不同聲音，像湍水急流，羽箭射出，喝叱、呼吸、叫喊、號哭、深谷迴聲、鳥鳴清音等，「前者唱于而隨者唱喁」，前後相隨，于喁唱和，「泠風則小和，飄風則大和」，清風吹來就小聲唱和，強風颳起就大聲唱和。「厲風濟則眾竅為虛。而獨不見之調調之刁刁乎」，成玄英疏云：「厲，大也，烈也；濟，止也。」言大風止息，眾竅又歸於虛，雖然萬籟俱寂，樹梢枝葉依舊搖擺不停，「調調刁刁」就是搖動之貌，此乃方才宇宙長風吹過大地的跡象餘留，你會獨獨沒有看到樹梢枝葉還在擺動嗎？這一長串對萬竅不同形狀的描繪，與對萬籟不同聲音的形容，正意謂萬籟皆從宇宙長風的穿越萬竅而來。

「地籟則眾竅是已，人籟則比竹是已」，子游略有所悟的說：地籟是眾竅發出的聲音，人籟是樂管吹奏的聲音。「比竹」本是並列的竹子，此就洞簫、七孔笛的氣孔排列而言，意謂人譜奏而出的生命樂章。地籟與人籟我可以理解了，「敢問天籟」，請容許我究極的問：那什麼是天籟？

子綦當機指點的說，「夫吹萬不同，而使其自己也」，天籟無聲，不可言說，故僅就地籟、人籟的從何而來，而逼顯天籟。「吹萬不同」是宇宙長風吹向大地，穿越萬種不同的竅穴，而發出萬種不同的聲音，「使其自己」，此自己有兩種讀法，一是自己，一是自已。王船山讀為萬竅的「自已」，正與下文的「自取」相對應，云：「終於自已者，始於自取。」「已」與「取」相對，「已」當「止」解，萬籟皆自己發聲，也自己止息。宣穎云：「使聲由竅自出。」即讀為「自己」。又云：「彼眾竅者，真以為自已耶，自取耶？果其自已自取，則噫氣未作之先，何以寂然？既濟之後，何以又寂然？則怒呺者，非無端而怒也，必有怒之者而怒也，則眾竅于喁，皆不能無待也。」此說較貼近語文脈絡中的義理內涵，「怒」非無端而起，必有其「怒之者」的源頭。地籟人籟皆有待於「怒之者」而有其「怒」，此宇宙長風，指稱的是「大塊噫氣」之「作則萬竅怒呺」的天籟，而與列子「御風而行」之屬於現象自然的季節風，層次不同。

問題在，人籟地籟從天籟來，一如《老子》之「道大，天大，地大，人亦大」（二十五章）之一體皆大的整體肯定，那是存有論的語句，人籟地籟既從天籟來，那人籟之真與地籟之和，就是天籟在人間的直接彰顯。而不能一如王船山以主體之心知為怒者，謂人籟地籟乃「激於氣以引其知」，又將物論理解為「形開而接物以相搆者也」，那等同老子所云之「心使氣曰強」（五十五章）的負面意涵，物論成了心知執著形氣所判別的相對是非，而不是天生本真的存在真實。故船山僅能無奈的說：「還其無作，而無不齊矣。」既無作不起，物論歸於空無，還要齊什麼呢？相對於船山而言，宣穎說理切當，云：「使自己對吹字說，言雖吹之，而未嘗與也。咸字對萬不同說，言雖萬不同，而無弗徧也。」此言天地噫氣吹向大地萬竅，讓萬竅自身發出聲音，「不與」是不介入不決定，而給出萬竅「自己」的空間。再說萬竅咸其自取，儘管萬竅不同，而每一竅發出的聲音，都一樣是自己認取而有，「無弗徧」是沒有不普徧皆然的。

總結在「怒者其誰」。不論地籟的萬竅怒呺或人籟的比竹樂章，都是通過自己而發出的聲音，但有沒有人想過那發動者會是誰呢？「怒者」就是「作則萬竅怒呺」的「作」，是天地噫氣的無聲之聲。沒有天籟的發動，就不會有地籟的和聲與人籟的真音，此逼顯了天籟的「有」。然天籟本身的存在性格，在「有」之外，更根本的是「無」，所謂無聲之聲，給出了萬竅「使其自己」而「咸其自取」的自在空間。故

「怒者其誰」底下，既是歎號的「有」，又是問號的「無」，又有又無的「玄」，就是道體天籟生成萬物的實現原理。

## 第2章 證存無形之我的眞君

大知閑閑，小知閒閒；大言炎炎，小言詹詹。其寐也魂交，其覺也形開。與接為構，日以心鬭。縵者，窖者，密者。小恐惴惴，大恐縵縵。其發若機栝，其司是非之謂也；其留如詛盟，其守勝之謂也；其殺若秋冬，以言其日消也；其溺之所為之，不可使復之也；其厭也如緘，以言其老洫也；近死之心，莫使復陽也。喜怒哀樂，慮歎變慹，姚佚啟態；樂出虛，蒸成菌。日夜相代乎前，而莫知其所萌。已乎，已乎！旦暮得此，其所由以生乎！非彼無我，非我無所取。是亦近矣，而不知其所為使。若有真宰，而特不得其眹。可行已信，而不見其形，有情而無形。百骸，九竅，六藏，賅而存焉，吾誰與為親？汝皆說之乎？其有私焉？如是皆有為臣妾乎？其臣妾不足以相治乎？其遞相為君臣乎？其有真君存焉！如求得其情與不得，無益損乎其真。

---

物論可以有雙重的意涵，一是存有論的勝義，一是價值論的劣義，儒墨兩家各有一套合理解釋萬物存在的思想體系，如儒家的性善說與墨家的兼愛論，屬前者；儒墨兩家之間自是而非他的相對是非，則屬後者。莊子以「唯達者知通為一」的體悟，不在兩家爭端之外，再別立一家，故〈齊物論〉走的是超越兩家又肯定兩家的進路，用心在解消後者，而成全前者，也就是化掉兩家「是其所非而非其所是」的是非紛擾，而給出兩家皆是而無非之並立兩行的價值空間。

問題在，「吾喪我」的「吾」，是做為生命主體的「心」，此心靈的我可以擺脫形軀我的拘限，也可執著形軀我而成為生命的負累。「大知閑閑，小知閒閒；大言炎炎，小言詹詹」，此對人間街頭的相對是非，做出描述，大知見聞廣博，小知識見狹隘；大言拉開聲勢，小言流於瑣碎，〈逍遙遊〉所說的「小知不及大知，小年不及大年」，是從生命本身的格局視野說小大，而〈齊物論〉所說的大言小言，大知小知，是從心知執著的二分說小大。故〈逍遙遊〉立生命的小大，而〈齊物論〉破心知的小大。而破小大正所以立小大，心知破而生命立，「大而化之」的「化」，就是其間的轉關，它既是解消，又是轉化。「其寐也魂交，其覺也形開」，心知執著的小大二分，會給生命帶來壓力，故睡眠時心魂交錯，醒覺時打開耳目接物之門，「與接為構，日以心鬭」，與物象接觸，聲色闖入心中，而構成心象，此心知執著的標準，在分別比較間，每日評估得失而成了爭鬥之場。

「縵者，窖者，密者。小恐惴惴，大恐縵縵」，此說的是由心鬥的紛擾沉墮為情識的恐慌，縵像網羅，窖是深沉，密則隱密，它既深沉，又隱密，且無所不在，小的恐慌是憂懼，大的恐慌則是心神不寧。「其發若機栝，其司是非之謂也；其留如詛盟，其守勝之謂也」，「司」當「主」解，成玄英疏云：「機，弩牙；箭，箭栝。」心知執著的發動，有如箭栝弩牙般的機巧操作，主導是非的執著與分別，深藏心中如詛咒盟誓般的拒絕妥協，堅持守住勝利的成果。前者是心知的執著，後者是情識的陷溺。「其殺若秋冬，以言其日消也；其溺之所為之，不可使復之也；其厭也如緘，以言其老洫也；近死之心，莫使復陽也」，此描述由心知墮為情識的生命情態，執著陷溺傷損生命，像秋冬一般的日趨凋零，「其溺之所為之」，上「之」字當「於」，下「之」字為語末助詞，言陷溺在人為造作的對抗中，不可能讓他回歸生命的平靜；心知封閉了自己，生命在衰老乾枯中；心已失去本有的靈動，再也恢復不了它的生機活力了：此言主體生命的消殺、沉溺、塵封與僵化。

「喜怒哀樂，慮歎變慹，姚佚啟態；樂出虛，蒸成菌。日夜相代乎前，而莫知其所萌」，喜怒哀樂說人間遇合成敗得失的情緒變化，慮歎變慹說生命的起落，在憂鬱未來、歎惋過往、游移當前、惶怖生死之間打轉，姚佚啟態說人間的百態，以美好、縱逸、開放、修飾的姿態現身，就如同樂聲從虛空來的幻聲不定，與菌菇從蒸熱來的幻形無根一般，不分白天晚上，交相出現在我們的面前，卻不知它們到底從那裡萌發出來的。

「已乎，已乎！旦暮得此，其所由以生乎！非彼無我，非我無所取。是亦近矣，而不知其所為使」，此謂情緒變化，心思起伏與百般作態，若早晚找到它所從來的「此」，它們想必可以平息消散了吧！「所由以生」就是「所萌」，問諸般生命的煩憂，到底從何處萌生，早晚找到了究竟的答案，就可以對症下藥，而藥到病除了吧！「非彼無我」，「彼」就是上文的「此」。從沒有「彼」就沒有「我」來看，「彼」當是「形」，沒有我的形體不會形成「我」的意識；「非我無所取」，沒有了自我的意識，就不會有心知的執著。此與「咸其自取」的「取」，所指涉不同。「非我無所取」是心知的執著，「咸其自取」則是地籟人籟經由自家竅穴而發聲的自我認取，此乃天籟內在的存在真實。「是亦近矣」，有此一省思，答案已呼之欲出，「而不知其所為使」，卻仍不知「使其所為」的主人究竟是誰。「其」指涉的是「形」，關鍵在「形」的存在，不過還是要找出是誰任使它的答案。

底下即展開一段精采的論證：「若有真宰，而特不得其朕。可行已信，而不見其形，有情而無形」，假如生命當有一真正可以做主的存在，只是看不到它透顯的朕兆，「可行已信，而不見其形」，不過從生命可以一體運行的現象來看，雖看不到它的形象，卻已信有使其所為的主宰在。「已信」，郭注成疏都讀成「己信」，郭象注云：「行者，信己可得行也。」成玄英疏云：「物皆信之而行。」王船山云：「自信為然而遂行之，非有定形之可見也。」也持同樣的解讀。依上下文看來，此承上文「是亦近矣，而不知其所為使」，因為沒有「彼」的形體，就不會有「我」的意識；沒有自我的意識，就不會執取天下萬物。找到了「形」的癥結所在，卻依然不知其所為使，也就是不知誰可負責。因為可以做主，就當負責，所以要說「若有真宰」，一定要有可以為生命做主的存在，才能合理解釋生命是一體運行的現象。不過，它是無形的，故以假設的語氣來進行討論。總說是「有情而無形」，「情」當「實」解，有其實而無其形，此就生命當有一真宰而言，雖然看不到它，卻是真實存在。宣穎云：「運動我者已信有之。」此說較切合語文脈絡中的意義。說「有其實」，即對生命要有一主宰做出理論的認定。

「百骸，九竅，六藏，賅而存焉」，「賅」當「備」解，此就人之形體的生理結構說，討論的起點在百骸、九竅、六臟皆完備的存在於人的形體中。而要問的是「吾誰與為親」，生命主體的我要跟那一骸、那一竅、或那一臟較為親近呢？問我要與誰親近，此有兩個可能，一是「汝皆說之乎」，是一樣的喜歡，一是「其有私焉」，還是你有私心的偏愛呢？不言可喻「其有私焉」是不可能的，因為缺一不可。那答案就在「汝皆說之」了。「如是皆有為臣妾乎」，既是一樣的喜歡，那大家都等同臣妾的地位，而臣妾不能當家做主，「其臣妾不足以相治乎」，那就不能相互治理了。「其遞相為君臣乎」，或許還有一個可能，大家輪流當君臣，有如校園值日與軍旅值星一般，此一設想亦不能成立，因為百骸、九竅、六臟的功能，是不可能相互取代，甚或彼此統攝的。討論至此，要合理的解釋生命整體一致的現象，「其有真君存焉！」那就是在百骸、九竅、六臟之上，一定有「真君」的存在。「真君」即「真宰」，指謂的是可以做為生命主體的「心」。「莫知其所萌」與「不知其所為使」的最後答案，就此揭露。船山所云「偏求其所萌而不得也」，終究有了解答。

原來，情緒變化、生命起伏與人間百態，皆萌發於主體的「心」，與物交接，而構成心象，由是而有大知小知，大言小言的執著與對抗，「日以心鬬」，心成為戰場，再沉墮為大恐小恐的情識陷溺。依道家思考，生命的「困」由心知來，生命的「苦」由情識來。困苦的癥結在心，所以工夫在心上做。儘管關鍵在「非彼無我」的「形」，然「所為使」的是「心」，「心」就是「真君」，心可以做主，心就要負責。解消心知執著與人為造作，生命的困苦，就可以離身遠去。

「其有真君存焉」，船山云：「疑其有真君，非果有也。」假如此說成立，又如何解讀下一句：「如求得其情與不得，無益損乎其真」，船山解云：「天之化氣，鼓之激之，以使有知而有言，豈人之所得自主乎？天自定也，化自行也，氣自動也，知與不知無益損焉。」又云：「所謂君者無君也，所謂宰者無宰也。」依此說，則生命起伏與人間百態，皆天地一氣之化而已，人失去了自我做主的可能空間。實則莊子意謂不論求得其情，與不得其情，「情」仍當「實」解，「求」是修養工夫，「得」是開顯的理境，「求」可能「得」，也可能「不得」，如同孟子所云之「求則得之，舍則失之」，工夫的求得與不得，對真君的實存來說，是既不會增益，也無所減損。船山否定了「真君」的存在，工夫的求得與否，完全不可說，這一句話也就不可理解。

從天地的大宇宙而言，地籟、人籟之上，有其生命動力的源頭，故以「怒者其誰邪」，逼顯天籟。

從人體的小宇宙來看，百骸、九竅、六臟之上，有其人生方向的主體，故以「其有真君存焉」，證存真君。

地籟人籟是有聲之聲，百骸、九竅、六臟是有形的我；而天籟是無聲之聲，真君是無形的我。惟無形的我，可以由體悟而體現無聲之聲的天籟。故「吾喪我」，看似「心如死灰」，實則是心靈虛靜，以觀照且朗現道體天籟。兩大段統合理解，才解答了顏成子游心中的困惑，也才了悟南郭子綦「女聞地籟而未聞天籟夫」的說解。

一受其成形，不亡以待盡。與物相刃相靡，其行盡如馳，而莫之能止，不亦悲乎！終身役役而不見其成功，苶【另本作「薾」】然疲役而不知其所歸，可不哀邪！人謂之不死，奚益！其形化，其心與之然，可不謂大哀乎？人之生也，固若是芒乎？其我獨芒，而人亦有不芒者乎？夫隨其成心而師之，誰獨且無師乎？奚必知代而心自取者有之？愚者與有焉！未成乎心而有是非，是今日適越而昔至也。是以無有為有。無有為有，雖有神禹，且不能知，吾獨且奈何哉！

「一受其成形，不亡以待盡」，此主語承上之「真君」而來，「真君」無形，在天地造化間，稟受氣化的安排，而寄身於形體，故曰成形。「不亡」，劉師培云：「〈田子方〉作『不化』，竊以『亡』即『化』訛，『不化』猶言弗變，下云其形化，即承此言。」此言雖言之成理，然嫌勉強，因為「成形」之後不可能不化，惟一的可能，「不化」或「不亡」，指謂的是「真君」。「真君」不遷化或不亡失，「以待盡」，意謂「真君」寄身形體，以待生命能量的耗盡。成玄英疏云：「夫稟受形性，各有涯量，不可改愚以為智，安得易醜以為妍，是故形性一成，終不中途亡失，適可守其分內，待盡天年矣。」成疏承郭注，以成性說「成形」，說的是天生的氣稟，以不中途亡失解「不亡」，以待盡天年解「待盡」，均拋開「真君」，僅落在形氣說，「不可改愚以為智，安得易醜以為妍」，此「用氣為性」，不可免的成了定命論。實則，人性的內涵在天真本德，〈人間世〉有云：「德蕩乎名，知出乎爭。」「德」會在心知執著爭逐名號中流蕩失真，卻可在無心無為、致虛守靜中，「復歸於嬰兒」、「復歸於樸」（《老子・二十八章》）。生命的重心，不在形氣才性，而在本德天真。這是由先秦老莊道家到魏晉新道家最大的扭轉與沉落。

宣穎云：「真君所在，人知之不加益，人不知不加損，惟人自受形以來，守之待死。」「守之」是真君守住形體，以過此一生。就在「不亡以待盡」的人物處境與困限中，還得闖入「與物相刃相靡」的人間街頭，且走上「其行盡如馳，而莫之能止」的人生道途，而落在「不亦悲乎」的人生結局。這一小段正是上文的「日以心鬭」的寫照。心執著自身，自我中心且自我膨脹，往外擴張勢力範圍，打天下搶名利，成玄英疏云：「刃，逆也；靡，順也。」此說過於平淡，且就逆反與柔順兩面言之，實則，看上下文語氣，「相刃」是對抗，「相靡」是對決，揮刀相向，且砍倒對方，而不是說人生情境有順有逆。「其行盡如馳」，言人生之行盡在路上奔馳，「莫之能止」，是「莫能止之」，意謂沒有人停得下來，因為停下來就輸了。此老子有云：「馳騁畋獵，令人心發狂。」（十二章）「馳騁」是行盡如馳，「畋獵」是與物相刃相靡，而「莫之能止」的理由，就在「心發狂」，我心狂野狂亂，不敢停下來，惟恐失落了一片大好江山。人的一生竟落得這樣永無休止的爭奪與砍殺，不是令人深感悲傷嗎？「終身役役而不見其成功，薾然疲役而不知其所歸，可不哀邪」，終身為役所役，且心為物役，而辛苦勞累的盡頭，又沒有所謂的成功等在那裡。「薾然」是疲累的樣子，整個生命狀態只是永無休止的疲累，也永不止息的奔競，竟不知歸程何處，而無家可歸，豈不是讓人哀傷嗎？「人謂之不死，奚益」，像這樣的人生，人家會給出就算不死，又有什麼價值意義的評論。

「其形化，其心與之然，可不謂大哀乎」，人物「成形」也「形化」，形體在歲月中成長，也在歲月中老去，心也隨著形體一樣的日趨衰老，這可不是人生最大的傷痛嗎？行文至此，而有一後設的省思，「人之生也，固若是芒乎？其我獨芒，而人亦有不芒者乎？」船山云：「芒，昧也。」問的是這會是普天之下每一個人的共命嗎？人生路上人人皆在盲昧中，還是只有我一個人獨盲，而天下總有人不盲昧的呢？人物忙碌，人間迷茫，癥結在「心」的盲昧，心不盲昧，走在人間不會迷失茫然，而人物也不會有「為誰辛苦為誰忙」之感了。因為忙得有方向，也忙得有價值。

牟宗三先生堂上講課云：「從篇首至此，為悟道之契機，存在的感受非常強烈真切，才能發為豐富的義理去展開。此老莊之所以為大家。開創由感受悟入，向郭名士非大家，感受不夠，學力亦不足。」我們看莊子從忙碌說不亦悲乎，從茫然說不亦哀乎，從盲昧說不亦大哀乎，此身心靈三層次的痛切感，對人生之廣大而深入的同情，才是一個大思想家的生命特質。

「夫隨其成心而師之，誰獨且無師乎？奚必知代而心自取者有之？愚者與有焉」，此「成心」與「道心」是超越的區分，有執著有分別的心是「成心」，無執著無分別的心是「道心」。〈大宗師〉篇是宗大道以為師，而〈齊物論〉篇則對「隨其成心而師之」做出批判。「成心」，成玄英疏云：「域情滯著，執一家之偏見者，謂之成心。」此解較貼近語文脈絡中的意涵。憨山大師說是「現成本有之心」，已屬道心、真心的層次，與上下文文氣有隔。「成心」是「與接為構」，與物象交接而起執著，「師之」是以之為師，以自家執著的心知，做為價值的依據與取向。那有誰獨獨沒有老師的引領呢？「奚必」是「何必」，「知代」從「日夜相代乎前」來看，是指涉知人間萬象的流轉更替，此「而心自取」，與上文之「非我無所取」，兩「取」字皆「執著」之意，意謂何必一定要對人間萬象之更替相代有所認知，且心又起執著的人才有呢？「愚者與有焉」，「愚者」相對於「知代而心自取者」而言，指謂的是既不知代，而心又無所執取的愚昧之人，他或許無知，不過成長路上習俗軌範一定深植在他的心中，形成一套衡量的標準。「非彼無我」，人有了形體，就會有自我的意識，也會有自我防衛的機制。再無知的孩童，你搶他手中的玩具或食物，他一定會大哭抗拒。

「未成乎心而有是非，是今日適越而昔至也」，是說心知沒有構成一套價值標準，而人間街頭竟有是非的分判，那就好像說今天出發前往南越，而昨日就已到達一樣的不可能。「是以無有為有」，此說是把本來沒有的事當做有，等同扭曲事實。「無有為有，雖有神禹，且不能知，吾獨且奈何哉！」把本來沒有的事當做有來說，雖然有大禹如神般的高明，尚且不能理解，我這麼平凡的人又能奈他何呢？上一段「證存真君」，到了這一段「點出成心」，卿本佳人，已墮風塵，人生的盲昧由成心而起，生命的困苦也由成心而來。

## 第4章 儒墨是非的小成榮華

夫言非吹也，言者有言，其所言者特未定也。果有言邪？其以為異於鷇音，亦有辯乎？其無辯乎？道惡乎隱而有真偽？言惡乎隱而有是非？道惡乎往而不存？言惡乎存而不可？道隱於小成，言隱於榮華。故有儒墨之是非，以是其所非而非其所是。欲是其所非而非其所是，則莫若以明。

「夫言非吹也，言者有言，其所言者特未定也」，人間的言語，跟吹萬不同的天籟，是大有不同的，因為言者要有所言，以自己的立場與觀點，建構自家的理論系統，卻可能落於主觀，而是非不定。「果有言邪？其未嘗有言邪」，既是非不定，那果真有所說嗎？還是未嘗有所說呢？「其以為異於鷇音，亦有辯乎？其無辯乎」，「鷇音」是初生之鳥破殼而出的聲音，言者自以為與純任自然的鷇音有別，此亦「言非吹也」之意。因為鷇音等同天籟，說了也等於沒說，而言者雖有所言，而所言卻落在不定中，此與鷇音之說了也等於沒說，果真有分別嗎？還是根本沒有分別呢？莊子旨在解消，故重在「未嘗有言」與「其無辯」之上。莊子即由此一批判性的反思，來論說儒墨的是非。

「道惡乎隱而有真偽？言惡乎隱而有是非？道惡乎往而不存？言惡乎存而不可？道隱於小成，言隱於榮華」，此分三部分來論述：一是對存在現況的描述與反思，問大道到底隱藏到何處去了，不然的話，人間的道怎麼會有真假之分呢？「惡」當「何」解，「惡乎隱」是隱於何，「惡乎往」是往於何，「惡乎存」是存於何。再問真言到底隱藏到何處去了，不然的話，人間的言怎麼會有是非之別呢？對存在現況的描述在道有真假之分，言有是非之別；反思在那意味著大道隱退不見了，真言也退藏流失了。二是對大道與真言的存在性格，通過發問做出表述，問大道有什麼它所往而不存的，再問真言有什麼它所存而不可的，轉回正面的說法，大道所往皆存，真言所存皆可，此回應上一小段的「惡乎隱」，大道所往皆存，故人間的「道」當該皆真而無假；真言所存皆可，故人間的「言」當該皆是而無非。今人間的道行已有真假之分，豈非反證大道已然退隱，今人間的言道已有是非之別，豈非反證真言已然失落。故第一句話的反思，理論根據在第二句話。而第三句話則是前面兩句話的綜合判定，大道隱藏於小成，真言隱藏於榮華。宣穎解「小成」為「偏見之人」，解「榮華」為「浮誇之說」。人間道行困於小成，則失落了道體的「大」；人間言道囿於榮華，則失落了言道的真實。老子云：「道可道，非常道。」（一章）「可道」就是「小成」，成於小則失其大，故云「非常道」。又云：「信言不美，美言不信。」（八十一章）「美言」就是「榮華」，榮於華則失其真，故云「不信」。「小成」是心知的執著，「榮華」是人為的造作，大道在心知執著中隱退，真言在人為造作中退藏。

以此三句話的論述，做為理論根據，合理的解釋儒墨是非之所以形成，且迫使整個人間社會迷失在價值觀的錯亂之中。雙方依據自家的價值體系，「以是其所非而非其所是」，「以」當「用來」解，「其」指對方，意謂用來「是」對方所「非」的，也「非」對方所「是」的，此等同唱反調，儒家所肯定的觀點，墨家就非衝上街頭否定不可，儒家所反對的觀點，墨家就一定挺身出來支持。這一來，人間理序因兩家對抗而錯亂，而天下人也因錯亂而迷失，價值的錯亂逼出了存在的迷失。問題在，此一時代病痛的消解之道何在，莊子開出的藥方，在「欲是其所非而非其所是，則莫若以明」，「欲」是心的意圖，當「想要」解，兩「其」字都指謂雙方，想要翻轉這一困局，就得在雙方所「非」之中，看到雙方本有的「是」，也在雙方所「是」之中，看到雙方各有不足的「非」。那要如何看到，答案就在「莫若以明」。宣穎云：「明字，正對惡乎隱說。」意謂將隱退的大道，與隱藏的真言，重新照現回來。「明」是心虛靜如鏡的觀照作用，這是放下自己而看到對方的大智慧。就莊子而言，是超離儒墨又同時照現儒墨，雙方的道行所往而皆存，雙方的言道也所存而皆可，保有二者的優越，又可以在並行中互補不足。

莊子以第三家的身分，竟代為化解儒墨兩家的人間是非，且同時朗現雙方物論的價值內涵，這是何等的大心胸、大氣魄，何等的大智慧、大格局。

## 第5章 轉「彼是」而爲「是非」的是非無窮

物無非彼，物無非是；自彼則不見，自知則知之；故曰彼出於是，是亦因彼；彼是方生之說也。雖然，方生方死，方死方生；方可方不可，方不可方可；因是因非，因非因是。是以聖人不由，而照之於天，亦因是也。是亦彼也，彼亦是也。彼亦一是非，此亦一是非，果且有彼是乎哉？果且無彼是乎哉？彼是莫得其偶，謂之道樞。樞始得其環中，以應無窮。是亦一無窮，非亦一無窮也。故曰莫若以明。

萬物的存在，在相對中沒有不是被指稱為「彼」的，也沒有不是自稱為「是」的。「自」當「從」解，「自知」的「知」，疑為「是」之譌。上言「自彼」，下言「自是」，正承上文無非彼、無非是的語文脈絡。意謂從「彼」的對方觀點看，是看不到「是」這一方的美好，從「是」的自家觀點看，則可以看到「是」這一方的美好。不過，依老子「自知者明」（三十三章）來求解，「自知則知之」也可以解通，因為「明」是觀照，就可以照現，所以說「則知之」。「彼」是出於「是」，「是」的原因也在「彼」，「彼」跟「是」是兩方同時並生的，阮毓崧云：「方，並也，方之本義，兩舟相並也。」《說文》：「方，併船也。」故方生是相傍而生。在有「彼」的同時有「是」，在有「是」的同時有「彼」。老子云：「有無相生，難易相成。」（二章）此有無、難易一如彼是、是非，皆相對而立，相因而成，統合的說，就是互相以對方為原因而成立。

「方」是現在進行式的觀念，「方生方死，方死方生；方可方不可，方不可方可」，「生」與「死」，「可」與「不可」等相對的價值觀念，皆同時成立而相互依存。有了「生」的這一面，就同時有了「死」的另一面，有了「可」的這一面，就同時有了「不可」的另一面，一面在被肯定中，一面在被否定中，兩面同時並起。「因是因非，因非因是」，「是」與「非」也是互相以對方為原因而成立，有了「是」就同時有了「非」，有了「非」就同時有了「是」。從「彼是」轉為「是非」的關鍵點，在心知的介入。「一受其成形」，在物我間就有了「彼」與「是」的相對稱號，問題在，心執著物，把價值標準執定在自己的身上，本來屬於指稱詞的「是」與「彼」，只是互分彼此，心知一介入，而成了價值觀念的「是」與「非」了。把「此」的

「是」，說成「對」的「是」，再將與「是」不同的「彼」，說成「非」的「彼」了。此將「彼是」的「不同」直接轉換為「是非」的「不對」。實則雙方只是不同的「對」，卻被惡質的簡化為「不對」。此將「不同」斷定為「不對」，既是主觀的偏見，又是獨斷的傲慢。

「聖人不由」，即聖人不會落在以「不同」為「不對」的偏見與傲慢中，跳開以「彼是」而為「是非」的自是非他，而以天道的超越觀點往下觀照。「亦因是也」，「因」當「順任」解，順任「彼是」之不同觀點之所是而是之，而照現「彼是」雙方之皆「是」而無非。此「照之於天」等同「莫若以明」，從天道往下看，說「照之於天」，從道心往外看，說「莫若以明」，人無掉心知人為的執著與造作，也就回歸道心無為的虛靜明照，以虛靜道心照現儒墨兩家的「是」，將兩家的是非轉成皆是而無非。

「是亦彼也，彼亦是也。彼亦一是非，此亦一是非」，「是」換個角度說也是「彼」，「彼」換個角度看也是「是」，來自不同角度或立場的觀點，各自形成一套是非標準，「彼」有一套，「是」也有一套，「果且有彼是乎哉？果且無彼是乎哉」，由「彼是」的相互指稱，而轉成「是非」的價值二分，且「彼」有一套以自我為中心的是非，「是」也有一套以自我為中心的是非，那果真有彼是的分別嗎？還是根本沒有彼是的分別呢？因為「彼」也是「是」，「是」也是「彼」，只是換個角度觀點而已！

船山有云：「夫所謂是非者，豈是非哉！彼此而已矣！」說得貼切。「彼是莫得其偶，謂之道樞」，「彼」與「是」既相對而立，相因而成，沒有對方的「彼」，就沒有自身的「是」，「莫得」是「得不到」，不論「彼」或「是」，都得不到自己的對偶，不能讓它消失，也不能取代它，所以由彼是而轉成的是非，也都不能挺立其自身。「莫得」在此有雙重意涵，從「得不到」，而轉往「超越」走，超越相對而走入絕對，等同所謂的「照之於天」。「天」不在相對中，走入絕對，就是立身在道的樞紐。「樞始得其環中，以應無窮」，道的樞紐，像是居於圓環的中心，以三百六十度運轉，以回應周遭無窮的變化與是非的紛擾。

牟宗三先生有云：「從有儒墨之是非，至謂之道樞，是〈齊物論〉的主文。」「是亦一無窮，非亦一無窮也。故曰莫若以明」，此成玄英疏云：「夫物莫不自是，故是亦一無窮，莫不相非，故非亦一無窮。」從「彼是」轉為「是非」，那就一人一是非，一物一是非，故「是」是一無窮，「非」也是一無窮。心知執著無窮無盡，人為造作也就沒完沒了。惟有解消執著與造作，超離在無窮是非之上，以天道的高度來順任萬物的流轉，順任萬物之所是而是之，人人皆是，物物皆然，人生頓時從自困自苦中，轉向自在自得了。

## 第6章 無成亦無毀的儒墨兩行之道

以指喻指之非指，不若以非指喻指之非指也；以馬喻馬之非馬，不若以非馬喻馬之非馬也。天地一指也，萬物一馬也。可乎可，不可乎不可。道行之而成，物謂之而然。惡乎然？然於然。惡乎不然？不然於不然。物固有所然，物固有所可；無物不然，無物不可。故為是舉莛與楹，厲與西施，恢恑憰怪，道通為一。其分也，成也；其成也，毀也。凡物無成與毀，復通為一。唯達者知通為一，為是不用而寓諸庸。庸也者，用也；用也者，通也；通也者，得也；適得而幾矣。因是已。已而不知其然，謂之道。勞神明為一而不知其同也，謂之朝三。何謂朝三？曰：「狙公賦芧，曰：『朝三而莫四。』眾狙皆怒。

曰：『然則朝四而莫三。』眾狙皆悅。」名實未虧而喜怒為用，亦因是也。是以聖人和之以是非，而休乎天鈞，是之謂兩行。

上一段「方生方死」，乃援〈天下〉篇惠施歷物十事之「日方中方睨，物方生方死」之說，不說物在「生」的同時已步向死亡，日在方「中」的同時已往西偏斜，此從物象的至變中，以明差別對立之不能成立，因為一切都在動變的過程中，什麼也停留不住。〈齊物論〉則轉而說生死的執著二分，是同時並生的。這一段則藉公孫龍〈指物論〉的「物莫非指，而指非指」，與〈白馬論〉的「白馬非馬」的名理，來說自家的玄理。你說萬物莫非「能指」之「所指」，又說「能指」不是「所指」（概念不等於實在），精簡的說，你已說它是「指」，又說「指」不是「指」，這在名理上自相矛盾，而不能成立。同樣的道理，「白馬非馬」，「非」有歧義，一是不是，二是不等於，白馬不等於馬，這是常識，卻造成白馬不是馬的詭異效應。精簡的說，你已說它是「馬」了，又說「馬」不是「馬」，這在名理上是自相矛盾而不能成立。若要說指不是指，馬不是馬，不如由我道家的玄理來說，既不會構成矛盾，又可以通過玄理來解消執著與分別，消融彼是之分，與是非之別，而歸於皆是而無非的一體無別。

所以說，與其以「指」的觀點，來說「指不是指」，不如以「非指」的觀點，來說「指不是指」。「非指」不在「指」的對面，而在「指」的上面，超離在「指」的執著二分之上，此根本就無所謂「指」，如同「莫若以明」，沖垮了「指」的內涵規定，那「指」的外延範圍，也隨之潰堤，不僅可以說指不是指，不管說它是什麼，也都可以被接受了。以「非馬」說「馬不是馬」，也是這個道理。根本就無所謂「馬」，解消「馬」的執著與分別，也就是不以「成心」來說「馬不是馬」，那是名理上的矛盾，而以「道心」來觀照，說馬可以不是馬，這是玄理的消融。王船山云：「故以言解言之紛，不如以無言解之。」此說甚精到，以言解言，在成心的層次；以無言解言，則在道心的層次。郭象注云：「以我指喻彼指，則彼指於我指獨為非指矣。……若復以彼指還喻我指，則我指於彼指復為非指矣。」此將「指」與「非指」解為彼是之相對，彼是相對，由彼是轉成之是非也相對。是非相對，「是」不一定是，「非」也不一定非，是非均定不住自己，由是說無是無非，此不是道心的觀照，而只能是郭注所云的「將明無是無非，莫若反覆相喻」，此為平面的思考，而未有立體的統貫。

實則，「指」與「非指」，不是平面界域的區隔，而是層次上下的超越區分。「指」是有執著有分別的「成心」，「非指」是無執著無分別的「道心」，上下兩句的「不若」，意謂以「成心」說不如以「道心」說，來得合理。說以我指說不若以彼指說的界域之分，只顯謙讓的氣度；而未有由「指」昇越為「非指」之比較貼切而合理的解釋。

且「非指」、「非馬」喻「指之非指」、「馬之非馬」的玄理，可以體證「天地一指也，萬物一馬也」的形上理境，要說指，通通是指，要說馬，也通通是馬，天地可以是一指，萬物也可以是一馬。此與「天地與我並生，萬物與我為一」的義理，是一體統貫的。呂惠卿云：「天地雖大，無異一指，以其與我並生而同體也；萬物雖眾，無異一馬，以其與我為一而同類也。」此亦將前後兩段境界語，並觀統合以求解，並生與為一，也是道心觀照的一體境界。

「可乎可，不可乎不可。道行之而成，物謂之而然。惡乎然？然於然。惡乎不然？不然於不然」，此從「道行之而成」說「可」與「不可」，從「物謂之而然」說「然」與「不然」。「可」是「道行」的價值判斷，「然」是「物謂」的價值論定。「可乎可，不可乎不可」，上頭的「可」與「不可」是價值的判斷，底下的「可」與「不可」是價值的標準，依合不合乎「可」的價值標準，而做出可不可的價值判斷。而價值標準之所從來的價值根源則在於「道」，故所謂「道行」，是依據「道」的價值根源給出的價值標準，而做出可不可的價值判斷，「可」則可行，而行之則有成，此之謂「道行之而成」。「物謂之而然」，「然」是物的存在價值，「謂之」是對物的存在價值做出論定。做為價值根源的「道」，對萬物的存在給出合理的解釋，就是「物論」。故物的「然」是「物論」所賦予。各大家各大教的教義，皆是物論，依據「物論」對物的存在做出「然」與「不然」的價值論定。看上下語文脈絡，「物」的然與不然，由「道」的可與不可而來。故可與不可說「道」，然與不然說「物」。二者的連結在「行之」與「謂之」，有道行的工夫，才能獲致物然的評價，你的一生怎麼行，人家就怎麼說你，你「行之」而有成，人家就會「謂之」而得然了。

「然於然」，是「然」的價值論定，來自合乎「然」的價值內涵；「不然於不然」，是不以為然，此「不然」的價值論定，來自不合乎「然」的價值內涵。總說一句，「物謂之而然」的理論根據在「道行之而成」。這一段行文論述，劉文典承王先謙之說，認為「可乎可，不可乎不可」當在「不然於不然」之下，且要補上「惡乎可」、「惡乎不可」兩句，實則，「道行之而成」，上承「可乎可，不可乎不可」，而「物謂之而然」，下開「然於然」、「不然於不然」，故不更動經文，在義理上不僅順通，抑且圓融。

「物固有所然，物固有所可；無物不然，無物不可」，從天道內在於萬物的存有真實來看，萬物本來就有它自己的「然」，它自己的「可」，「然」是存在的合理，「可」是實踐的合理。總體來看，從「道惡乎往而不存」的所往皆存，「言惡乎存而不可」的所存皆可來說，沒有那一物的存在是不然，也沒有那一物的存在是不可，這是〈齊物論〉對天地萬物的存在所給出的整體大肯定，萬籟的有聲之聲皆從無聲之聲的天籟而來，故萬竅發出的生命樂章，大有不同，卻都是天籟在人間的彰顯。

「故為是舉莛與楹，厲與西施，恢恑憰怪，道通為一」，「為是」即「為此」，為了這個道理，舉凡莛的小與楹的大（或梁的橫與柱的直），厲的醜與西施的美等心知的執著與分別，也帶來了人間之大大詭異的諸多紛擾，成玄英疏云：「恢者，寬大之名；恑者，奇變之稱；憰者，矯詐之心；怪者，妖異之物。」此老子有云：「正復為奇，善復為妖。」（五十八章）標榜正道，卻逼出奇變的回應，本來的善德，反而成了妖惡，前者是扭曲，後者則變質，正奇善妖因相對而對抗，因對抗而決裂，此為人世間價值美好的大顛倒與全面的陷落。故超離執著對立與造作紛擾，在心知無執著分別，生命也就無障隔紛擾之下，萬物回歸道體的一體無別。

「其分也，成也；其成也，毀也。凡物無成與毀，復通為一」，「其」字就心知說，心知的執著分別，構成了一套是非的價值標準；而「毀」就生命說，因為這一套價值標準的構「成」，卻帶來了生命的「毀」壞，毀壞在心知執著與人為造作中，失落了生命的本德天真。以是而言，心知無成，生命即無毀。「凡物無成與毀」，即無成亦無毀之謂，「復通為一」，此一「復」字，如同老子所說的「復歸於嬰兒」與「復歸於樸」（二十八章），嬰兒天真，鄉土素樸，皆是道在人間的表徵，復歸於道，而在道中通而為一。

「唯達者知通為一」，「達者」是通達的人，不過不是人情通達，而是道的體悟。「知」不是心知的執著，而是生命的覺醒，因體悟覺醒而通達於道。「道通為一」是描述道本來是一的存在樣態，「復通為一」是通過修養工夫的回歸於道，「知通為一」則是心體悟道的理境開顯。「為是不用而寓諸庸」，「為是」是為了有此一悟，悟「道通為一」的存在之理，轉而落在人生層面，而有生命當何去何從的省思。「不用」是不為世俗「有用之用」的價值標準所綁住，「不」是在解消中超離，解消了「用」的價值標準，而超離出來，「寓諸庸」，而把存在的價值寄託在生命本身的大用。心知執著的用，再有用也只是世俗的小用；生命本身的用，看似無用，實則是自家的大用。這就是「庸也者，用也」的實質意涵。故「庸」與「用」分屬兩個不同的層次，「用」從心知說，「庸」從生命說，「不用」是心知的解消，「寓諸庸」則是生命的釋放。「用也者，通也」，生命本身的用，有了伸展朗現的空間；「通也者，得也」，普天之下每一個人的生命得到了釋放，也得到伸展，而活出自家的本德天真；「適得而幾矣」，「適」當「就在」解，「幾」當「近」解，近於道之謂。就在每一個人的自在自得中，「道」的生成原理也就充盡的實現。

「因是已」，即順任萬物之所是而是之，「是之」是朗現每一存在物的「可」與「然」，也就是「無物不可，無物不然」。「已而不知其然，謂之道」，「已」當「如此」解，成玄英疏云：「仍前生後之辭」，「不知其然」，不知「然」從何而來，「謂之道」，實則「然」所從來的「所以然」，就在無心自然的「道」。「勞神明為一而不知其同也，謂之朝三」，未料，不知的人，卻還勞累自己的心神，「為一」是去尋求與萬物合而為一的可能途徑，而不知萬物在道體的統貫之下本來就是一體無別的，就像是「朝三」這一小故事所說的生命困惑。

「何謂朝三？曰：『狙公賦芧』，曰：『朝三而莫四。』眾狙皆怒。曰：『然則朝四而莫三。』眾狙皆悅」，故事從管理猴群的老人說起，「狙」是獼猴，「公」是老人，「賦」是給與，「芧」是山果。猴公每天早晚要分發山果給眾猴子食用，他做出政策性的宣示說，早上給三個，晚上給四個。眾猴子聽了都大發脾氣。猴公立刻政策轉彎，改口說既然大家反對，那麼為了尊重大家的感受，我們就早上四個，晚上三個如何？眾猴子聽了就轉怒為喜，猴心大悅。「名實未虧而喜怒為用，亦因是也」，朝三暮四與朝四暮三，名異而實同，總數不增也不減。成玄英疏云：「其於七數，並皆是一，名皆不虧，實亦無損。」從名號看來，似乎有異，從實質來看，則完全等同，喜怒之間只是猴子的習性與感受，「未虧」是未增加預算支出。猴公是達者，不堅持自己的理念想法，完全順應眾猴子的情緒反應，而給出尊重。依〈人間世〉孔子說顏回未達人心，未達人氣來看，猴公則跟眾猴子的心同在，跟眾猴子的氣同行，「喜怒為用」是完全以猴子的感受，做為決策的根據，而不認為這是眾猴子對管理者權威的挑釁。既是「因是也」，又是「寓諸庸」，此從「知通為一」的體悟，而有「復通為一」的修養，再完全朗現「道通為一」的形上理境。

總結在，「是以聖人和之以是非，而休乎天鈞，是之謂兩行」，「是以」是「以是」，即因此之意，聖人的道行在消融人我相對的是非，而歸於一體的和諧。「和」可以解為由「和解」走向「和諧」，「消融」意謂解消而後融和，而歸於一體。「休」是完全放下，「鈞」多本作「均」，〈寓言〉篇亦作「天均」，成玄英疏云：「自然均平之理也。」故「休乎天鈞」，是在天道無心自然的均平之下，完全解消對自家物論的執著與堅持，而給出物論可以平齊的精神空間。如是，儒墨兩家的是非紛擾，就可以化解，且轉出物論可以平齊，也可以兩行之「道通為一」的價值天地。

心知無執著分別，生命也就無障隔紛擾，萬物回歸道體的一體無別。

## 第7章 無成則無虧的眞君明照

古之人，其知有所至矣。惡乎至？有以為未始有物者，至矣，盡矣，不可以加矣。其次以為有物矣，而未始有封也。其次以為有封焉，而未始有是非也。是非之彰也，道之所以虧也；道之所以虧，愛之所以成。果且有成與虧乎哉？果且無成與虧乎哉？有成與虧，故昭氏之鼓琴也；無成與虧，故昭氏之不鼓琴也。昭文之鼓琴也，師曠之枝策也，惠子之據梧也，三子之知，幾乎皆其盛者也，故載之末年。唯其好之也，以異於彼，其好之也，欲以明之彼。非所明而明之，故以堅白之昧終。而其子又以文之綸終，終身無成。若是而可謂成乎？雖我亦成也。若是而不可謂成乎？物與我無成也。是故滑疑之耀，聖人之所圖也。為是不用而寓諸庸，此之謂以明。

講形上的價值源頭，託諸古之人。「其知」說的是其人的理解體悟，說「有所至」，又問「惡乎至」，是則，「有所至」的「至」，乃中性義，當「到達」解，如是問「惡乎至」，才有意義，且若將「至」解為「至極」，則下文之「至矣，盡矣」，反成多餘。此自問自答，理解體悟之最高層次在「未始有物者」，「至」是窮其高，「盡」是盡其理，「未始有物者」，是即所謂的終極原理，因為最高，所以也是最後，「不可以加矣」，當然也就不可能再增加什麼或提升什麼了。第二層次在「有物而未有封」，第三層次在「有封而未有是非」，第四層次在「有是非」。逐層下降，從「未始有物」而有物，從「未有封」而有封，從「未有是非」而有是非。「未始有物」是太初道境，「有物未有封」，是有了形體的存在，還未有封限的障隔；「有封未有是非」，是物與物之間，有了「彼是」的封限障隔，不過心知還未起執著，將形體的「彼是」，轉成心知的「是非」；「有是非」是有了「是其所非而非其所是」的紛擾了。此「未始有物」就生命存在而言，指涉的是「其有真君存焉」的「真君」，「有物」指涉的是「一受其成形」的形軀，「有封」指涉的是「其覺也形開」的「彼是」

之分；「有是非」指涉的是「與接為構」之心知執著的是非之別。

「是非之彰也，道之所以虧也；道之所以虧，愛之所以成。果且有成與虧乎哉？果且無成與虧乎哉？」此言是非的彰顯，正是大道所以虧損的原因，意即「道隱於小成」，是非的彰顯就是「小成」，大道的虧損就是「道隱」，故所謂的「虧」，無所謂「損」，只是隱退而已；此有如老子所云的「大道廢，有仁義」（十八章），此「有仁義」是「小成」，而「大道廢」也就是「道隱」。而所往皆存的大道在人間隱退，以好惡為是非的私心偏愛，可能正大行其道。「是非之彰」是心知的執著，「愛之所以成」已是情識的陷溺。看上下語文脈絡，「道之所以虧」做為中介，將「是非之彰」等同「愛之所以成」，由是可知，所謂「是非」，未有客觀義，僅是主觀的偏見。既然人間是非無異私心偏愛，那麼人間所謂的「道」，果真是有所成有所虧嗎？還是根本就無所成也無所虧呢！

「有成與虧，故昭氏之鼓琴也；無成與虧，故昭氏之不鼓琴也」，此上下兩句皆倒裝語句，當是「昭氏之鼓琴也，故有成與虧；昭氏之不鼓琴也，故無成與虧」，「昭氏」即下文之「昭文」，「有成與虧」是有成與有虧，「無成與虧」是無成與無虧。昭氏鼓了琴，所以有所成，同時有所虧，成了彈奏的這一樂曲，卻遺落了未彈奏的諸多樂曲；昭氏沒有彈琴，所以無所成，也無所虧。沒有演奏出某一曲調，也就沒有遺落其他的諸多曲調。不過，看下文「其好之也，欲以明之彼。非所明而明之」的批判，「有成」說的是心知，「有虧」說的是生命，成了心知的專精，而虧了生命的本德。反之，消解了心知的專精專業，卻存全了生命的本德天真。

「昭文之鼓琴也，師曠之枝策也，惠子之據梧也，三子之知，幾乎皆其盛者也，故載之末年」，昭氏固是鼓琴名家，師曠是盲眼樂師，擅長音律，「枝」當動詞用，「策」是杖，「枝策」是拄著手杖以敲出音節，惠子是名理專家，「據梧」有如隱几而坐，靠在梧桐樹幹，以與天下好辯者論辯析理。〈德充符〉說惠子「倚樹而吟，據槁梧而瞑」，「吟」是論辯聲，瞑是閉目養神。不論鼓琴、枝策與據梧，「幾乎皆其盛者也」，「幾」當「盡」解，盡心竭慮，皆是一時之盛，登上了專業的高峰。「故載之末年」，陳壽昌云：「載，事也，從事於斯，老年彌篤。」林希逸云：「末年，晚年也，言從事於此終其身也。」就因為成就絕高，所以能堅持一生，在自家的專業領域，享有盛名，發光發熱，因為有成就感，所以能長久。

「唯其好之也，以異於彼，其好之也，欲以明之彼。非所明而明之，故以堅白之昧終」，雖說「三子之知」，實則莊子批判省思的對象，似乎只在惠子之據梧，鼓琴、枝策只是陪襯，「非所明而明之」的論斷，專為「堅白之昧」說，而與鼓琴、擊節不相干。「好之」可能是一生的志趣，然「此」一自家的「好之」，是用來「以異於彼」，那就不純是志趣之所在了，而是心知的執著，以此「好之」的專精專業，跟天下人互別苗頭，「其好之也，欲以明之彼」，此「明之彼」的「明」，不是「莫若以明」的虛靜明照，而是心知執著的賣弄，與人為造作的炫耀了。此「明」不僅凸顯自身的光采亮麗，而且意在把對方比下去。

「非所明而明之」，是對此一生命意態最貼切的評斷，不當明的反而去明它，那當明的本德天真反而不明。此「明」之不當，在你的好竟成了天下人的不好，這真是天大的冤枉，怎麼會將自家的美好轉為天下人的傷痛呢？道家的「明」，是虛靜觀照的智慧，在觀照中照現，在照現中生成，「非所明而明之」的賣弄炫耀，讓自己神采飛揚，逼天下人黯然神傷，那就失落了道家「莫若以明」的生成智慧了。「故以堅白之昧終」，本來惠施的名理重在「合同異」，公孫龍的名理重在「離堅白」，不過莊子筆下就以堅白之論來界定名家的名理，〈天下〉篇說惠施「以反人為實，而欲以勝人為名」，故看似「明」，實則「昧」，「明」在勝人，而「昧」在反人。「昧」是昏昧，重在以名言析辯勝人，反而失落了生命的天真美好，是謂反人。此與老子所說的「明道若昧」（四十一章），在人生的價值取向上正好相反，光明的大道把自身隱藏在看起來像是昏昧中，「若」是看起來像，實則不是。此隱藏是修養工夫，是內斂涵藏的大智慧，不讓自己的光采成為天下人的負累。故明道看似昏昧，實則是「光而不燿」（《老子‧五十八章》），「不燿」是不賣弄炫耀，不刺傷別人的眼神。此「若昧」與「不燿」，避開了「非所明而明之」的昏昧。

「而其子又以文之，綸終，終身無成」，此謂惠施之子意圖傳承父業，擴大這一倚樹而吟的光采，「綸終」是遺緒已盡，已無成長的空間，「終身無成」，此言心知的成，則是生命的毀，故終其身一無所成。此另有不同的斷句與解讀：「而其子，又以文之綸終」，「文」指謂的是昭文，「其子」是昭文之子。俞樾認為之昧與之綸，必相對為文，古字「綸」與「論」通，而「論」可當「知」解，而《淮南子》「論」與「明」對言，則綸亦明也。「以文之綸終」，意謂以文之所知者終，亦即「以文之明終」，正與惠子「以堅白之昧終」前後呼應。問題在，那師曠枝策怎麼獨獨被遺忘了！此一斷句另起「文之子又以文之綸終」之義，以昭文之子而與惠施對顯，似與語文脈絡的意義不相應，故依陳壽昌《南華真經正義》本在「文之」斷句來詮釋，似較貼切。

「若是而可謂成乎？雖我亦成也」，倘若惠施名家，不免「以堅白之昧終」，而「其子又以文之」，仍因「綸終」，而落在「終身無成」的無奈結局，竟可以說是「成」的話，「雖我亦成也」，船山云：「不言亦何嘗不成。」宣穎云：「以虧為成，則孰非成者。」兩家均未解釋「我」究何所指。此所謂「我」，可能是「非彼無我，非我無所取，愚者與有焉」的「我」，人有了形軀，才會有彼是之分的自我意識，進而建構成自我防衛的壁壘，此本質上與惠子據梧的意態貼近，惠子據梧算是有所成的話，那普天之下每一個從彼是之分進而自以為是的人，也是有所成了。「若是而不可謂成乎？物與我無成也」，像惠施好發怪論，「能勝人之口，不能服人之心」（〈天下〉），且被評斷為「弱於德，強於物」，「強於物」是心知的「成」，「弱於德」是生命的虧，此雖成一家之言，卻失落了本德天真，惠子一生不可以說是有成的話，則普天之下每一個由相彼而自是的人，比諸三子的「知之盛」，惟恐大大不如，也就不能說是有所成了。

「是故滑疑之耀，聖人之所圖也。為是不用而寓諸庸，此之謂以明」，王先謙云：「雖亂道而足以眩耀世人，故曰滑疑之耀，聖人必謀去之。」此採負面的解釋。另宣穎云：「滑疑，不明貌。滑疑之耀，不明中之明也。」又船山云：「滑亂不定，疑而未決，恍惚之中，有其真明。」此持正面的解釋。從「聖人之所圖」來看，「圖」當「求」解，既用心求成，似乎正面的解釋較切合原意。此有如老子所云的「明道若昧」與「光而不耀」，滑疑即是若昧而不耀，故滑疑之耀，即是涵藏的光明，就不會「非所明而明之」，而「以堅白之昧終」了。「為是」是為了這一理由，「不用」是不落在心知執著的世俗之用，「而寓諸庸」，而將生命寄託在自家本身的大用。「此之謂以明」，這是通過生命主體的虛靜明照，而照現的天真本德。天真本德的朗現，就是生命的大用了。

## 第8章 有無在每一當下的同時併現

今且有言於此，不知其與是類乎？其與是不類乎？類與不類，相與為類，則與彼無以異矣。雖然，請嘗言之。有始也者，有未始有始也者，有未始有夫未始有始也者。有有也者，有無也者，有未始有無也者，有未始有夫未始有無也者。俄而有無矣，而未知有無之果孰有孰無也。今我則已有謂矣，而未知吾所謂之其果有謂乎，其果無謂乎？天下莫大於秋毫之末，而大山為小；莫壽乎殤子，而彭祖為夭。天地與我並生，而萬物與我為一。既已為一矣，且得有言乎？既已謂之一矣，且得無言乎？一與言為二，二與一為三。自此以往，巧曆不能得，而況其凡乎！故自無適有，以至於三，而況自有適有乎！無適焉，因是已。

「且」為語氣詞，當「即將」解，現在即將推出一個說法，「此」指稱的是這一段「有始也者」的因果追溯，而「是」所指稱的是上一段「古之人，其知有所至矣」的價值析論，不知這一段的體道論述，與上一段的價值評析，是同類呢？還是不同類？「此」是從「有始」、「未始有始」、「未始有夫未始有始」之不斷上升的表述，「是」是從「未始有物」、「有物未有封」、「有封未有是非」、「有是非」之不斷下降的析論。此宣穎云：「上言古人之知是層層順推而下……此言有始有無，是層層逆溯而上。」此說獨到。二者之間的「同」，在都是通過追問的方式，試圖顯發「道」的根源性存在，與其落在人間的流轉變化；二者之間的「不同」，就在上一段往下降，而這一段卻往上升。「相與為類」，是二者處境等同，頗有同是天涯淪落人的味道。「則與彼無以異矣」，「彼」指稱的是上文「與是類乎」的「是」，也就是「有言於此」的這一段，跟上一段的論說，也就沒有什麼分別了。儘管一者下降，一者上升，二者皆以理論的追問，去抉發生命的究竟，終究是得不到解答。

「雖然，請嘗言之」，雖然情況如此，還是容許我說說看吧。「有始也者，有未始有始也者，有未始有夫未始有始也者」，依因果關係的理性思考，天地萬物的生成總有一個肇始發端，而「有始」之先，有一個還沒有開始的開始；此「未始有始」之先，又有一個還沒有開始之還沒有開始的開始。反正，「未始有夫」可以不斷的加上去，有如數學的二次方、三次方一般，保證無窮無盡，沒完沒了。

「有有也者，有無也者，有未始有無也者，有未始有夫未始有無也者」，老子說「有生於無」（四十章），莊子言天籟，從「怒者」說天籟的「有」，又從「其誰」說天籟的「無」，「無」與「有」都是「道」，也都是天籟，「無」是天道的自我解消，「有」就老子言是天道內在於萬物，就莊子言是給出萬物「咸其自取」的空間，故「無」比「有」更先在，「有」從「無」來。此言天地萬物的生成，總有一個「有」的源頭，「有」之上則是天道本身的「無」，本來本體論的根源性思考，到此已然究竟。未料，理論的追溯是一無窮後退的歷程，通過莊子的生命關懷，那是「莫之能止」，且「不知其所歸」的困境。故「無」之上是「未始有無」的「無無」，「未始有無」之上是「未始有夫未始有無」的「無無無」，此「未始有夫」也是可以不斷的加上去，從「無」的二次方、三次方，一直往上攀升。因為「道」要「行之而成」，概念的思辨與理論的建構，根本得不到生命究竟的解答。

「俄而有無矣，而未知有無之果孰有孰無也」，此言與其落在不斷往上追溯而無窮後退的思辨困境，不如回到每一當下的生命現場，「俄」當「頃」解，在當下生命實感是「有」、「無」一體併現，同時是「有」，又同時是「無」，「無」解消了「有」，「有」不會成為生命的負累。底下說，卻不知有、無之間，果真何者是有，何者是無，意謂道體的「有」、「無」是一體的兩面，而在每一當下的存在之理，也是一體併現的。由是而言，「俄而有無矣」，是從往上追溯而無窮後退之理論的困境中，脫困而出，在生命的實感中，有一存在的體悟。

「今我則已有謂矣，而未知吾所謂之其果有謂乎，其果無謂乎」，現在我已經有所說了，卻不知在我所說的話裡，果真有所說嗎？還是根本就無所說呢？這是隨說隨掃的表達方式，有所說是「有」，無所說是「無」，既有所說同時又無所說，把所說的隨即化掉，有無在每一當下的生命實存中，是一體併現的。

「天下莫大於秋毫之末，而大山為小；莫壽於殤子，而彭祖為夭。天地與我並生，而萬物與我為一」，天地萬物在天道有無的一體併現之下，「並生」是時間的一體無別，「為一」是空間的一體無別，所以秋毫之末的小，可以是大；而泰山之高的大，也可以是小。夭折的殤子可以是壽，而高壽的彭祖也可以是夭。道心無執著無分別，不顯空間相，也不顯時間相，故無時間壽夭的分異，也沒有空間大小的區別。

「既已為一矣，且得有言乎？既已謂之一矣，且得無言乎」，我既與天地並生，與萬物為一了，我還能有所言說嗎？且已經說它是一了，還能不有所言說嗎？「一與言為二，二與一為三。自此以往，巧曆不能得，而況其凡乎」，本來之「一」，與所言之「一」是二，再加上說「一」之言，則已成三。此宣穎云：「所說之一也，說一之言也，與道之本一也，為三。」此說精到。道本來是一，當然沒有言說的空間，不過，已經說它是一了，怎麼可能沒有言說呢？這一來，就由本來之一，一轉而為「言一之我」與「所說之一」之主客相對的「二」，再加上「說一之言」，做為「言一之我」與「所言之一」的中介橋引，將已主客相對為二，再重新接合，通而為一，那豈不是成了「三」嗎？像這樣通過言說以論道而展開的思辨歷程，其煩瑣糾結，就算善巧的曆算家，也算之不盡，何況是平凡的眾人呢？

「故自無適有，以至於三，而況自有適有乎！無適焉，因是已」，成玄英疏云：「自，從也；適，往也。夫至理無言，言則名起。故從無言以往有言，纔言則至乎三，況從有言往有言，枝流分派，其可窮乎！」從不得有言的道體之「無」，往有言之主客為二的「有」走，加上說一之言，已經到了「三」，何況是從各家物論與物論間的分歧與紛擾呢？不要再走因果追溯而無窮後退的思辨之路了，解消心知執著的自是，與人為造作的非他，心虛靜以明照，順應各家之所是而是之，讓各家的「是」都得以朗現，沒有那一家被排擠被抹殺。

## 第9章 由「知」進爲「不知」的生命極致

夫道未始有封，言未始有常，為是而有畛也。請言其畛：有左，有右，有倫，有義，有分，有辯，有競，有爭，此之謂八德。六合之外，聖人存而不論；六合之內，聖人論而不議。春秋經世先王之志，聖人議而不辯。故分也者，有不分也；辯也者，有不辯也。曰：何也？聖人懷之，眾人辯之以相示也。故曰：辯也者，有不見也。夫大道不稱，大辯不言，大仁不仁，大廉不嗛，大勇不忮。道昭而不道，言辯而不及，仁常而不成，廉清而不信，勇忮而不成。五者园而幾向方矣，故知止其所不知，至矣。孰知不言之辯，不道之道？若有能知，此之謂天府。注焉而不滿，酌焉而不竭，而不知其所由來，此之謂葆光。

此言大道從來沒有封界，真言也從來沒有定常。此義由「道惡乎往而不存，言惡乎存而不可」來，道所往皆存，言所存皆可，也就是道無所不在，故「未始有封」；言無所不可，故「未始有常」。「為是」，船山解云：「為下八德故有畛。」此以下文之「八德」解「是」字，似嫌牽強。各家物論的體道真言，本來所存皆可，問題出在為了證成自家的「是」，而有了「畛」域。成玄英疏云：「畛，界畔也。」林希逸云：「至道至言，本無彼此，因人心之私有箇『是』字，故生出許多疆界。」陳壽昌云：「是己者必非人，一涉自是之見，便分畛域。」此說貼切。

「請言其畛：有左，有右，有倫，有義，有分，有辯，有競，有爭，此之謂八德」，「左右」是就實然之現象言，指謂的是自然之方位，「倫義」是就應然之價值言，指謂的是人文的名分。郭象注云：「倫，理也；義，宜也。」「倫」是人際關係的合理分位，「義」是人我互動的價值合宜。「分辯」，船山解云：「物辯曰分，言分曰辯。」「辯」就「言」說，「分」就「物」說，「分辯」是心知的執著與分別。「競爭」則是人為的造作與對抗。郭象注云：「並逐曰競，對辯曰爭。」成玄英疏云：「並逐勝負，對辯是非。」就因為有了勝負與是非的執著分別，也就帶動了並逐與對辯的造作對抗。此船山解云：「自有適有，而各據為心之所得，見為德而守為常，以立其封，發若機栝，而留如詛盟，皆八德之為也。」道未有封界，言未有定常，此「八德」即人心之執著自家以為定常，而與他家畫清界線。故「德」不是指稱「德行」，而是分辯倫理，競爭義宜的範疇，成玄英疏云：「德，功用之名也。……有此八種，斯則釋前有畛之義也。」此說確當。

「六合之外，聖人存而不論；六合之內，聖人論而不議。春秋經世先王之志，聖人議而不辯」，六合是上下四方，已窮盡所有，怎能有超離其外的存在，故內外之分，要有合理的解釋。成玄英疏云：「六合者，謂天地四方也。」郭象注云：「六合之外者，謂萬物性分之表耳。」成玄英疏跟進，云：「六合之內，謂蒼生所稟之性分。」此以「表」解「外」，表象其外，而性分其內。依郭象「物各有性，性各有極」之說，所言皆殊異性之才性氣性，故性分無異氣稟，而氣稟皆形之於外。郭象注又云：「非性分之內，則未嘗以感聖人也，故聖人未嘗論之。」此說牽強，性分氣稟總在形象間，聖人治天下，怎能無感其外，而專論其內。

由是言之，內外之分不就六合本身說，而就人生關懷說，「六合之外」是在人生之外，與人生不相干，「六合之內」是在人生之內，與人生直接相干。「聖人存而不論」，此所存的是宇宙論；「聖人論而不議」，此所論的是存有論。「春秋經世先王之志」，《春秋》乃經世之書，記載保存了先王的理想。「志」，成玄英疏云：「誌，記也。」當動詞用。「聖人議而不辯」，所議的價值論，雖給出價值的論議，卻不做評斷分辯。此即所謂之「微言大義」。所論議的即大義所在，不做評斷分辯，就是微言。

「故分也者，有不分也；辯也者，有不辯也」，依據價值標準做出價值判斷，是為有分有辯，此就心知說。「有不分」是有不可分判的，「有不辯」是有不可辯解的，此就生命說。並逐勝負與對辯是非的分判辯解，反而失落了大道的全體大用，故云：「道隱於小成，言隱於榮華。」並逐勝負是小成，對辯是非是榮華。在心知的執著分別，與人為的造作紛擾間，生命的美好真實，也就隱藏失落了。

「曰：何也？聖人懷之，眾人辯之以相示也。故曰：辯也者，有不見也」，「曰何也」，是自問，問理由何在？自答在「聖人懷之」，有如「道者萬物之奧」（《老子・六十二章》），「懷之」是「奧藏」，「奧藏」是無限的包容。何以能夠，因為聖人無執著無分別。天下眾人卻一定要並逐勝負，對辯是非，用來相互誇示，所以說，任何辯解，都會失落了大道的「大」，與真言的「真」。

「夫大道不稱，大辯不言，大仁不仁，大廉不嗛，大勇不忮」，此言大道不可稱道，大辯不可言辯，大仁不可執著仁，大廉不可顯露圭角，大勇不可存有忌害之心。宣穎云：「嗛，無圭角。」從下文之「廉清」來看，「嗛」是以清廉自許。不稱、不言、不仁、不嗛、不忮的「不」，是解消心知的執著與人為的造作，否則，稱道、言辯、仁執、廉清、勇忮，因有心而變質，由有為而扭曲，此為自我否定，與自我異化，故加上「不」的化解作用，而作用的保存本來「道」的「大」，「言」的「大」、「仁」的「大」、「廉」的「大」、「勇」的「大」，「不」是修養的工夫，也是生成的智慧。

「道昭而不道，言辯而不及，仁常而不成，廉清而不信，勇忮而不成」，這五句中的「不」，不是作用層的化解，而是實有層的失落。道稱而昭明，則失落道的自然，辯解而言說，則失落德的天真，「常」，江南古藏本作「周」，郭象注云：「物無常愛，而常愛必不周。」「周」當「周普」解，仁心的求其定常，則失落了仁的徧在，廉還要為自己辯白，天下人反而認為你不可信，勇的擔當卻老在忌害他人處用心，反而承擔不了大任。

「五者园而幾向方矣」，此言「大道不稱」、「大辯不言」、「大仁不仁」、「大廉不嗛」、「大勇不忮」之詭詞為用的論述，是通過「不稱」、「不言」、「不仁」、「不嗛」、「不忮」之心知執著的化解作用，而作用的保存「大道」、「大辯」、「大仁」、「大廉」、「大勇」的本真實有。此正如「有而不有」與「無而不無」之不滯於有與不死於無的雙向圓成，這五者以作用的化解來保存實有，本來是渾然圓通。「幾向方」，成玄英疏云：「园，圓也。幾，近也」。而「方」是「方正」。宣穎云：「五者本渾然圓通，今務於所見，則滯於迹，盡向方矣，方不可行也。」此「幾」當「盡」解。道求其昭，言求其辯，仁求其常，廉而自清，勇而有忮，此即「向方」的執著與造作，有如〈人間世〉所言之「端而虛，勉而一」的端勉，船山云：「端則非虛，勉則非一。」此心知的執著與人為的造作，等同否定了生命自身。陳壽昌云：「圓則靈明四達，方則滯迹一隅。」王船山亦云：「為道、為言、為仁、為廉、為勇，皆自據為德而迫欲示人，則道本圓而使人向方。」此「為」是有心而為，自據為德而迫欲示人，就是「幾向方」。自據為德則成自身的負累，迫欲示人則壓迫他人，負累則累壞了自己，壓迫則迫害了他人，在求成的同時，帶來了毀壞。故云：「其成也，毀也。」

「故知止其所不知，至矣」，郭象注云：「所不知者皆性分之外也，故止於所知之內而至也。」此不知與知，是平對的區隔，而不是超越的區分。此有如小鳩尺鴳的飛之至，卻不是至足之足的極致。宣穎云：「但知不知為不知耳。」似採孔子「不知為不知」之說。解此句話，要引《道德經》所云之「知不知，上；不知知，病。」（七十一章）來對看求解，「知不知」就是「知止其所不知」，而「上」就是「至矣」。「止」有依止停靠的價值意涵，如同《大學》的「止於至善」，只有至善，是最高也同時是最後，才可以安身立命，值得每一個人依止停靠。「知」是心知的執著，「不知」加一個「不」，是解消心知的修養工夫，超離在心知的執著之上，如同「指」莫若「非指」，「馬」莫若「非馬」，「知」也不如「不知」。「知」是成心，「不知」是道心，從成心進至道心，而以道心照現萬物，這才是最高理境的開顯，故云「至矣」。道昭、言辯、仁常、廉清、勇忮是「知」，不稱、不言、不仁、不嗛、不忮則是「不知」，化解了心知的執著，也就可以作用的保存體道生命的人格之大。

「孰知不言之辯，不道之道？若有能知，此之謂天府」，有誰能體悟人世間有盡在不言中的辯解，有不落言詮的說道呢？倘若有此體悟，體道生命的心懷，就如同天上的府庫一般，可以無限的奧藏萬物。不言、不道是無心，而無心沖虛，一如道體天府，「注焉而不滿，酌焉而不竭」，水不斷的注入，它也不會盈滿，水不斷的倒出，它也不會竭盡。此老子云：「道沖，而用之或不盈；淵兮似萬物之宗。」（四章）道體沖虛，深淵如天府，妙用無窮而永不竭盡，就是注入不滿，酌出不竭。「而不知其所由來，此之謂葆光」，林希逸云：「葆，藏也，藏其光而不露，故曰葆光。」王船山云：「葆之者，非為封為畛，據為己德也；無不在吾所葆之中，故曰天府。」如是，「葆光」亦即「滑疑之耀」，含藏的光明本在沖虛無心。此陳壽昌云：「照之以天，而藏之以府。善蓄光采，此之謂也。」又云：「大哉天府，至有至無，其中無盡藏，彌光彌晦，是非兩遣。」「照之以天」是道的「有」，「藏之以府」是道的「無」，有無同體，故謂天府。彌光彌晦，有如「明道若昧」，是非雙遣是超離在心知二分的相對是非之上。

## 第10章 「德進乎日」的釋放天下

故昔者堯問於舜曰：「我欲伐宗、膾、胥敖，南面而不釋然。其故何也？」舜曰：「夫三子者，猶存乎蓬艾之間。若不釋然，何哉！昔者十日並出，萬物皆照，而況德之進乎日者乎！」

此一「故」字，上承天府葆光之說，天府是無限的包容天下，葆光是自我的內斂涵藏，而這一小段寓言即是從自我涵藏說包容天下的印證。

從前堯問於舜說，我想要討伐宗、膾、胥敖三小國，我君臨天下，懷抱教化天下的理想性與使命感，三小國在聖王教化之外，竟成了自己良心的負擔。「不釋然」，是心放不下這三小國。請問何以如此？舜答道，這三小國的存在，就好像蓬蒿艾草般，藏身在天地的一角，它們又不妨礙你，怎會成為你的負擔呢？說得精確點，你為什麼就不能放開它們呢？此上下兩「釋然」，「南面而不釋然」說的是堯自家心放不開的負累與沉重感，「若不釋然」說的是對地處邊陲的三小國，你為什麼不放過它們。二者又不可分，心放不下，因為心起執著，著迹即成負累。堯為聖王的執著，就在化成天下。天下理當在我的德澤廣被間，這三小國竟在我的人文化成之外，豈非反證我的聖王志業猶未完成嗎？依儒家「天下有道，禮樂征伐自天子出」的義理，若有諸侯國在禮樂體制之外，則當出兵征伐，責求對方接受禮樂教化，而納入天下的理序中。此將征伐三小國的行動合理化。

「昔者十日並出，萬物皆照，而況德之進乎日者乎」，在古老傳說的年代，說有十個太陽同時出現，萬物都在陽光的普照中，此言在蓬艾間的三小國，亦當在聖王的德化禮治間。郭象注云：「蓬艾乃三小國之妙處也。」意謂在天地自然間與世無爭，自在自得。這一寓言，本在批判堯以聖王自許而教化天下的有為治道，竟不能包容三小國藏身在蓬艾之間。船山云：「若三子存乎蓬艾之間，而與較是非，則堯與蓬艾類矣。」此評堯以聖王的高度，而與三小國論是非，其氣度心胸跟蓬艾一樣的偏狹。

《淮南子・本經訓》有一段記載：「堯之時，十日並出，焦禾稼，殺草木，而民無所食。堯乃使羿上射十日。」高誘注云：「羿射去其九。」莊子藉神話傳說，而引向人文反思。郭象注云：「夫日月雖無私於照，猶有所不及，德則無不得也。而今欲奪蓬艾之願而伐使從己，於至道豈弘哉！」成玄英疏云：「進，過也。……日之照，無心者也。德之求辯乎是非，方且以有心出之，又進乎日之照矣，人何所措手足乎！」兩家以為日照無心，萬物還有自處的空間，人德有心，難以逃離，如〈人間世〉之所云：「無所逃於天地之間。」此言人德之害，遠大於日照。實則，「而況德之進乎日者乎」，意謂何況人的德可以越過太陽呢。此「德」乃道家存有論的「德」，是人人天生本真的無心之「德」，而不是儒家「仁者愛人」的有心之「德」，故郭注成疏以「有心」說「德」，根本悖離道家的義理。人的德可以越過太陽，在太陽雖無心偏照，卻灼傷天下，而人有價值的自覺，可以通過無心無為的修養，過濾生命的情熱，而涵藏心靈智光，虛靜觀照而照現天下。故陽光雖無心偏照，卻不免灼熱傷人，此為現象的自然；而人德虛靜觀照，卻可以生成人間，則為境界的自然。「德之進乎日」的內涵底蘊，就在從「葆光」之自我涵藏的修養，開顯「天府」之包容天下的理境。

## 第11章 死生無變的神人境界

齧缺問乎王倪曰：「子知物之所同是乎？」曰：「吾惡乎知之！」「子知子之所不知邪？」曰：「吾惡乎知之！」「然則物無知邪？」曰：「吾惡乎知之！」雖然，嘗試言之。庸詎知吾所謂知之非不知邪？庸詎知吾所謂不知之非知邪？且吾嘗試問乎女：民溼寢則腰疾偏死，鰌然乎哉？木處則惴慄恂懼，猨猴然乎哉？三者孰知正處？民食芻豢，麋鹿食薦，蝍蛆甘帶，鴟鴉耆鼠，四者孰知正味？猨，猵狙以為雌，麋與鹿交，鰌與魚游。毛嬙麗姬，人之所美也；魚見之深入，鳥見之高飛，麋鹿見之決驟，四者孰知天下之正色哉？自我觀之，仁義之端，是非之塗，樊然殽亂，吾惡能知其辯！齧缺曰：「子不知利害，則至人固不知利害乎？」王倪曰：「至人神矣！大澤焚而不能熱，河漢沍而不能寒，疾雷破山飄風振海而不能驚。若然者，乘雲氣，騎日月，而遊乎四海之外。死生無變於己，而況利害之端乎！」

這段寓言對話，通過「三問三不知」展開。

齧缺、王倪是堯時賢人，〈天地〉篇說：「齧缺之師王倪。」王元澤云：「齧缺，道之不全；王倪，道之端。」此有如今之「道號」。第一問：先生知道萬物都同樣的自以為是嗎？「同是」的另一解釋是「共同認可的價值標準」，這樣的解釋在莊子的思想體系裡，是不可能成立的。因為「然於然」，「可乎可」，皆來自心知的執著與認定。給出來的回答是我怎麼會知道？此「吾惡乎知之」，說我從何知道，即是「不知」之意。第二問：你既然說不知，那麼請問你知道你不知的道理嗎？還是我怎麼可能知道的回答。第三問：既不知物，又不知我，那麼請問，物我之間都成了不可知的存在嗎？仍以我怎麼會知道回應。成玄英疏云：「豈獨不知我，亦乃不知物，唯物與我，內外皆忘，故無所措其知也。」此說貼切。三問三不知，重點不在對象的「可不可知」，與主體的「能不能知」，而在「知」的本質是執著，故「知」有其封閉性與局限性，因「有成」即「有毀」，故答以「吾惡乎知之」的「不知」，「不知」超越在「知」之上，而不是與「知」相對的「不知」，不是茫昧不知，而是解消知，超離知，從「知」的封閉性與局限性超離出來。此即「知止其所不知，至矣」之最為貼切的解釋。「知」是「成心」，有成即有虧，「不知」是「道心」，無成也就無虧。「知」一定落在物我相對中，「不知」就從相對中超離，是為物我兩忘，各自「是」自家的「是」，「然」自家的「然」，而不會落在自是非他的相刃相靡中。

「雖然，嘗試言之。庸詎知吾所謂知之非不知邪？庸詎知吾所謂不知之非知邪」，雖然物我之間不能在「知」的層次相知，我還是嘗試的說解一番。王引之云：「庸，猶何也，猶安也。」「庸」與「詎」同義，故亦稱「庸詎」。「庸」在此不能當「用」解，而當「何」解。你怎麼知道我所說的「知」，不正是無所知呢？你怎麼知道我所說的「不知」，不是真正的知呢？「不知」的道心，觀照萬物，也生成萬物，這才是真正的「知」；「知」的成心，在有所成的同時，又有所毀，反而落在無所知的封閉困境。

底下又以三問來破解心知執著的自以為是。

「且吾嘗試問乎女：民溼寢則腰疾偏死，鰌然乎哉？木處則惴慄恂懼，猨猴然乎哉？三者孰知正處」，「且」，承上啟下的語氣詞。儘管如此，我還是嘗試的問你，人寢臥在溼氣重的地方，就會腰酸背痛，甚至半身不遂，那泥鰌會嗎？住家在樹上，就會惴慄驚恐，那猿猴會嗎？三者間，誰能知何者才是理想的住處呢？「民食芻豢，麋鹿食薦，蝍蛆甘帶，鴟鴉耆鼠，四者孰知正味」，「芻」指稱的是食草的牛羊，「豢」指稱的是食穀的犬豕，「薦」是草，「蝍蛆」是蜈蚣，「帶」是蛇，「甘」當動詞用，「甘帶」是以帶為美味，「耆」當「嗜」解，「耆鼠」是好吃腐鼠，「鴟」是貓頭鷹之類的鳥。人吃家畜，麋鹿吃草，蜈蚣吃小蛇，鴟鴞烏鴉吃鼠，這四者間，誰能說何者是標準的美味呢？「猨，猵狙以為雌，麋與鹿交，鰌與魚游。毛嬙麗姬，人之所美也；魚見之深入，鳥見之高飛，麋鹿見之決驟，四者孰知天下之正色哉」，雄的猵狙好以猨為雌，麋與鹿混交，此雌雄之間，誤以為同類而交配，泥鰌與魚在泥水間共游。毛嬙麗姬是人間的美女，不過魚看到了卻往深水游，鳥看到了卻往高處飛，麋鹿看到了卻立即奔走逃離，「決驟」是立即快速跑開，它們似乎都受到了極大的驚嚇，請問四者間，何者才是真正的美色呢？陳壽昌云：「三問三答，皆曰不知。非不知也，不欲用其知也。至曰孰知正處，孰知正味，孰知正色，則真不知者矣。」此所謂「不用知」是解消知之意，「真不知」是沒有標準答案，唯「莫若以明」與「因是」而已！

「自我觀之，仁義之端，是非之塗，樊然殽亂，吾惡能知其辯」，從王倪之「道的端倪」來看，從仁義的爭端，走上是非的道途，「殽」當「雜錯」解，林希逸云：「樊然，紛然也。」人間社會紛擾雜亂，我怎麼能判定由仁義轉成是非之誰是誰非的分別呢？

「齧缺曰：子不知利害，則至人固不知利害乎？」王倪本道家觀點，將仁義視同是非，齧缺再進一步，將是非直接等同利害，更貼近世俗民間。「不知利害」是沒有利害的分別，先生不知利害，請問至人心中本來就沒有利害的分別嗎？王倪曰：「至人神矣！大澤焚而不能熱，河漢沍而不能寒，疾雷破山飄風振海而不能驚。若然者，乘雲氣，騎日月，而遊乎四海之外。死生無變於己，而況利害之端乎！」成玄英疏云：「至者妙極之體，神者不測之用。」王倪回答說，至人的人格已到了聖而不可知的神妙境地了，雖大澤焚燒，他也不會有火熱的感受，成玄英疏云：「沍，凍也。」河漢的水結冰了，他也不會有冰寒的感受，甚至疾雷破山飄風振海，各本無「飄」字，成玄英疏云：「雷霆奮發而破山，飄風濤蕩而振海。」成玄英本亦作「飄風」，江南李氏本有「飄」，今據補。閃電迅雷可以劈破高山，暴烈風勢可以振動大海，卻不能讓他有驚恐的感受。像他這樣的至人人格，人間權勢名利的成敗得失，一如天地間的災變撼動，一概不放在心上，也就可以隨順雲氣，而與日月同在並行，遨遊在人間塵垢污染之外。利害之最大，且為切身之痛的死生，都不能撼動他的生命自身，何況是身外物的利害爭端呢！」郭象注云：「與變為體，故死生若一。」此言與天地氣化同行，生死僅是氣之聚散而已。王船山云：「物論之不齊，依於仁義；仁義之辯，生乎是非；是非之爭，因乎利害；利害之別，極於生死。」此說精到。仁義流落而為是非，是非變質而為利害，利害之極在生死。生死看開，利害、是非、仁義等物論爭端，又何足放在心頭。又何苦作假、做秀而演出虛妄的戲碼呢？

## 第12章 「予謂女夢」亦夢的自我解消

瞿鵲子問乎長梧子曰：「吾聞諸夫子，聖人不從事於務，不就利，不違害，不喜求，不緣道；無謂有謂，有謂無謂，而遊乎塵垢之外。夫子以為孟浪之言，而我以為妙道之行也。吾子以為奚若？」長梧子曰：「是黃帝之所聽熒也，而丘也何足以知之！且女亦大早計，見卵而求時夜，見彈而求鴞炙。予嘗為女妄言之，女以妄聽之，奚？旁日月，挾宇宙？為其脗合，置其滑涽，以隸相尊。眾人役役，聖人愚芚，參萬歲而一成純。萬物盡然，而以是相蘊。予惡乎知說生之非惑邪！予惡乎知惡死之非弱喪而不知歸者邪！麗之姬，艾封人之子也。晉國之始得之也，涕泣沾襟；及其至於王所，與王同筐牀，食芻豢，而後悔其泣也。予惡乎知夫死者不悔其始之蘄生乎？夢飲酒者，旦而哭泣；夢哭泣者，旦而田獵。方其夢也，不知其夢也。夢之中又占其夢焉，覺而後知其夢也。且有大覺而後知此其大夢也，而愚者自以為覺，竊竊然知之。君乎，牧乎，固哉！丘也與女，皆夢也；予謂女夢，亦夢也。是其言也，其名為弔詭。萬世之後而一遇大聖，知其解者，是旦暮遇之也。

此藉瞿鵲子與長梧子的一席對話以論道。王船山云：「鵲有知，梧無知，瞿，兩目驚視貌。鵲目不寧，梧壽最長，亦寓為之名。」此說精采。瞿鵲子向修道有成的長梧子請教，說我曾聽聞孔夫子對底下之體道者人格行誼的評論。體道的聖人不用心在事務上，不近利也不避害，心中無利害之分，也就無所求，不攀援道。什麼都沒說，好像什麼都說了；說了什麼，也等同沒有說。如同〈知北遊〉所說的「終身言，未嘗言；終身不言，未嘗不言。」道不可說，在不可說中說，說了等於沒說，以消解語言的困限。不求人間名利，也不攀援道，就可以遨遊在人世塵垢之外。孔子對上述聖人行誼的描述，給出了「孟浪之言」的評價。成玄英疏云：「孟浪，猶率略也。」憨山大師云：「孟浪，謂不著實。」也就是隨興之言而不著邊際。而我卻以為是「深得道妙」的體悟。「奚若」是「何若」，不知先生以為何者的評論才是貼切的？

「長梧子曰：是黃帝之所聽熒也，而丘也何足以知之！且女亦大早計，見卵而求時夜，見彈而求鴞炙」，長梧子聽聞了瞿鵲子的引述，就針對這一段聖人言行的描述，與兩個人的不同評價，做出回應。成玄英疏云：「聽熒，疑惑不明之貌。」說你引述的聖人言行，連黃帝聽了也會感到迷惑，孔丘這個人又憑什麼可以理解參透，而你閣下拋出「妙道之行」的直接肯定，也說得太快了，「大早計」是計之過早，僅聽聞其體道之言，而未觀其體道之行，就如同看到了母雞下的卵，就馬上想到了可以有司晨的公雞，「時」當「司」解。看到了射鳥的彈弓，就想到了可以有烤鳥的美味一樣的言之太早，也操之過急了。

「予嘗為女妄言之，女以妄聽之，奚？旁日月，挾宇宙？為其脗合，置其滑涽，以隸相尊。眾人役役，聖人愚芚，參萬歲而一成純。萬物盡然，而以是相蘊」，在「孟浪之言」與「妙道之行」的兩極評價間，我嘗試的為你說說看，也請你放下你既定的觀點，姑且聽聽看吧！「奚」如同「何如」的徵詢語氣，意謂先生意下如何？「旁日月」是依傍日月，與日月同在之意，「挾宇宙」，孟子所謂「挾泰山以超北海」，「挾」可當「懷抱」解，是與宇宙同行之意。「為其脗合」，「脗」是「兩脣之相合」，所為的是跟天地萬物合為一體的「復通為一」，「置其滑涽」，成玄英疏云：「置，任也；滑，亂也；涽，闇也。」置其滑涽與為其脗合，上下相對，滑涽與脗合相對，是昏亂混雜之意，「置」亦與「為」相對，可當「棄置不顧」解，似乎比隨而任之更貼切。〈大宗師〉有云：「假於異物，而託於同體。」可對照求解，「為其脗合」是「託於同體」，「置其滑涽」是「假於異物」，萬物的存在皆寄身在不同的形體，而真君道心則依歸於道體的一體無別，並由此得出「以隸相尊」的論斷，成玄英疏云：「隸，皁僕之類也，蓋賤稱也。……以隸相尊，一於貴賤也。」看上下文脈似乎不是專為卑賤人物平反，故「隸」可以泛指每一個人所隸屬的形體，「以隸」即「假於異物」，而「相尊」則在「託於同體」。人人天真本德，皆天籟在人間的彰顯，「為其脗合」即就此同體之天真本德，相互尊重，「置其滑涽」即放開人我形物才氣之清濁強弱的分異。「眾人役役，聖人愚芚」，成玄英疏云：「役役，馳動之容；愚芚，無知之貌。」天下人為役所役，「役役」是役於役，上「役」字當動詞用，下「役」字當名詞用，指謂的是形氣物欲的牽引，在心知介入之下，已走離實然的層次，一轉而為執著造作，反過來壓迫生命的本真，所以說是心為物役。聖人則無心無為，看起來像是愚昧，實則是樸質，「參萬歲而一成純」，參入萬歲的時間長流，「一」是真君道心，「成純」成其精純，仍保有生命本德的純真。「萬物盡然，而以是相蘊」，萬物的「然」，在道心的虛靜觀照之下一一照現，「以是相蘊」的「是」，指稱的是「萬物盡然」的「然」。萬物就在人籟之真間而保有地籟之和，「相蘊」是相互蘊涵。「以隸相尊」是即有限而成其無限，「以是相蘊」，是保有人籟之真而成全地籟之和。

「予惡乎知說生之非惑邪！予惡乎知惡死之非弱喪而不知歸者邪」，我怎麼知道執著生死而有的悅生之情，不是自家心中的困惑，我怎麼知道執著生死而來的惡死之感，不是像一個迷途在外的童稚找不到回家的路呢？「麗之姬，艾封人之子也。晉國之始得之也，涕泣沾襟；及其至於王所，與王同筐牀，食芻豢，而後悔其泣也。予惡乎知夫死者不悔其始之蘄生乎」，「麗之姬」之「之」字，為語助詞，筐匡通用，「匡」，正也，宣穎解為「安」，像美女麗姬，是艾地封人的女兒，晉王剛要娶她過來的時候，她告別父母家人，傷感淚流沾溼了衣襟，等她到了王宮之後，與君王高枕安眠，享用美食，而後悔當初怎麼會那樣的不捨哭泣。此「後悔」之說，對出嫁女兒心欠缺同情的了解，且語涉涼薄，暴露莊子對家人親情少有親切的體會，以此來破解悅生惡死的好惡之情，可能是心知執著所帶來之一時的困惑。所以結語說，我怎麼知道死去的人，不會後悔當初不管多痛苦也想要存活下來的堅持呢？

「夢飲酒者，旦而哭泣；夢哭泣者，旦而田獵。方其夢也，不知其夢也。夢之中又占其夢焉，覺而後知其夢也」，在睡夢中品酒享樂的人，清晨醒來不免哭泣，因為美好不再；在睡夢中哭泣的人，清晨醒來，慶幸自己逃離惡夢，趕快跑去打獵慶賀。

人在夢中，不知自己正在做夢，且在夢中，又占起自己夢境的吉凶來，一直要等到清醒過來之後，才知道剛剛是做了一場夢。

「且有大覺而後知此其大夢也，而愚者自以為覺，竊竊然知之。君乎，牧乎，固哉」，再深進一層言之，「大覺」指謂的是人生的徹底覺悟，「大夢」指稱的是心知執著之幻形不定與幻聲無根的迷夢。人有了大徹大悟之後，才豁然省覺成敗得失與是非死生之執著分別與奔競爭逐，是一場人生大夢。司馬彪云：「竊竊，猶察察也。」而愚昧的人還自以為醒覺，可以清楚的知道自己想要什麼。實則仍在一場自以為精明得意的大夢中。老在人間街頭扮演主導宰制的權威角色，真的是生命的固著鄙陋啊！「君乎，牧乎」，各家注皆以「君」為貴，而以「牧」為賤。實則，竊竊然以察察為明的人，自我估評乃主導與引領時代走向的人，「牧」可當「引領」解，如舊時州牧，不是一州的長官嗎？

「丘也與女，皆夢也；予謂女夢，亦夢也。是其言也，其名為弔詭。萬世之後而一遇大聖，知其解者，是旦暮遇之也」，陸德明云：「弔，至也。」盧文弨云：「詭，異也。」故「弔詭」是大大的詭異。孔丘所說的「孟浪之言」，與你所說的「妙道之行」，此對體道生命的評論，都落在言詮中，而言語道斷，有如做夢般的不真實。而我說你們兩個在夢中的本身，也在夢中。

本來，孔丘與瞿鵲子以言語說道有如在夢中的評論，此為「對象語言」，可視為第一序；而說出這一評論的本身，此為「後設語言」，可視為第二序。二者分屬不同的層次。故不能給出你說我們在夢中，你本身也在夢中的論定，這是「對象語言」與「後設語言」的混淆，也就是自我指涉的謬誤。因為我說你們兩個在夢中的本身，理當受到保護，否則等於自我否定，是為不正當循環的謬誤。如《墨經》有云：「以言為盡誖，誖；說在其言。」「誖」同「悖」，是悖謬、謬誤之意，「說」，是陳述理由。意謂把一切的言語都看做是悖謬的本身，是悖謬的，理由在那會否定了這句話的自身。此「以言為盡誖」是「對象語言」，說「以言為盡誖」的這句話為「後設語言」，不能以第一序的對象語言，來指涉第二序的後設語言。故這句話當修正為「以言為盡誖，不誖；說不在其言」。「不悖」是不能指涉其自身，「不在其言」是這句話本身要受到保護。就莊子而言，予謂女夢，本非夢，以言語說道是夢，而我說你們兩個在夢中的這句話本身，不能是夢，不然豈非夢話連篇，等同沒有意義了。茲舉一例，市政府在公設佈告欄內貼出一張公告，上寫幾個大字：「禁止在此張貼。」它指涉的對象是已在此張貼，或即將來此張貼者，但不包括這一張公告的自身。故民間不能站出來指責，說既然禁止在此張貼，怎麼官方率先貼了一大張，果真容許州官放火，而不許百姓點燈嗎？因為這樣的質疑問難，就是犯了自我指涉的謬誤。

以當代語言哲學的立場，要保護每一個人都有發言的權利，不能用他所說的話，逼他否定了他自己。故「予謂女夢」，當該非夢也，「以言為盡誖」，也當該不誖，而受到保護。大大的詭異在莊子竟放棄了自我的保護，把「非夢也」說成「亦夢也」，這是道家生命的大智慧，不保護自我，而解消自我，我說你們兩個在夢中，我也在夢中，我陪你，我沒有優越，也沒有高人一等，大家一起放下，而「復通為一」。這就是滑疑之耀與葆光的自我涵藏，就在內斂涵藏中體現了「道通為一」的理境。此陳壽昌云：「名曰弔詭，實則大有妙道存其中也。」

「萬世之後而一遇大聖，知其解者，是旦暮遇之也」，萬代之後，能遇到一位大聖人，以其智解妙悟，揭開深藏在詭詞為用中的生命大智慧，就好像早晚就遇到他一般的幸運。

# 第13章 忘年忘義的和以天倪

既使我與若辯矣，若勝我，我不若勝，若果是也，我果非也邪？我勝若，若不吾勝，我果是也，而果非也邪？其或是也，其或非也邪？其俱是也，其俱非也邪？我與若不能相知也，則人固受其黮闇。吾誰使正之？使同乎若者正之？既與若同矣，惡能正之！使同乎我者正之？既同乎我矣，惡能正之！使異乎我與若者正之？既異乎我與若矣，惡能正之！使同乎我與若者正之？既同乎我與若矣，惡能正之！然則我與若與人俱不能相知也，而待彼也邪？何謂和之以天倪？曰：是不是，然不然。是若果是也，則是之異乎不是也亦無辯；然若果然也，則然之異乎不然也亦無辯。化聲之相待，若其不相待。和之以天倪，因之以曼衍，所以窮年也。忘年忘義，振於無竟，故寓諸無竟。

「既使」即今之「即使」。人間是非，本在物論。物論是合理的解釋萬物的存在，問題在，不同家派的物論，落在人間而言，即成相對的是非。二者皆屬相對的對，沒有人可以是絕對的對。在我是則彼非，彼是則我非之下，是非僅能依憑論辯而分勝負。莊子的質疑在，即使我跟你進行一場論辯，你勝了我，我勝不了你，你果真就「是」，我果真就「非」嗎？反過來說，我勝了你，你勝不了我，我果真就「對」，你果真就「錯」嗎？二者之間可能有一個為「是」，可能有一個為「非」，另有可能二者「皆是」與二者「皆非」。難題在，我跟你各據立場，各有角度發言，彼此間走不出自己，也就看不到對方。李頤云：「黮闇，不明貌。」依此看來，人我之間本來就處在闇昧不明的狀態中。

要走出此一幽谷困境，或許可以請一個公正人來做出裁決。問題在有誰可以來當公正人？請觀點跟你相同的人來當公正人，他既已認同你了，怎麼能公正？請觀點跟我一致的人來當公正人，他既已肯定我了，怎麼能公正？找一位觀點跟你我都不同的人來當公正人，他的觀點既已跟你我都不同了，怎麼能當公正人；找一位觀點跟你我都相同的人來當公正人，他的觀點既已跟你我都相同了，又怎麼能當公正人。一個是我這邊的人，一個是你那邊的人，一個是另立一說的人，一個是兩邊都不得罪的人，情勢如此，那麼我跟你，跟天下人，都落在不能相知的困境中。幽谷依舊，「而待彼也邪」，船山云：「天道之彼。」又云：「彼者，滑湣之天府，不可為名，而固有在之辭。」宣穎云：「總煞一句，尚待誰正？」看上下文，宣穎之說較貼切。船山以下文之「和之以天倪」來解「彼」之意涵，實則它的語意很素樸，只是說還能等待誰來做出分判！

「化聲之相待，若其不相待。和之以天倪，因之以曼衍，所以窮年也」，此依宣穎《南華經解》本，將這一小段上移至「何謂和之以天倪」之上，理由在總得先說「和之以天倪」，下文再問「何謂」，上下文義得以順承，且「待彼也邪」，也得立即給出「若其不相待」的解答，義理較連貫。郭象注云：「是非之辯為化聲，夫化聲之相待，俱不足以相正，故若不相待也。」宣穎解「化聲」為「是非變化之聲」，又解「相待」為「欲待人正」，此承郭象注。成玄英疏云：「夫是非彼我，相待而成。」彼我相對，是非亦相對，心知執著彼是而為是非，故是非沒有客觀普徧的意義，反而是主觀的偏見。此本質上相互對待的是非，試圖通過論辯的勝負以分判孰是孰非，卻有「待彼也邪」之不可能獲致定論的感歎結語。惟有「若其不相待」，「若其」是「或可」之意，或許可以把本來相待的是非，看作是不相待。此「看作」乃由「照之於天」與「莫若以明」的觀點而照現。

在「彼是莫得其偶」的情況下，「彼」得不到「是」，「是」也不能取代「彼」，僅有跳開彼是相對，而超越在彼是之上，「謂之道樞」，是站在天道的樞紐上，「樞始得其環中，以應無窮」，道樞是圓心，萬物環繞圓心而轉，以應萬物本屬相對的無窮是非，此將環繞圓周周邊的相對是非，扭轉而為「不相待」，這就是「和之以天倪」，「和」是解消對待，而融入道樞天倪。「天倪」是天道透顯的端倪，天道一體無別，萬物從對列相待中，轉成不相待，各回歸自己的是，自己的然，那就是「因之以曼衍」。成玄英疏云：「曼衍，猶變化也，因，任也。」宣穎解「曼衍」為「無畔岸也」，此謂順任無窮盡的變化。實則，「因之」如同「因是已」，道心順任萬物之所是而是之，萬物之所然而然之，雖變化依舊，卻是無執著無分別的與天地並生，與萬物為一。「所以」當「用來」講，在人人皆可物物皆然的一體無別中，才值得去窮盡有生之年的自在美好。

「何謂和之以天倪？曰：是不是，然不然。是若果是也，則是之異乎不是也亦無辯；然若果然也，則然之異乎不然也亦無辯」，「何謂」重點不在什麼是「和之以天倪」的界定問題，而在為什麼要「和之以天倪」的理由論述。人間彼是的論辯，旨在「是」與「不是」，「然」與「不然」的分判。「是」的存在，果真是「是」了，那正面的「是」，有別於負面的「不是」，再清楚不過了，又何須人為的辨別；「然」的存在，果真是「然」了，那正面的「然」，有別於負面的「不然」，也是很明確的了，又何須人為的辨別。

「忘年忘義」，船山云：「生死忘而忘年，是非忘而忘義。」莊子從「成形」而有「彼是」，再心知執著，轉「彼是」而為「是非」；另從「形化」而有少、中、老的階段區分，再「其心與之然」，而有「生死」的執著分別。此人間天下的「是非」紛擾，與人物自我的「死生」傷痛，乃人生兩大困苦。「忘」是解消執著與分別，解消紛擾，也遠離傷痛，而讓生命在無分別也無窮盡之中，活出本有的自在美好，這就是「振於無竟」的真正意涵。成玄英疏云：「振，暢也；竟，窮也；寓，寄也。」宣穎云：「鼓舞無窮之際。」不論說是暢發或鼓舞，「振」是重振生機活力，故人生道上要將生命寄寓在「無何有之鄉」，從心的無何有，而有「無限制」也無窮盡的存在時空，去展開「大而化之」的逍遙遊。故〈逍遙遊〉的根基，在〈齊物論〉，「無竟」是「無何有」，「無何有」是「無待」，那就自在逍遙了。

## 第14章 如影隨形的生命流落

罔兩問景曰：「曩子行，今子止；曩子坐，今子起；何其無特操與？」景曰：「吾有待而然者邪？吾所待又有待而然者邪？吾待蛇蚹蜩翼邪？惡識所以然！惡識所以不然！」

「景」即「影」，影子本不清晰，是為「罔」，「罔兩」，向秀云：「景之景也。」是影子拖帶出來的影子，是影子的二次方。故「罔兩問景曰」是「影之影」問「影」說。此有如童話卡通，以「影子影」與「影」做為這一段寓言對話的主角，大文豪的莊子，展現的是豐富的想像力與靈動的幽默感，說出了大哲人的莊子對生命存在的真切體悟。「曩」，成玄英疏云：「昔也。」指稱的是剛才這個時刻。剛才我看你正在行走，現在你卻突然間停了下來；剛才你坐得好好的，現在你卻突然站了起來。為什麼你老兄如此沒有特立獨行的操守呢？這是嚴重的質疑與抗議，因為影之影在影子的起坐不定與行止無常間，會陷落在不被告知而老被牽動的無奈中。

影子回答說：你不要怪我，我是不得已的，做為人家影子的我，老依附在形體的身上，是行是止，要起要坐，可不是我自己所能決定。我是被形體拉扯牽動，才會如此的行止無常與起坐不定。不過，也請你不要責難我所待的那個人，因為他本身也是有所待的。「吾有待而然」是不由自主，「吾所待又有待而然」是不能做主。「吾待蛇蚹蜩翼邪」，我所待的這個人，他的處境身分，有如蛇所蛻的皮，蟬所脫的殼一般，他不是蛇本身，也不是蟬本身。既然他只是蛻的皮，脫的殼，故從他的身上，你怎麼能去了解生命現象之所以如此，所以不如此的理由所在。因為「影子」有待於「形」，而「形」自身又有所待，「然」與「不然」，不是形體所能主導，上文有云：百骸、九竅、六臟，皆為臣妾而不足以相治，為了合理的解釋生命一體統合的現象，而證存在百骸、九竅、六臟之上另有「真君」的存在。

這一段寓言，上承「待彼也邪」的理路，惟「吾所待又有待」，「影子」所待的是「形體」，而「形體」又另有所待，此所待者何，猶未給出解答。曾國藩以「景為形使」說「有待」，以「形為氣使」說「又有待」，似乎以「一氣之化」做為生命現象之「然」與「不然」的主宰者。此說悖離莊子證存真君與逼顯天籟，以合理解釋萬物存在的詮釋系統，在是非化聲中，「待彼也邪」所待的是不相待的「天倪」，在影之影，影與形的「所待而然」的糾葛間，隱藏在「惡識所以然，惡識所以不然」背後的究竟解答，當是在百骸、九竅、六臟之上的「真君」，真正可以做主的生命主體。此陳壽昌云：「夫有待而然，然與不然，任之可也。至非影非形，別有真宰，能游心於物之初。」在是非相待間，「任之」是「因是已」，順任對待雙方之所是而是之，即可跳開「仁義之端」與「是非之塗」的紛擾；而影有待形，形又另有所待，前者不由自主，後者不能做主，故主導生命動向的人，不是影之影，不是影，也不是形，而是別有真宰，稱之為真君的生命主體，此心游於「物之初」，游於萬物存在的天生本真，也就是「和之以天倪，因之以曼衍」之意。

處在尖端科技與繁華都會的現代街頭，人跟人之間的相處，看似更親密，實則更疏離，靠網路資訊維繫個人與群體的連結，流行、時髦與新潮，在虛擬情境中打轉，很快成了泡沫。人生的處境，不僅是媒體炒作與商品行銷的「罔兩」，根本就是「罔萬」，是影子的萬次方，什麼都從網路媒體來，而沒有自家的用心與觀察，沒有自家的心得與感受，真的成了「惡識所以然，惡識所以不然」的虛擬存在，成了蟬所脫的殼，與蛇所蛻的皮一樣的空殼，人生至此可以不痛切反省，而朗現生命主體的真君，從昏睡中覺醒，帶我們回歸天真本德的自然美好嗎？

第15章

# 莊周夢蝶的物化有分

昔者莊周夢為胡蝶，栩栩然胡蝶也，自喻適志與！不知周也。俄然覺，則蘧蘧然周也。不知周之夢為胡蝶與，胡蝶之夢為周與？周與胡蝶，則必有分矣。此之謂物化。

王叔岷云：「昔者，猶夜者，古謂夜為昔。」某一個夜晚，莊周在睡夢中，竟發現自己成了一隻在花園翩翩起舞的蝴蝶。成玄英疏云：「栩栩然，忻暢貌也，喻，曉也。」另李頤云：「喻，快也。」快意自得之意。他正得意於自己可以隨心所欲滿園飛舞，就在這個當下，忘掉了本來名為莊周的那個人。

「俄然」，是頃刻間，成玄英疏云：「蘧蘧然，驚動之貌也。」沒多久，從夢中醒來，才赫然發現自己還是原來叫莊周的那號人物。這個時候，心中閃現一個大問號，不知剛剛是莊周夢為蝴蝶，還是現在蝴蝶夢為莊周呢？在氣化的流轉，與人事的變遷中，人會以不同的姿態出現，不知那一段是夢，那一段是覺？在此一夢境中，周可以是蝶，蝶可以是周，只要解消了形體的拘限，打破了物我之間的藩籬，情景交融而物我兩忘，這是大文豪的莊周。

急轉直下的轉關，端在「周與胡蝶，則必有分矣。此之謂物化」的結語。不論是周夢蝶，還是蝶夢周，終究每一個人都會在自己的夢境中醒來，所以周與蝶，總要回歸自己的天生本真。「分」是存有論意義的性分，不管夢境有多美，莊周還是要回頭做莊周自己，蝴蝶還是要回頭做蝴蝶的自己。此一「必有分」的大覺，打破了大文豪生命交會的美感意境，莊周終究要回歸大哲人的本有分位。

「此之謂物化」，王船山云：「化之在物者。」宣穎云：「周可為蝶，蝶可為周，可見天下無復彼物此物之迹，歸於化而已。」又云：「我一物也，物一我也，我與物皆物也，然我與物又皆非物也，故曰物化。」唐君毅云：「隨之而化，物我冥合。」徐復觀云：「物化的境界，是物我一體的藝術境界。」看近、現代四大家的說解，船山、宣穎重「物化」的工夫義，唐、徐重「物化」的境界義。故「物化」，兼有工夫與境界二義。從莊周夢蝶而言，夢境中形物的拘限被消解了，打破了人我之間「成形」的障隔，此回應篇首「吾喪我」的工夫義，「物化」即是「喪我」，在解消拘限與打破障隔間轉化，有如〈逍遙遊〉的「化而為鳥」的蛻變轉化。故說「物化」，無異說「至人無己」之亦工夫亦境界，「無」掉「己」與「化」去「物」是工夫；「無己」與渾「化」描述至人人格與萬化冥合的修養境界。王船山有一段深具洞見的詮釋，云：「是非之所以自成，非聲之能有之也，而皆依乎形。有形則有象，有象則有數，因而有大有小，有彼有是，有是有非；知由以起，名由以立，義由以別，以極乎儒墨之競爭，皆形為之也。而孰知形亦物之化，而非道之成純者乎？故於篇終申言物化。」船山拈出是非皆依乎形的關鍵觀點，可以回應「非彼無我，非我無所取」所指涉的「彼」，乃是「一受其成形」的「形」，若無此一成形，不會有彼是之分，也就不會有心知執取物形的是非之別了。

此段寓言展現了修養工夫的三部曲：一是周是周，蝶是蝶，這是「覺」的存在處境；二是周不是周，蝶不是蝶，同時周可以是蝶，蝶可以是周，這是「夢」的修養工夫；三是周更是周，蝶更是蝶，通過生命的交會與融入，而與萬物冥合，此開顯的是「大覺」的生命理境。此從「覺」的「迹」、「夢」的「冥」，再體現「大覺」的「迹而冥」，正與青原惟信禪師所證成的修行三關，千古呼應。「老僧三十年前未參禪時，見山是山，見水是水」，這是第一關；「及至後來親見知識，有箇入處，見山不是山，見水不是水」，這是第二關；「而今得箇休歇處，依前見山祇是山，見水祇是水」，這是第三關。此「祇是」又何止「祇是」，根本就是最高理境的開顯。此即莊子「周與蝶則必有分」之真實生命的朗現。看來禪門修行三關似乎受了莊子莊周夢為蝴蝶這一寓言的重大啟發，就生命智慧而言，道佛兩大家前後輝映，也千古呼應。莊子〈齊物論〉的奧義妙旨，在平齊儒墨兩大家的物論教義之外，也消融了道佛兩大教的道行進路。

# 養生主第三

## 【解題】

解析此篇題旨，可有三說：

一是「養生」之主，如郭象云：「生以養存，則養生者理之極也。若乃養過其極，以養傷生，非養生之主也。」此以「養生」連讀，而以「理之極」說養生之「主」。

二是養「生之主」，如宣穎云：「誰為生主，無可指也，真宰真君前篇又已昭揭，此篇止寫養之之妙。」此以「生主」連讀，生主即做為生命主體的「真君」。王船山亦云：「形，寓也，賓也；心知寓神以馳，役也，皆吾生之有而非生之主也。……養形之累顯而淺，養知之累隱而深。」既非養形，又非養知，則養「生之主」者，就在養「心」。

三是統合上述二說，歸結而為：「養生」之主，在養「生主」。如憨山云：「本篇教人養性全生，以性乃生之主也。」此以「全生」說「養生」，而以「養性」說養「生之主」，意謂養生之道，就在養「生之主」的心性。

千年解莊傳統，有此三說並列，第三說統括前二說，較能凸顯本篇之題旨要義。從「為善無近名，為惡無近刑」之「緣督以為經」，與「庖丁解牛」之主題寓言來看，皆指涉「生之主」的虛靜涵養；再以「火傳也，不知其盡也」來看，重在「不知」的心知解消，此亦在「心」上做工夫。

莊子以解牛喻養生，而解牛之道，端在「無厚入有間」，意謂牛體有間，而刀刃無厚，故說是解開牛體，實則解消主體，此即「養生」之主在養「生主」的意涵所在。「緣督」是循虛而行，「不知」是解消心知，都落在「心」上說。

# 第1章 「以有涯隨無涯」的存在困局

吾生也有涯，而知也無涯。以有涯隨無涯，殆已；已而為知者，殆而已矣。為善無近名，為惡無近刑。緣督以為經，可以保身，可以全生，可以養親，可以盡年。

「吾」，泛指人世間的每一個人，「生也有涯」，從「一受其成形，不亡以待盡」來看，成形而待盡，已注定此生有涯岸、有限界的終局。這是亙古以來人人皆然的宿命與傷痛。人生僅有百年歲月，端看自家如何活出這百年人生的美好。

在「生也有涯」的人物命限之外，我們又面對「知也無涯」的人間緣會。我只是我，我不可能是別人，所以我們被迫的往人間街頭去找朋友，分享他們的光采，以豐富生命的內涵。「知也無涯」，從「其覺也形開，與接為構」來看，官覺接物，而心起執著，故「知」不是客觀認知的知識學問，而是心知對人間萬象的執著。人間街頭什麼都有，而我們什麼都想要，每天演出權勢爭逐與名利奔競的人間大戲。且我們心中想要的也隨著街頭流行與網路資訊在不斷的擴大與加深中，有如滾雪球般越滾越大，大到可以淹沒了生命自身，也覆蓋了人間的真情，與人生的理想。人生歲月流落在「其行盡如馳，莫之能止」的漂泊中，沒有人停得下來，因為停下來就輸了。

不僅我們自己想要的太多，更嚴重的是你想要的，天下人也想要，大家衝上街頭打天下，紛擾糾纏，加上權謀算計，而形成難解的心結，此之謂「日以心鬬」，戰火從街頭延燒到自家的心頭。船山云：「知生於心，還以亂心。」又云：「知之變遷，緣喜、怒、哀、樂，慮、歎、變、慹，而生左右、倫義、分辯、競爭之八德。」此解心起執著之「知」，乃由人物自我的「八情」，而往人間天下的「八德」走。「八情」是喜怒哀樂的情緒流轉與慮歎變慹的生命起伏，而「八德」則在天下人我間，藉以分辯倫理與競爭義宜的名號範疇。此自我綁住了天下，也在天下的羅網中受苦。

宣穎以「年命在身有盡」說「生也有涯」，以「心思逐物無邊」解「知也無涯」，此說解精準，在各家注中獨擅勝場。「年命在身有盡」，是人物的有限性，「心思逐物無邊」，是人間的複雜性。而人生是人物走在人間，二者連結，就成了人生的存在處境，也就是有限的人物，走上複雜的人間，等於人生的命運，人物有限命定，而人間複雜難運。莊子〈逍遙遊〉正回應「生也有涯」的有限性，而開拓從有限走向無限的自在空間；〈齊物論〉正回應「知也無涯」的複雜性，而朗現從複雜回歸於單純的自得理境。

「以有涯隨無涯，殆已」，「隨」當「追逐」解，而「殆」是危殆，此一「隨」字，將生有涯而知無涯的存在處境，串連而成存在的困局。成玄英疏云：「用有限之生逐無涯之知，故形勞神弊而危殆者也。」生有涯的年命有盡，而逐知無涯的心知無邊，勢必形神俱疲，而難竟其功，故「殆已」在那是不可能的任務。再從「終身役役而不見其成功」來做一價值的評估，終身為役所役，形勞神累，卻不知所為者何，故「殆已」不僅是事實的不可能，而更是價值的不值得。此生雖有限，分分秒秒可都是真的，心知看似無限，名利權勢卻是假的，故「以有涯隨無涯」，等同以生命的真實，換取人為的虛假，當然是不值得。「已而為知者，殆而已矣」，「已」當「如此」解，已知結局如此，卻不想回頭，仍一頭栽進打天下的不歸路，那莊子就給出了「殆而已矣」的終局判定，意謂已走入絕境，再也找不到出路了。

「為善無近名，為惡無近刑」，此即針對心知的困與生命的苦，開出對治的藥方。依道家思考，心有知的作用，而知的本質是執著。而心知所執著的就在美醜善惡的價值二分。成玄英注云：「要切而言，莫先善惡。故為善也無不近乎名譽，為惡也無不近乎刑戮。」此將「無」說成了「無不」。看上下文當「毋」解較貼切。「無」是告誡語，當「不要」解。這兩句話可調整為「無為近名之善，無為近刑之惡」來理解，而不失原有的意涵。且這兩句話不能拆開兩半來說解，因為善惡相對，要一體求解。其根本意涵在無為善，無為惡，近名、近刑只用以形容善惡在人間所引發的反響。且無為的源頭在無心，善惡的執著與分別，都是「名」；而善惡的執著分別所拖帶出來的壓力與傷痛，也都是「刑」，所以，善惡的二分，既是「名」，也是「刑」。故「無近名」與「無近刑」，說的是不要有心知的執著，也不要人為的造作，前者是「名」，後者是「刑」。從不知善不知惡，到無為善無為惡，善惡一起解消放下，無名也就無刑了。此有如〈齊物論〉所說的有成即有虧，無成也就無虧之意。心知「成」了，生命卻虧了，成了「名」也受了「刑」，成名人同時也是受刑人。上下兩句一起說，心知不要有善惡的執著與分別，生命就不會承受這一執著分別所拖帶出來的壓力與傷痛了。

「緣督以為經」，即上承前兩句而做出的綜括語。成玄英疏承郭象注的「順中以為常」，云：「緣，順也；督，中也；經，常也。善惡兩忘，刑名雙遣，故能順一中之道，處真常之德。」宣穎云：「不可指其為善，不可指其為惡，善惡之迹俱無所倚，惟緣中道以為常也。何故兼言為惡，夫狗知有為，而為神明之累，善與惡均也。知善惡之均者，於緣督之義其庶乎！」成玄英與宣穎兩家，堪稱解人。「善與惡均」的體悟，與「善惡兩忘，刑名雙遣」的一體放下，深具洞見。不過郭注成疏將「緣督以為經」，解為「順中以為常」，卻不易理解。除非「中」當「沖」解，沖是「虛」，虛是「無」，正回應無為善無為惡，與不知善不知惡的意涵。否則，說「順一中之道」，而與「處真常之德」相對，「一」可說是「道」，而「中」乃不偏不倚之謂，不偏善惡兩端之意。此曲為之解，尚可講通。

王船山云：「身前之中脈曰任，身後之中脈為督。督者居靜，而不倚於左右，有脈之位而無形質者也。緣督者，以清微纖妙之氣循虛而行。……不居善之名，即可遠惡之刑。」此解「緣督以為經」，為「循虛而行」，合乎「中」當「沖」的理解，而「不居善之名，即可遠惡之刑」，可謂先得我心，所見略同。

有了「順中以為常」或「循虛而行」的處世智慧，就可以扭轉「殆而已矣」的存在困局，而回歸天生本真的自然美好。「可以保身，可以全生，可以養親，可以盡年」，就以身心靈三層次的現代觀念來理解，「保身」是保有形軀生命的存在，「全生」是存全生命的真實，「養親」，陳壽昌云：「存養受生始氣，《黃庭經》所謂道父道母也。」此解已近道教養生之義。《老子・二十章》有云：「我獨異於人，而貴食母。」「母」指謂的是「道」，「食母」實則是從「德」往「道」回歸的巧喻說法。「保身」在「身」的層次說，「全生」在「心」的層次說，「養親」在「靈」的層次說。保有形身，又存全天真，再由天真之德往母體之道回歸。最後統貫三層次，「可以盡年」，是享有天生本有的年歲。這一解，彰顯了「養生」之主在養「生主」的主題意涵。

## 第2章 遊刃有餘的處世智慧

### 一、目視、心知、神遇的解牛三層境

庖丁為文惠君解牛，手之所觸，肩之所倚，足之所履，膝之所踦，砉然嚮然，奏刀騞然，莫不中音。合於桑林之舞，乃中經首之會。文惠君曰：「譆，善哉！技蓋至此乎？」庖丁釋刀對曰：「臣之所好者道也，進乎技矣。始臣之解牛之時，所見無非牛者；三年之後，未嘗見全牛也；方今之時，臣以神遇而不以目視，官知止而神欲行。依乎天理，批大郤，導大窾，因其固然。技經肯綮之未嘗，而況大軱乎！

「庖丁」是掌廚的男士，為君王展示解牛的過程。這是寓言故事，但情節鋪排也

得合情合理。庖丁是僕役，何以能為文惠君做一專業的演出？且是解牛的場景，想必君臣之間相處日久，已有相知的情誼，且得到君王的信任。依宣穎的說解：「以手推牛，以肩就牛，以足踏牛，以膝壓牛。四句解牛之形。」此細說解牛的動作。除了「形」其容之外，尚有配其「音」的描述，「砉然」是骨肉離析的聲音，「嚮然」當讀成「響然」，是隨刀而響應。「奏刀」是進刀，「騞然」是隨出刀的揮舞節奏，而發出氣之迴旋激盪的聲音。「中」當「合」解，「莫不中音」是沒有不合乎音樂的節奏，「合於桑林之舞，乃中經首之會」，成玄英疏云：「桑林，殷湯樂名也，經首，咸池樂章名，則堯樂也。」意謂合乎桑林樂章的舞蹈動作。又云：「音中桑林，韻符經首也。」此解「乃中經首之會」，與「合於桑林之舞」前後呼應，言其舞蹈律動，與樂章節奏應合。惟王船山云：「牛之經脈有首尾，脈會於此則節解。」並云：「舊說，非是。」意謂刀解經脈首尾相接之處，則整隻牛體的結構隨之解開。此說切合語文脈絡中的意義。

文惠君觀賞了庖丁解牛的過程，歎為觀止，讚美的說：「真美妙啊，一個人解牛的技藝，怎麼可能達到如此高超的境地！」成玄英疏云：「譆，歎聲也。」「蓋」音義等同「盍」，當「何」解。庖丁放下刀，答道：「臣一生所追尋的是『道』的體現，早已越過『技』藝的層次了。」這可不是「技」藝的演出，而是「道」的理境開顯。顯然，庖丁是隱逸人物，藏身於此，為君王展現的正是治國之道。

庖丁將解牛從君王解讀的器用技藝，拉回自身的道行現場。將自家解牛的工夫，分三進階之三層境來解說。「始臣之解牛之時，所見無非牛者」，剛開始解牛的時候，眼中看到的沒有不是牛的，也就是整頭牛出現在自己的面前，成了自己的壓力與負擔；「三年之後，未嘗見全牛也」，過了三年的磨練之後，眼中就不再看到整頭牛了，意謂在經驗累積與技藝精熟之後，牛的形體血肉不見了，只著眼牛體的骨架結構；「方今之時，臣以神遇而不以目視，官知止而神欲行」，成玄英疏云：「遇，會也。」「神遇」即以心神與牛體交會，而不再用肉眼看了。

問題在，第一層境是用「肉眼」看，第三層境是以「心神」會，那第二層境是用什麼眼看，會只看到骨架，而沒有看到血肉？答案藏在「官知止而神欲行」的解讀上。歷代注疏與當代學者都以兩層境來理解，一是目視，一是神遇。如成玄英疏云：「謂目主於色，耳司於聲之類是也。既而神遇，不用目視，故眼等主司，悉皆停廢，從心所欲，順理而行。」宣穎亦云：「手足耳目之官不用，心神自運。」此官知連讀，而與神遇上下兩層對應。當代學者劉笑敢將「官知止」解為「五官和知覺的作用停止」，且將「三年之後」與「方今之時」混同不分，皆屬「神遇」，而與「目視」上下兩層對應，崔大華亦然，凡此皆漠視，甚至抹殺了原典而不求甚解，好像「未嘗見全牛」的第二層境根本就不存在一般，均固守「以神遇而不以目視」，而忽略了「官知止而神欲行」的妙蘊奧藏，「神欲行」就是「神遇」，心神隨順自己的感應前行，而以神會牛，此一理境在「官與知皆止」的條件下，才得以開顯，「官」是感官，「知」是心知，感官目視，屬第一層境的「所見無非牛」，心知抽象，屬第二層境的「未嘗見全牛」，第三層境在官能與心知皆停止它的作用，而以神遇會牛，所看到的則是牛體的神韻風骨，此有如山水畫的大家，所捕捉到的靈氣神采一樣的高妙境界。

這三層境的進程，可以在〈人間世〉的「心齋」工夫，得到印證與支持。「聽之以耳」是「目視」，「聽之以心」是「心知」，「聽之以氣」則是「神遇」。「氣也者，虛而待物」的「虛」，正是「神遇」的「神」，而「待」也就是「遇」了。這可不是對待的「待」，與相遇的「遇」，說是「虛」，說是「神」，心致虛守靜，生發神用無方的妙運，那就是「照之以天」而「莫若以明」的超越觀照了。故遇牛待物是觀照物，照現物也就等同生成物了。成玄英疏以「從心所欲，順理而行」解「神欲行」，前半句尚貼切，後半句則不妥。反而宣穎「心神自運」之說，較切合生命主體以神會牛的本來意涵，因為「神欲行」是主體心靈的神感神應，而「理」則有存有論的客觀意義。故「順理而行」之說，不如「心神自運」之說的妥貼。統合言之，解牛三層境：一是牛在那兒，是具體的血肉；二是牛不見了，是抽象的骨架；三是牛又回來了，則是生命的理境。

「依乎天理，批大郤，導大窾，因其固然。技經肯綮之未嘗，而況大軱乎」，這一小段，說「神欲行」的自然流行，那把刀正是生命主體的象徵，宣穎云：「刃即神之喻也。」故「神欲行」即是那把刀的解牛行程，「天理」僅是形氣的構成之理，未有形而上的價值意涵。刀的動向順應且融入牛體天生的紋理。「郤」當「隙」解，「批大郤」是批開筋骨的空隙。成玄英疏云：「窾，空也，骨節空處。」「導大窾」是引刀通過骨節間的空處。二者皆「因其固然」，順應牛體本來的結構。「技經肯綮之未嘗」，俞樾云：「郭注以技經為技之所經，殊不成義。……肯綮並就牛身言，技經亦當同之。技疑枝字之誤。……枝謂枝脈，經，謂經脈。枝經，猶言經絡也。」此說言之有據。再依船山說，「肯」為著骨肉，而「綮」為筋結處，由於整句話的主語是「刀」，故宣穎云：「我技精妙，骨肉聯著處，吾刀未嘗一經之。」此說不可從，一者「技」不當「技術」解，二者「經」亦不當「經過」解，可以解讀為枝脈與經脈，「未嘗」可以解為吾刀皆未嘗碰觸。若「嘗」當「試」解，則為未曾以刀嘗試之。「而況大軱乎」，經絡筋結尚且不去碰觸，何況是大的骨頭呢？

## 二、「無厚入有間」的遊刃有餘

良庖歲更刀，割也；族庖月更刀，折也。今臣之刀十九年矣，所解數千牛矣，而刀刃若新發於硎。彼節者有間，而刀刃者無厚；以無厚入有間，恢恢乎其於遊刃必有餘地矣，是以十九年而刀刃若新發於硎。雖然，每至於族，吾見其難為，怵然為戒，視為止，行為遲。動刀甚微，謋然已解，如土委地。提刀而立，為之四顧，為之躊躇滿志，善刀而藏之。」文惠君曰：「善哉！吾聞庖丁之言，得養生焉。」

此下即回歸生命主體的「刀」，而現身說法。說好的庖丁，是一年換一把刀，因為只切割肉；一般的庖人，因為老去砍斫骨頭，就得一個月換一把刀。釋德清云：「折，斫也。」俞樾以為「割」、「折」都當用刀言，而不能是郭象注與宣穎解所說的「中骨而折刀」的意思。一切割，一砍斫，前者歲更刀，後者月更刀，因為砍斫比切割對刀身的磨損更大。今臣用以解牛的這把刀，已十九年之久，解的牛隻已有數千頭了，請看我的這把刀，就好像剛從砥石磨出來一樣的清新完好。「新發於硎」，宣穎解「發」為「磨也」，「硎」為「砥石」。理由在，我的刀從來就不去切割，也不去砍斫，而是解開。

底下再說解牛的原理，「彼節者有間」，就外在牛體來說，是骨節都有空隙；「而刀刃者無厚」，再從生命主體而言，是刀刃沒有厚度。成玄英疏云：「用無厚之刀，入有間之牛。」人生是人物走在人間，自我走向天下，人物自我沒有厚度，而人間天下卻存在著空隙，以無厚的主體走入有間的客體，「恢恢乎其於遊刃必有餘地矣」，任何窄小空間都有如無限寬廣的天地，主體的刀可以在那裡迴旋揮舞，一點也沒有擠迫感，甚至還覺得有多餘的空間呢！「是以十九年而刀刃若新發於硎」，就因為遊刃而有餘，所以我這把刀歷經十九年了還完好如初呢！人間世是人跟人構成的關係世界，是結構體，一定存在著可以解開的空間。關鍵在，生命主體的這把刀，能夠無己無功無名，能夠喪我物化的自我解消嗎？「無厚」是解消心知的執著與形軀的障隔，也就可以解消自我，而融入天下了。

遊刃有餘，話說得輕鬆，實則，過程中的每一步驟，都是心神專注，而不敢大意。「雖然，每至於族，吾見其難為，怵然為戒」，「族」讀為「簇」，郭象注云：「交錯聚結為族。」宣穎云：「筋骨聚處。」每到筋骨交錯聚結之處，眼看這把刀難以通過，「怵然」是警惕貌，「為戒」是引以為戒。「視為止，行為遲。動刀甚微」，視覺為之而止，「止」有專注集結的意涵，郭象注云：「不復屬目於他物。」意謂眼光專注於筋骨交錯處；「行為遲」，是動作為之而遲，說的正是「動刀甚微」，刀在牛體骨節間行走，好像動了又好像沒動。在若有還無間，「謋然已解」，宣穎云：「謋，解貌。」奚侗云：「疑為磔字之誤。」《廣雅・釋詁》：「磔，開也。」二說正與下文

「已解」相應，意謂牛體崩解，「如土委地」，陳壽昌云：「委，猶落也。」宣穎云：「如土崩然。」有如塵土飄落大地般垮了下來。「提刀而立」，生命主體完成了活出一生的藝術作品，有如獨立高崗上，意態昂揚，展示那把解開人物有限與人間複雜，且完好如初的生命之刀。「為之四顧」，回首一路走來面對挑戰，卻能迎刃而解，有一分放下自得的美感；「為之躊躇滿志」，得意於生命自我的價值體現，「躊躇」，郭象注以「自得」言之，成玄英疏則以「閒放從容」言之，此道家式的躊躇滿志，就在從容自得。「善刀而藏之」，郭注成疏皆以「拭」解之，實則，刀循虛而行，未割未斫，經絡筋骨未嘗碰觸，何須拭刀。故「善刀」之「善」，當從「藏之」而言，有如老子「水善利萬物而不爭」（八章）之「善」，就從「不爭」言之，道家通義「善」在無心自然，亦即不執著，不以為善之意。故「善刀」是生命自我的內斂涵藏，以免顯露自家的鋒芒與氣勢。

「文惠君曰：善哉！吾聞庖丁之言，得養生焉」，文惠君大為讚歎的說：「多麼不可思議啊，我聽了庖丁一席話，就此體悟了養生之道！」此船山有云：「所謂不德之上德也，內以養其生，外以養天下，一而已矣！」何止養生之道，更重大的是為政之道，總要「以無厚入有間」，君上無心無為，天下自然歸於平治。

## 有名即有刑，無名則無刑

公文軒見右師而驚曰：「是何人也？惡乎介也？天與，其人與？」曰：「天也，非人也。天之生是使獨也，人之貌有與也。以是知其天也，非人也。」澤雉十步一啄，百步一飲，不蘄畜乎樊中。神雖王，不善也。

這兩則寓言，乃詮釋「為善無近名，為惡無近刑」的事例。第一則是右師之介，第二則是澤雉神王，人文之高位有名即有刑，而自然之平淡無名則無刑。

「公文軒」是寓言主角的稱號，大概其人出現在政府的聯合辦公中心，因地以為名。「右師」乃一人之下萬人之上的官職頭銜。公文軒看到位高權重的右師，內心大為震驚，拋出了一個問題：他到底是何等樣人，身居高位，怎麼會只有一隻腳？是天生的，還是人為的？成玄英疏云：「介，刖也。」而「刖」是砍去腳的重刑。他兀自參詳了許久，只好以不確定的語氣自問自答的說：一定是天生的，而不是人為的。「天之生是使獨也」，司馬彪云：「一足為獨。」是上天生他只給了一隻腳，「人之貌有與也」，「有與」有二解：郭象注云：「兩足共行曰有與。」船山云：「相並曰與。」故「有與」是兩腳並行，意謂放眼天下，每一個人的形貌，都是兩腳成對，「以是知其天也，非人也」，因此可知他只有一隻腳，是天生的，而不是人為的。此解上下文構成矛盾，既謂人人天生兩足，何以又謂一足是天生？故當另外求解，「與」當動詞用，陳壽昌云：「道與之貌，天與之形，故曰有與也。」此引〈德充符〉之說，「與」是賦與，人的形貌都是天道生給他的，就由此說「知其天也，非人也」。問題在，此義仍有難解之處，天道大公無私，怎麼只生給他一隻腳？成玄英疏云：「假使犯於王憲，致此刑殘，亦是天生頑愚。」此堪稱曲為之說。嚴復云：「分明是人，乃說是天，言養生安於無奈何之命。」不論是判為天生頑愚之天與，與安於無奈何之命，皆失落此一寓言所寄寓的痛切省思，把「人為」說成「天生」，乃絕大的反諷！且名就是刑，有名即有刑，「名」在心知的執著與分別，「刑」在生命的壓迫與傷害，右師位高權重，卻得付出被砍掉一隻腳的慘痛代價，故右師之介，正是有名則有刑的最佳寫照。

再把鏡頭從人文街頭，轉向自然天地。看水澤中的鳥，每走十步啄一下魚，每走百步飲一口水，成玄英疏云：「蘄，求也；樊中，雉籠也。」意謂澤雉從來不祈求自已被豢養在鳥籠中。「神雖王」，說的仍是澤雉的神王。整句話一氣貫串，主語是澤雉，雖笑傲於江湖之上，神氣昂揚，說的是自在自得的精神飽滿，「不善也」，是自我的解消。宣穎云：「蓋樊中雖無驚懼之苦，亦不以為適也。」此說誤以樊中鳥為神王，陳壽昌云：「言澤雉惟未歷樊中束縛之苦，故以澤中之飲啄為常，神氣雖旺，初不覺其善，忘適之適如此。」此說最貼切而精當。郭象注成玄英疏亦以「至適忘適」解之，堪稱解人。此「不善也」是不自以為善的「無名」，「神王」則是生命完足的「無刑」。

這兩段寓言，印證了「為善無近名，為惡無近刑」的生命大智慧，兩段寓言與兩句義理，乃一體之兩面，不可分開求解。右師有右師之名，即有「介」之刑；澤雉有「不善」的無名，則有「神王」的無刑。故人文的位高權重，有名即有刑；而自然的平淡樸實，無名則無刑。

## 第4章 安時處順的死生懸解

老聃死，秦失弔之，三號而出。弟子曰：「非夫子之友邪？」曰：「然。」「然則弔焉若此，可乎？」曰：「然。始也吾以為其人也，而今非也。向吾入而弔焉，有老者哭之，如哭其子；少者哭之，如哭其母。彼其所以會之，必有不蘄言而言，不蘄哭而哭者。是遁天倍情，忘其所受，古者謂之遁天之刑。適來，夫子時也；適去，夫子順也。安時而處順，哀樂不能入也，古者謂是帝之縣解。」指窮於為薪，火傳也，不知其盡也。

---

這段寓言的主要情節，是藉「老聃死」，秦地的隱者人物前來弔喪而展開。「失」，另本作「佚」，故「秦失」不是成玄英疏所說的「姓秦名失」，而是隱者的自

隱無名。這位方外友人在喪禮上竟乾號三聲就出來了，老聃門下弟子受不了，責難的說，先生不是老師的朋友嗎？他老兄竟能一點也不慚愧的回答說是啊，再追問既然是老師的朋友，那麼行禮僅具形式，而欠缺實質可以嗎？他老兄理直氣壯的答道，可以啊！眾弟子本來質疑他行禮如此可以稱得上朋友嗎？未料，他反過來說我是，而你們不是。他論述的理由在，我以為出席在喪禮的人，都會是老聃的朋友，現在我才發現他們不夠格做老聃的朋友。成玄英疏云：「蘄，求也，彼，眾人也。」剛才我進來行禮的時候，看到在現場哀悼的人，有年老的人哭了，好像在哭自己的兒子，有年少的人哭了，好像在哭自己的母親，他們用來跟老聃告別的情意，一定有悖離老聃平素的教導，說出了超過情分的話語，也哭出了踰越友道的哀傷。陳壽昌云：「言眾人會弔於此，或言或哭，如此之痛，殊非老子當日預期之本意。」眾家說之間，此說最貼切。

「是遁天倍情」，「是」指稱的是上述或言或哭的越分失當，成玄英疏云：「夫逃遁天理，倍加俗情。」此所說的「天理」，當是自然天的氣化理序，「倍」可以當「增益」解，故「倍情」是增益人情困擾之意，另可以當「背」解，意謂背離人間情理之常。「忘其所受」，亦可有二解：一為忘了受形於大塊自然的存在實然，一為忘了自身受教於老子的生死智慧。「古者謂之遁天之刑」，陳壽昌云：「之，猶赴也。」自古以來就說是逃離有生有死的生命自然，而被心知執著所困住。此「遁天」已涵蘊

「人為」，心知執著是名，人為造作則是刑。

「適來，夫子時也；適去，夫子順也」，道家說生死，老子以「出入」說，莊子以「來去」說，出入說生死兩頭，來去說中間行程。宣穎直以「時當生」，與「時當死」說解，此跳開語文脈絡，未分解即言其意涵，意謂「時間到了就自然生，時間到了也就自然死」。這句話可以調整為「夫子之來，適其時也，夫子之去，適其順也」，其中義理更為顯豁。「適」可當「會」與「偶然」解，意謂夫子來到人間，正好是造化機遇的偶然，夫子離開人間，則是行程歸趨的必然。

「安時而處順，哀樂不能入也」，陳壽昌云：「安於時而處以順，後起之哀樂自不得入其胸中。」道家的「安」，是不求安的安，也就是從放下說安，接受來時氣化的偶然，而面對總是要去的必然，無執著分別，無趨避造作，哀死樂生的兩極波動，就不會干擾生命的平靜。「古者謂是帝之縣解」，此謂面對也接受有生必有死的存在終局，就可以解開生死的倒懸之苦了。成玄英疏云：「帝者，天也。為生死所係者為縣，則無死無生者，縣解也。」此「帝」，不能是主宰之天，也不能是形上之天，而當是自然之天，且是現象自然之天。宣穎云：「人為生死所苦，猶如倒懸，忘生死，則懸解矣。」為生死所係，也就為生死所苦，前者說「名」，後者說「刑」。另從道家的「道法自然」而言，「帝」當「蒂」解，有如瓜熟懸掛在棚架上，是為倒懸，瓜熟而蒂落，就是解開倒懸。此不能率爾解「生」是「倒懸」，而「死」是懸解，那就誤解太甚，與〈齊物論〉所說的死生夢覺一樣，不能說「生」是「夢」，「死」是「覺」，而是心知執著是「夢」，解消執著分別是「覺」，同樣的道理，有名有刑是「倒懸」，無名無刑則是「懸解」。

「指窮於為薪，火傳也，不知其盡也」，宣穎云：「指，可指而見者也；可指之薪雖盡，而不可指之火自傳，無有盡時也。」另說「指」為「脂」，脂膏可以裹薪點燃，而有照明之用，「窮」是「窮盡」，不論是看得到的薪木，還是裹著脂膏的燭薪，總是會燒為灰燼，不過在每一火光閃現的當下，心中卻不知有窮盡的時候。重點在「不知」，〈齊物論〉有云：「知止其所不知，至矣。」「不知」是解消心知的執著，從「無名則無刑」到「無厚入有間」，著力點都在「無」的修養。儘管「生有涯」而「知無涯」，通過「不知」的化解，完全給扭轉了過來，「生」一如火傳而可無涯，「知」一如薪盡而為有涯。

惟此非靈魂不滅之說，說「生無涯」也不是長生不老，而是在每一當下火光閃現，而開顯生命的理境。此生有限，因無己無功無名的無待，而可以「逍遙遊」；心知無涯，因喪我物化與虛靜明照，而可以「齊物論」。前者轉有限而為無限，後者解複雜而為單純。由是言之，「養生」之主，就在養「生之主」，也就可以得到確解了。

從不知善不知惡，到無為善無為惡，善惡一起解消放下，無名也就無刑了。

# 人間世第四

## 【解題】

此篇標題，未如前三篇標示全篇主題，僅見人與人之間關係世界的描述，有如牛體結構的微妙與複雜。

孔子有云：「鳥獸不可與同群，吾非斯人之徒與而誰與！」人生而為人，當在人間做人，不可逃離人群，而與鳥獸混居同處。此其分別在，儒家重在人際關係網的安立，以親情與道義來維繫複雜多變的人際互動；道家重在解開人際關係網的糾結，以「命」的不可解，與「義」的無所逃，來凸顯人際關係的兩大困境，惟有在不求安中而安之若命的自我解消。

人間世是人跟人之間所構成的關係世界，既是構成，就會有間隔空隙，只要生命自我的刀刃無厚，引刀而入人間天下的牛體有間，即可迎刃而解。宣穎解云：「人與人相聚而成人間，人與人相積而成人間之世，始而交接，中而交構，終而交殘。」人與人交接聚成人間，人與人交構積成人間之世，卻在交接往來，交構奔競間，在名利心與權力欲的爭逐下，而走向交殘之路。此意謂人間世之糾結紛擾，殊難破解，惟做心齋工夫，「虛以待物」而已！

故王船山云：「此篇為涉亂世以自全，而全人之妙術。」「妙術」指謂的是體道的智慧。釋德清亦云：「此篇蓋言聖人處世之道。……而其工夫又從心齋坐忘，虛己涉世可無患矣。極言世故人情之難處。」就因難處，所以要做工夫，以靈動智慧穿越人世的難關。王先謙云：「人間世，當世也。……末引接輿歌云：來世不可待，往世不可追也。此漆園所以寄慨，而以人間世名篇也。」此說凸顯了〈人間世〉當立身於當世的入世態度，往世已無可追回，來世又難以等待，人惟活在每一當下，人世再艱難，亦可「乘物以遊心，託不得已以養中」，即人物之有限而求心靈之無限，即人間之複雜而求生命之純真自在。

第1章 外王救人的兩極困境

## 一、擺盪在災人與益多之間的未達

顏回見仲尼，請行。曰：「奚之？」曰：「將之衛。」曰：「奚為焉？」曰：「回聞衛君，其年壯，其行獨，輕用其國，而不見其過。輕用民死，死者以國量乎澤若蕉。民其無如矣。回嘗聞之夫子曰：『治國去之，亂國就之。醫門多疾。』願以所聞思其則，庶幾其國有瘳乎！」仲尼曰：「譆，若殆往而刑耳。夫道不欲雜，雜則多，多則擾，擾則憂，憂而不救。古之至人，先存諸己，而後存諸人。所存於己者未定，何暇至於暴人之所行！且若亦知夫德之所蕩，而知之所為出乎哉？德蕩乎名，知出乎爭。名也者，相軋也；知也者，爭之器也。二者凶器，非所以盡行也。且德厚信矼，未達人氣，名聞不爭，未達人心。而彊以仁義繩墨之言術暴人之前者，是以人惡有其美也，命之曰菑人。菑人者，人必反菑之，若殆為人菑夫！且苟為悅賢而惡不肖，惡用而求有以異？若唯無詔，王公必將乘人而鬬其捷。而目將熒之，而色將平之，口將營之，容將形之，心且成之。是以火救火，以水救水，名之曰益多。順始無窮，若殆以不信厚言，必死於暴人之前矣！

顏回求見孔子，向老師辭行。「奚」當「何」解，「之」當「往」解，問何所往，答將前往衛國，再問所為何事，答聽聞衛君正值壯年，行事獨斷，把國家當作自身隨意揮灑的舞台，而毫無反省自己是否做得太過分了，將全國人民逼入死地。無端犧牲生命的人不計其數，如同草芥一樣的可以填平水澤。成玄英疏云：「蕉，草芥也。」另郭嵩燾云：「蕉與焦通。……若蕉者，水竭草枯。如火爇然。」王先謙云：「如以火烈而焚之之慘也。」另陳壽昌云：「平，舊訛作乎，蕉音樵，草芥也。死者相枕藉，填平其澤，如草之多。所謂老弱轉乎溝壑也。」此說詳盡，惟改「乎」為

「平」，未見何所據。「民其無如」，「如」當「往」解，衛國人民不知何處可以歸往。我曾聽聞夫子說過，平治的國度可以離去，危亂的國度就當停留，就像醫院大門總會擠進了許多等待救治的病人。出身儒門的我，願以老師平素教導我的，來思考救治的理則。「庶幾其國有瘳乎」，成玄英疏云：「庶，冀也；幾，近也；瘳，愈也。」意謂或許衛國人民還有得救的可能。

這是道家想當然的儒家行誼，實則孔夫子說的是「危邦不入，亂邦不居」，危亂的國度儒家人物是不願意進入，也不想停留的，這樣的表態，正是針對像衛君這樣的君王，給出不以為意的價值批判。依據儒家積極入世的性格，就「理」而言想救人救世，那就危邦當入，亂邦當居。問題在，危亂的國度，不可能實現自己的理想，甚至子路還死在衛國的政爭內亂中，還不如周遊列國，尋求有識之君，或者回歸魯國講學，培育養成第二代，為時代留下新生的希望。此之謂「天下有道則見（現），無道則隱」，與「用之則行，舍之則藏」。「有道」就是重用賢能之士，那就現身行道，「無道」就是貶抑賢能而昏昧獨斷，那就隱藏自身。這段話說衛君的「壯」在「輕用其國」，「獨」在「不見其過」，而「過」在「死者以國量」，正是無道之世。

孔門弟子顏回最賢，堪稱孔門第一人，儒門救世有如醫門，故顏回自覺當前去救治衛國的病痛，請老師容許自己遠行，說了一段像極子路「道之不行，已知之矣」的激越話語，未料被孔子迎頭澆了一盆冷水。

孔仲尼回答說，「譆，若殆往而刑耳」，「譆」是不以為然的歎氣聲，「若」是「汝」，「殆」當「近」解，恐怕或將會的意思，「刑」是「刑害」，意謂你此去恐怕難以全身而退了。做出此一預測性的論斷，其理由在，從「道」做為人間價值理序來說，是不求雜多的，因為雜多帶出紛擾，紛擾就救不了天下。自古以來最有涵養，也最有智慧的人，一定道理先存之於自身，再求存之於天下，倘若存之於自身都尚且未定，那裡會有多餘的空間，去穩住暴亂的人君呢！

「且若亦知夫德之所蕩，而知之所為出乎哉」，再伸進一層來思考，你了解天真本德的蕩失，而心知帶來人為是怎麼來的嗎？此拋出問題，郭象注云：「德之所以流蕩者，矜名故也；知之所以橫出者，爭善故也。」成玄英疏云：「知德蕩智出之所由乎哉！」底下再給出答案，「德蕩乎名，知出乎爭」，本德蕩失於名號的追逐，而名號是心知執著的產物，是為了跟天下人爭排名，搶光采的。「名也者，相軋也；知也者，爭之器也」，成玄英疏云：「軋，傷也。」宣穎云：「名起則相傾壓，爭起則以知為具。」意謂名號是用來相互傾軋的，而心知是爭逐的利器。「非所以盡行也」，宣穎云：「非所以盡乎行世之道也。」因為二者對生命而言，都極具殺傷力，不能用以活出生命的自然美好。

道家所說的「知」，不是儒家所說的本心良知，而是心知的執著，成玄英所說的「智出」，正是老子「慧智出，有大偽」（十八章）之意。「慧智出」是心知的執著，

「有大偽」是人為的造作，名號執著，爭逐造作，讓本德失真，而生命傷痛，此即「養生主」。「名」就是「刑」之意。

「且德厚信矼，未達人氣，名聞不爭，未達人心」，成玄英疏云：「矼，確實也。」此言顏回自身德行深厚，誠信確實，卻與人的氣化流行有隔閡，與人的心靈感受有障礙，也就是說你的氣在他的氣之外，你的心在他的心之外，你未能與他的氣同行，未能與他的心同在，你在他之外，所有你的好，都將成為他的壓力與傷痛。「而彊以仁義繩墨之言術暴人之前者」，所以你的衛國之行，是外在且強迫性的用仁義道德，繩墨規範的言語，在暴君的面前暢論述說。郭嵩燾有云：「術暴人之前，猶言述諸暴人之前。」另「術」劉文典解為「衒」，是炫耀或賣弄的意思。「是以人惡有其美也，命之曰菑人」，此等同用他的惡，來凸顯自身的美，這樣的人我們就給他一個稱號叫災人。「菑人者，人必反菑之」，災人是帶來災難的人，逼得對方要為自己平反，以取得心理的平衡，就一定會把災難還報在他的身上。「若殆為人菑夫」，顏回你恐怕會在衛君的反制之下被傷害。就美醜善惡的相對二分來看，「善」是以他人的惡來凸顯自身的善，「美」是以他人的醜來凸顯自身的美。此美醜善惡的執著分別是「名」，而這一執著分別所帶來的壓力與傷痛是「刑」，所以成名人，同時是受刑人。成名人是把別人逼上「惡」的窘境，也就是所謂「以人惡有其美」的災人，受刑人就在「人必反菑之」，孔子就由此斷定顏回此行一定被傷害，而難以全身而退。

再說，儒家的立身處世之道，在「己欲立而立人，己欲達而達人」，人物走在人間，一要挺立人物自我，二要通達人間天下。你自我挺立，也要讓天下人跟你一樣的自我挺立，你自己通達人間，也要讓天下人跟你一樣的通達人間。道家的省思在「如何可能」，你在己立己達的同時，要解消自己，才可能與天下人的氣同行，此之謂達人氣，也才可能與天下人的心同在，此之謂達人心。達人氣是體貼，達人心是貼心。你不在他之外，你才不會以災人的姿態出現，也才能避開「反災之」的災難。你的好才可能成為他的好，不會成為他的不好，就不會在對方的反感反撲中受了傷害。

「且苟為悅賢而惡不肖，惡用而求有以異」，此下再將思考層面，從主體往客體位移。假如衛君果真是賞識賢人，而遠離不肖者的話，「惡」當「何」解，「有以異」，是有可以凸顯跟別人不同之處，又何須你展現與他人不同的獨特風格？衛國一定不乏賢能之士，還要等你前去才救得了衛國嗎？可見衛君根本不是悅賢惡不肖的明主，你的才學志氣，就算「有以異」他人，還不是一樣被排拒在政治朝廷之外嗎？何況只要你踏入他的權勢運作之場，情勢就此完全改觀。

「若唯無詔，王公必將乘人而鬬其捷」，成玄英疏云：「詔，言也。」「唯」當「只有」解，也可以用「除非」……「否則」的語式來貫串上下文，除非你不說話，否則你一開口，那一群王公權貴就等在那裡，挑你的語病漏洞，好賣弄他的敏銳反應與辯才無礙，並壓垮你的銳氣。「而目將熒之，而色將平之，口將營之，容將形之，心且成之」，你面對孤立無援而身陷重圍的窘境，「而」當「爾」解，成玄英疏云：「熒，眩也。」意謂你的眼神在權勢的眩惑之下而不敢直視，你的臉色將由昂揚而萎頓下來，你的口才將迎合他的心意而發言，且形之於色，你的神情將轉為伏貼順從，你一心只想成就他的威望。本來想挑戰他的威權，卻反而成了他的智囊團跟後援會。「是以火救火，以水救水，名之曰益多」，此等同在火上加油，反而助長了火勢，引水來救水，反而氾濫成災一般，擴大且加深了災情，這一情勢的顛倒翻轉，可以稱之為「益多」。

「順始無窮，若殆以不信厚言，必死於暴人之前矣」，始一順，終將無窮，甫一見面，即順承威權，此後再也擋不住君王的氣勢飆漲。「以不信厚言」，各家注均「厚言」連讀，成玄英疏解為「忠厚之言」，宣穎解為「深諫」，陳壽昌解為「進言不止」，有如交淺言深之意，此解欠妥。以未得信厚之身分進言，似較貼切，因顏回孤身前往，又首度晉謁進言，不可能過於厚言，此與雙方之交情互信直接相干。此解未免將顏回說成子路了。「必死於暴人之前矣」，在專斷猜疑的暴君面前，說愛民治國之道，必死無疑。統括而言，顏回此去，不是扮演「災人」的角色，就是自我異化，而轉成「益多」，前者傷了自身，後者害了天下，這就是知識分子政治救人的兩難困境。

## 二、端虛勉一的執而不化

且昔者桀殺關龍逢，紂殺王子比干，是皆修其身以下傴拊人之民，以下拂其上者也，故其君因其修以擠之，是好名者也。且昔者堯攻叢枝、胥敖，禹攻有扈，國為虛厲，身為刑戮，其用兵不止，其求實無已，是皆求名實者也，而獨不聞之乎？名實者，聖人之所不能勝也，而況若乎！雖然，若必有以也，嘗以語我來！」顏回曰：「端而虛，勉而一，則可乎？」曰：「惡！惡可！夫以陽為充孔揚，采色不定，常人之所不違，因案人之所感，以求容與其心。名之曰日漸之德不成，而況大德乎！將執而不化，外合而內不訾，其庸詎可乎！」「然則我內直而外曲，成而上比。內直者，與天為徒。與天為徒者，知天子之與己皆天之所子，而獨以己言蘄乎而人善之，蘄乎而人不善之邪？若然者，人謂之童子，是之謂與天為徒。外曲者，與人之為徒也。擎跽曲拳，人臣之禮也，人皆為之，吾敢不為邪！為人之所為者，人亦無疵焉，是之謂與人為徒。成而上比者，與古為徒。其言雖教，讁之實也。古之有也，非吾有也。若然者，雖直不為病，是之謂與古為徒，若是則可乎？」仲尼曰：「惡！惡可！太多政法而不諜，雖固亦無罪。雖然，止是耳矣，夫胡可以及化！猶師心者也。」

此下舉兩事例，說「好名」與「求實」所引生的災難與傷痛。

首例，夏桀殺賢臣關龍逢，商紂殺庶叔王子比干，兩人忠心進諫而引來殺身之禍。成玄英疏云：「傴拊，猶愛養也；拂，逆戾也。」此皆修養自身，以臣下身分去憐愛人主之民，這是臣下拂逆君上的不敬表現，所以君王銜著他們的人格修養，而加以排擠入罪。這是喜愛賢名的後遺症。

次例，堯攻叢枝、胥敖，禹攻有扈；戰火毀人國土，生命傷亡無數。「其用兵不止，其求實無已」，歷來注解皆指謂三小國，成玄英疏云：「此三國之君，悉皆無道，好起兵戈，征伐他國。」此謂三小國貪求實利，而大動干戈。「是皆求名實者也」，此成玄英與宣穎仍認為僅指稱三小國，王船山與王先謙則認為泛指三小國與堯禹。諸家解說，皆欠妥。整段話上承「好名」，下開「求實」，而終結在「求名實」，此有脈絡可尋，關龍逢與王子比干好賢德之名，堯、禹好聖王之名。此「好」是心知的執著，「求實」則屬人為的造作。「求實」一定依名以求實，而不能憑空說求實，三小國有何名可依以求實，諸家解說不知老莊本絕仁棄義，亦絕聖棄智，所絕棄的正是仁義聖智的名號，「德蕩乎名，知出乎爭」，心知執著聖賢的名號，反而失落了聖王賢者的本德。堯禹由好名而求實，好聖王之名而求聖王之實，聖王是內聖外王。儒家的內聖外王之道，端在「禮樂征伐自天子出」之天下一統的理想，故不容許三小國逃離在聖王教化之外，今三小國不接受禮樂教化，故有堯攻叢枝、胥敖，禹攻有扈的征伐行動，「國為虛厲，身為刑戮」，說的是三小國的國土成為一片廢墟，三小國的人民身為刑戮。「其用兵不止，其求實無已」，說的是堯禹聖王，為了證明自身是名實相副的聖王，故以不斷的用兵征伐，逼三小國接受禮樂教化，「是皆求名實者也」，「皆」指謂的堯跟禹，怎能是什麼都不是什麼名都沒有的三小國呢！

「而獨不聞之乎？名實者，聖人之所不能勝也，而況若乎」，孔子以上述兩事例，指點顏回，不論是兩賢人或兩聖王，皆好名以求實，心知執著且人為造作，竟不容許三小國在禮樂教化之外，而用兵征伐，將三小國夷為平地，傷亡無數，這不是聖王理想的自我異化嗎？故孔子問顏回，你沒有聽聞這樣的道理嗎？執著「名」以造作

「實」，連聖王也不能克服這一求名實的價值制約，何況是欠缺歷練與考驗的你呢？因為顏回也是本儒門是醫門之名，以求醫衛君之實。「勝」是自我克制，而不是壓制三小國，自我解消聖王的執著與造作，而免於聖人傷人的自我異化。這一對應儒家聖王治道的價值反思，除了老子「絕聖棄智」、「絕仁棄義」與「聖人不仁」、「聖人無常心」的自我解消之外，〈齊物論〉有「堯欲伐宗、膾、胥敖，南面而不釋然」的真切自省，而以人的德可以內斂涵藏，而不會像陽光直接曝曬的灼熱傷人，而釋放了邊陲三小國的自在空間。此兩則寓言的人物情節幾乎等同，結果卻完全相反，一「求實無已」，一「德進乎日」，做出了「在」或「不在」的存在抉擇，發人深省。另在〈大宗師〉更開啟了「與其譽堯而非桀也，不如兩忘而化其道」的超越之路，問他何以墮為桀？因為他想當堯。想當堯是「好名」，墮為桀則是「求實」，此如同〈齊物論〉的「其成也，毀也」，與〈養生主〉的有名即有刑。兩忘是沒有堯與桀的執著二分，化其道則是回歸天道自然的一體無別，人世間就不會有想當堯舜卻墮為桀紂的弔詭悲劇了。

「雖然，若必有以也，嘗以語我來」，孔子說了一長串的大道理之後，忽然想到顏回可是大弟子，此行一定有他依憑的理由，故語氣一轉，雖然我說出了諸多的不可以，不過你還是可以說出做此決定的價值理據。「以」當「因」解，也當「用」解，此非自然的因果，而是人文的理據。此船山有云：「以」生於其心，「有以」則作於其氣，此解精采之極，「生於其心」是心知的執著，「作於其氣」則是人為的造作，心知執著即未達人心，人為造作則未達人氣。故「有以」反成顏回此行最大的理障包袱。顏回亦人間第一等人，故以「虛」的工夫，而開顯「一」的理境回應，「虛」則解消執著造作，「一」則回歸天道自然，此亦「兩忘而化其道」之意。問題就出在「端」跟「勉」，「端」是端起莊嚴的架勢，擺出認真的姿態，「勉」是勉力強行，近於老子所說「心使氣曰強」（五十五章）與「強行者有志」（三十三章）。此船山云：「蓋端而虛，則非虛；勉而一，則非一也。」因為「端」有心，而「勉」有為，已非本來的「虛」與「一」，就在自我異化中扭曲變質，等同自我否定。顏回請教老師，我已經很用心的「虛」了，很用功的「一」了，總可以達人心達人氣了吧！

未料，孔子的回應是「惡！惡可」，歎了一口氣，說那怎麼可以。端已非虛，勉則難一，你有自家的理據憑藉，反而未達人心，也未達人氣。「夫以陽為充孔揚，采色不定」，成玄英疏云：「陽，剛猛也；充，滿也；孔，甚也。」就因為氣有未達，反而心知鼓動氣，是生命剛猛之氣充於內，進而甚揚於外，此充斥於內而激盪於外的氣色神情，未見涵藏，顯得閃爍不定。「常人之所不違，因案人之所感，以求容與其心」，陳壽昌云：「案，揣測之意。」也因為心有未達，僅能等待對方心意寬開，不會拒人門外的時刻，去揣摩對方的感受，期求能接納自家的觀點。如此進言勸諫，僅能每一天一點一滴的累積，就算是逐日浸潤透入的小德，尚且成不了，何況是大徹大悟而生命完全翻轉的大德呢！此謂人格穿透力與生命感染力才是大德。端勉有心有為，「將執而不化」，終究人我生命有隔，而難以感應而化成對方。「外合而內不訾，其庸詎可乎」，僅能在外在形迹上求合，此宣穎云：「外即相合，而無自訟之心。」陳壽昌云：「外既若與之迎合，中亦無所責難。」僅順應而未責難，逼不出對方內心的自我反思，未有批判，反見附和，而轉成「益多」，既不能從根本上改變衛君的行事風格，又怎能救得了衛國上下呢？

這一段話，郭象、成玄英、宣穎皆解為譏評衛君年壯行獨的話；惟王船山、陳壽昌解為孔子評斷顏回「端而虛，勉而一」何以「惡可」的析論。此說上下語文脈絡較能通貫。因為顏回僅在辭行階段，根本未入衛國，衛君壯獨也只是傳言，何能一整段彷若眼前的描述其神情意態！孔顏師生對話，孔子問的是「若必有以」，檢討顏回憑什麼可以說服衛君，改變他的獨斷言行，重點不在想當然耳的說衛君會有何等惡質的反應，而在端勉依舊未達，改變不了衛君，也救不了衛國人民。

端虛、勉一二事，通不過孔子的檢驗，顏回再舉三條，做為勸諫衛君的理據。「內直」說是「與天為徒」，「徒」當「徒屬」，或「道途」解，有如老子的「生之徒，十有三，死之徒，十有三」（五十章），意謂走在什麼路上，就是屬於那一方面的人。「內」是天生本有，「直」是天真，故「內直」是保有天真。「外曲」說是「與人為徒」，「外」與人相處，「曲」有如〈齊物論〉的「因是」，而「因」是順任，「因是」是順任每一個人的對而給出肯定，老子說「曲則全」，可不是委曲求全，「曲」是心知的化解，而化解的作用就在保存人我間的和諧，此之謂「曲則全」。故「外曲」，成玄英疏云：「外形委曲，隨順世間者，將人倫為徒類也。」看似委曲實則是修養，隨順人間而非曲從。「成而上比」說是「與古為徒」，郭象注云：「成於今，而比於古也。」「成」是以理勸說有成，「上比」是託諸古人，故「成而上比」，有如儒家「託古改制」的意涵。

「然則」是大轉折語，既然二事不被肯定，那麼我再舉三條。「與天為徒者，知天子之與己皆天之所子，而獨以己言蘄乎而人善之，蘄乎而人不善之邪？若然者，人謂之童子，是之謂與天為徒」，跟天道一樣的無心自然，體認大皇帝跟自己都是天所生之子，一樣的天生本真，你還會獨以己言之所善，而祈求天下人一樣的以為善，獨以己言之所不善，而祈求天下人也一樣以為不善嗎？人人皆天真，獨以己言做為天下人「善」與「不善」的價值依據，那純屬多餘。故把「善」還給天下人自身，有如老子所云之「百姓皆謂我自然」（十七章）讓天下人都以為人生的美好都從自身來。像這樣的為人，人家就會說他天真如孩童，這就是「與天為徒」的自在天真了。

「外曲者，與人之為徒也。擎跽曲拳，人臣之禮也，人皆為之，吾敢不為邪！為人之所為者，人亦無疵焉，是之謂與人為徒」，「外曲」相對於「內直」而言，內直是與天為徒，「直」在天生本真，外曲是與人為徒，「曲」在解消自己，而順應他人。

「擎」是執笏，「跽」是跪拜，「曲拳」是打躬作揖，皆屬為人臣下當行的禮數，人人皆行禮如儀，我可以不依禮而行嗎？人家怎麼做，我也跟著怎麼做，不對抗流俗，不標新立異，別人就不能挑剔我的過錯，這就是「與人為徒」的表現。

「成而上比者，與古為徒。其言雖教，讁之實也，古之有也。非吾有也。若然者，雖直不為病，是之謂與古為徒，若是則可乎？」「成而上比」乃「內直」與「外曲」的綜合體，他說的話語雖有責求教導的實質意涵，卻說那是自古以來就有的，不是出自我自身，像這樣的託諸古人，雖然說了「內直」的真心話，卻有如同「外曲」的順應效果，人家聽了也不會以為那是批判性的重話，這就是「與古為徒」的表現。

像上述所說，請問夫子這樣可以嗎？

「仲尼曰：惡！惡可！太多政法而不諜，雖固亦無罪。雖然，止是耳矣，夫胡可以及化！猶師心者也」，孔子回答語氣評斷依舊。啊！這怎麼可以！郭注成疏在「太多政」斷句，「法而不諜」連讀，實則，《論語》有云：「政者，正也。」宣穎云：「正人之法。」釋德清云：「言挾上三術，而法則太多，猶不穩當也。」故在「太多政法」斷句，解讀較穩當。成玄英疏云：「諜，修理也，當也。」此謂糾正他人的做法倘若過於煩瑣的話，人家可能無所適從。雖然可以不引來罪責，不過說了半天，它的效用也僅止於此而已，又怎麼能化入對方呢？此郭象注云：「罪則無矣，化則未也。」成玄英疏云：「胡，何也。」「師心」，是師其成心之謂，而「成心」是心知的執著，此謂以成心做為立身處世的價值依據，成心是自己想好一套，去跟人家對話論道，當然未達，又怎能化入對方的生命呢！

## 三、唯道集虛的心齋待物

顏回曰：「吾無以進矣，敢問其方。」仲尼曰：「齋，吾將語若，有而為之其易邪？易之者，皞天不宜。」顏回曰：「回之家貧，唯不飲酒不茹葷者數月矣。若此，則可以為齋乎？」曰：「是祭祀之齋，非心齋也。」回曰：「敢問心齋。」仲尼曰：「若一志，無聽之以耳，而聽之以心；無聽之以心，而聽之以氣。聽止於耳，心止於符，氣也者，虛而待物者也。唯道集虛。虛者，心齋也。」顏回曰：「回之未始得使，實自回也；得使之也，未始有回也：可謂虛乎？」夫子曰：「盡矣。吾語若！若能入遊其樊，而無感其名，入則鳴，不入則止。無門無毒，一宅而寓於不得已，則幾矣。絕迹易，無行地難。為人使易以偽，為天使難以偽。聞以有翼飛者矣，未聞以無翼飛者也；聞以有知知者矣，未聞以無知知者也。瞻彼闋者，虛室生白，吉祥止止；夫且不止，是之謂坐馳。夫徇耳目內通而外於心知，鬼神將來舍，而況人乎！是萬物之化也，禹舜之所紐也，伏戲几蘧之所行終，而況散焉者乎！」

「顏回曰：吾無以進矣，敢問其方」，顏回的端虛勉一，與內直、外曲、上比的「有以」，誠如船山所云：「多其術於心，雜擾而無定。」都被孔子一一斷為不可。顏回心想，我都「究天人之際」了，也「通古今之變」了，這樣還不能「成一家之言」嗎？所以說我沒有什麼更高明的理念可做依憑了，就請老師直接指引一條明路吧！「仲尼曰：齋，吾將語若，有而為之其易邪？易之者，皞天不宜」，總說一個「齋」字，我來告訴你。依郭象注所云：「夫有其心而為之者，誠未易也。」郭慶藩校釋依陳碧虛《莊子闕誤》引張君房本及注文補上「有」下一「心」字。實則，未加「心」

字，意義更顯豁。問題不在你「有」什麼，而在「有」的本身。你的思考一直專注在想要以你的「有」來改變衛君，怎麼可能會是容易的呢！因為你的「有」，在他之外，也就未達人心，未達人氣。以為自身的「有」，即可改變對方，未免看得太容易了。「皞天不宜」，向秀云：「皞天，自然也。」那是悖離於天道自然的存在之理。此與下文所說的「齋」，其根本精神在「無」，正回應顏回的迷思，要把自身的好加到對方的身上。實則，道家義理是要放下自己的好，才可能照現對方的好，而照現對方的好，就是達人心達人氣，達而後能化。否則你在他之外，你的「有」再高明，都是他的壓力負累，反而激起反感與抗爭。

顏回一聽聞「齋」字，立即回應，「齋」還不容易嗎？我家貧困本來就喫齋茹素很久了，顏回曰：「回之家貧，唯不飲酒不茹葷者數月矣。」成玄英疏云：「茹，食也。」不喝酒不吃葷已有數月之久，「若此，則可以為齋乎」，請問老師，像這樣可以嗎？算不算做「齋」的工夫？曰：「是祭祀之齋，非心齋也。」孔子回答說，那是祭祀齋戒的「齋」，可不是在心上做「無」之消解工夫的「齋」。「回曰：敢問心齋」，顏回說那請老師教導心齋工夫要如何進行？「仲尼曰：若一志，無聽之以耳，而聽之以心；無聽之以心，而聽之以氣」，「若一志」另本作「一若志」，專一你的心志，此同於〈逍遙遊〉所說的「其神凝」，神凝就是志一，依道家義理，心志專一與心神凝聚在致虛守靜的主體觀照。故底下即言「無聽之以耳，而聽之以心」，不要用耳目官能去接觸世界萬象的流轉變化，因為生命會被牽引而去；再深進一層，「無聽之以心，而聽之以氣」，不要用你的心知去執取天下的賢名貨利，因為會干擾妨害生命的自然美好。問題在，「聽之以氣」要做何解？本來人的存在處境，是心在氣中，而心有「知」的作用，「知」的本質是執著，心執著氣，也禁閉了氣的自然運行。老子云：「心使氣曰強」（五十五章），「強行者有志」（三十三章）與「專氣致柔」（十章），這三句話可以說是解讀心齋工夫的鎖鑰。此言心使氣、志強行，即非「虛其心」、「弱其志」（三章）而開顯的專一，而是「多則擾，擾則亂」的雜多擾亂，甚至扭曲妨害。心不使氣，志不強行，心知退出，讓氣回歸氣的自在，此即在「無聽之以心」中「聽之以氣」，被心知禁閉的氣，因無掉心知的執著，而得到了全面的釋放，回歸「氣」的自身，此「氣」的自在自得，就是「然」從自身來的自然，從無心之修養工夫所開顯的是境界的自然、價值的自然，而不是現象的自然，事實的自然。故「氣」有兩層次可說，一是未做修養工夫之現象意義的實然之氣，一是做了工夫修養所開顯之價值意義的理境之氣。

此「聽之以耳」，等同庖丁解牛三層境之「目視」，而「聽之以心」等同「心知」；「聽之以氣」則等同官、知皆止的「神遇」。故「聽之以氣」有如「神欲行」，心在解消了自身中釋放了氣，是生命的釋放，與心靈的自由，不受官能的禁閉與心知的束縛，隨心神之所欲，而自在自得的運行。

「聽止於耳，心止於符，氣也者，虛而待物者也。唯道集虛。虛者，心齋也」，「聽止於耳」，當是「耳止於聽」的誤倒，因與「心止於符」相對應。「止」就其作用而言，「耳」的作用充其量也僅能聽取外在的聲音。「心止於符」，成玄英疏云：「符，合也。心起緣慮，心以境合。」此言心起攀援之思慮，必求與外境相合。俞樾云：「言心之用止於符而已！」問題在，是外物符合我心，還是我心符合外物？宣穎云：「止於意之所合耳，蓋心所思之理而驗焉謂之符。」此言用心所思之理，而驗之於外在事物，看是否符合我心所思之理。陳壽昌云：「必有心以求其符合。」有心即自家心知的執著，以責求外在事物符合我執著的價值標準。而船山云：「心可使符乎氣之和，而不符乎耳。」其解讀斷句為「心止於符氣也者」，「氣者生氣也，即皞天之和氣也。」如此解讀，抹煞了聽之以心與聽之以氣的差別。故成、王兩家解，不如宣、陳兩家說，可以凸顯心知的執著與人為的造作所帶來的障隔與對抗。

「氣也者，虛而待物者也」，此聽之以氣的「氣」，當從「無聽之以心」的「無心」來解，無聽之以心就可達人心，而「聽之以氣」就是達人氣了。「虛」即無心，「待物」的「待」，看似對待，卻言「虛而待」，也就是〈逍遙遊〉所說的「無待」。無待即是從心知二分的相互對待中超離的超越觀照。此照現物，等同「生成」物。此一「生成原理」，即在解消主體的心知，心不執著氣，不宰制氣，氣無須壓抑，也不被扭曲，氣得到全面的釋放，而還歸氣的自身。此從「虛而待物」所界定的「氣」，是在觀照物中生成物；是在放開「氣」中成全「氣」，而使生命回歸自然的感應與情意的躍動。

「唯道集虛。虛者，心齋也」，「道」生成萬物，「集」當「歸止」解，此道的生成作用，本在道體沖虛。唯落在人生的修養來看，道就在吾心虛靜的當下中臨現。這一「虛而待物」，且「唯道集虛」的「虛」，就是在「心」上做齋戒工夫的「心齋」。這也展示修養工夫的三層境，一在聽之以耳，二在聽之以心，三在聽之以氣。由聽之以耳進至聽之以心，要加上一個「無」；由聽之以心再進至聽之以氣，也要加上一個「無」。此加上一個「無」字，也就是「虛」的修養工夫。人待物要「虛」，道生物要「虛」，上下統貫，也就是天道唯在吾心虛靜中朗現，此之謂「唯道集虛」。「唯道集虛」，郭象注云：「虛其心，則至道集於懷也。」最得善解。另宣穎云：「道來於此。」亦得其旨。「此」指謂的是主體的「虛」，道在吾心之虛靜中臨現，或道只依止於心靈的虛靜上。

「顏回曰：回之未始得使，實自回也；得使之也，未始有回也：可謂虛乎」，這是一句極有存在感的話，顏回終於將思理重心從衛君客體，移回自家主體。成玄英疏云：「未稟心齋之教，猶懷封滯之心。」船山云：「使，教也。」即未得夫子心齋工夫之教導，心中還有一個顏回的自我執著，得了夫子的教導之後，心中就不再有自我的執著了。請教老師，這樣可以說是「虛」了嗎？孔子的回答給出肯定。「夫子曰：

盡矣。吾語若！若能入遊其樊，而無感其名，入則鳴，不入則止」，「盡」是充盡，說已充分體現「虛」的意涵。我來告訴你，你進入了他的權力樊籬，猶能無心自在的遊，而不會受君上威權的撼動，此所謂「樊」，就在其「名」，樊籬是實質的權力，「名」則是心中的桎梏，為名號所壓迫，否則，你會被牽引而成了「益多」之自我異化的負面角色。對方敞開心懷可以說話，你才說心裡的話，對方狂傲自大，你就不說心裡的話。「無門無毒，一宅而寓於不得已，則幾矣」，「無門無毒」，宣穎解為「不開一隙，不發一藥」，可能是「虛而待物」之意，也就是「無名無刑」，你不執著名號，就不會引來刑害，「一宅」是宅於一，「一」是此心的虛靜，不會以「災人」的身分出現，而寄身於人世間你不能讓它停下來的機遇變故，「幾」當「庶幾」解，或許可以免於衛君「反災之」的傷害。

「絕迹易，無行地難。為人使易以偽，為天使難以偽」，在人間消失比較容易；在人間行走而不留下足迹，是比較艱難的。為人所使而執著造作，就容易作假；為天所使而純任天真，就不可能作假。「聞以有翼飛者矣，未聞以無翼飛者也；聞以有知知者矣，未聞以無知知者也」，僅聽聞以有形的翅膀而生命起飛的，還沒有聽聞以無形的翅膀而生命起飛的；僅聽聞以成心的「有知之知」去知的，還沒有聽聞以道心的「無知之知」去知的。

「瞻彼闋者，虛室生白，吉祥止止；夫且不止，是之謂坐馳」，成玄英疏云：

「闋，空也。」司馬彪云：「白，日光所照也。」王船山云：「闋，音缺，牖也，隙也。」從窗牖缺口看出去，則空虛的室屋會透入陽光，此「室」比喻「心」，心虛靜明照即透顯光明。「吉祥止止」，等同「虛室生白」，成玄英疏云：「言吉祥善福，止在凝靜之心。」「吉祥」是「白」，吉祥美好一如溫暖的陽光，「止止」是「止於止」，上「止」字當動詞用，是依止停靠之意；下「止」字當名詞用，指謂的是「虛室」。此可與「唯道集虛」對看，「止止」就是「集虛」，「止於止」等同「集於虛」，「集」是眾鳥歸止，而道臨現人間，當然是人生最大的吉祥了。因為道生成萬物，天地之大德曰生，豈不是天大的吉祥嗎？「夫且不止」，意謂此心一直靜止不下來，老子有云：「始制有名，名亦既有，夫亦將知止，知止可以不殆。」（三十二章）此謂名號要止於真實，就不會追逐空名而毀壞了生命的本真。「是之謂坐馳」，成玄英疏云：「謂形坐而心馳也。」意謂生命就「形雖坐而心猶馳」了，故重點不在「坐」而在「止」。「坐馳」用今天的話頭來說，那就是結構中的漂泊，「坐」是納入結構理序中，「馳」是流落在體制軌道之外，現代人在婚姻中找婚姻，在工作中找工作，似乎永遠也定不下來。

「夫徇耳目內通而外於心知，鬼神將來舍，而況人乎」，成玄英疏云：「徇，使也。」耳目本是外逐，今使之內通；「外」乃超離之意，心知本是執著，今使之超離。耳目不外逐，心知不執著，既「無聽之以耳」，又「無聽之以心」，而升越在

「聽之以氣」的層次，而「氣」是「虛而待物」，也就是「唯道集虛」，道在生命主體的虛靜觀照中朗現，吉祥即止於心的虛靜，而虛室永遠生發光明。道臨現人間，鬼神將來此舍止，何況是平凡的人呢？「是萬物之化也，禹舜之所紐也，伏戲几蘧之所行終，而況散焉者乎」，此乃天地藉以生萬物的終極原理，舜禹聖人藉以生百姓的中心樞紐，伏羲几蘧古帝王終身所要堅持的價值依據，何況是世俗民間的一般人呢？

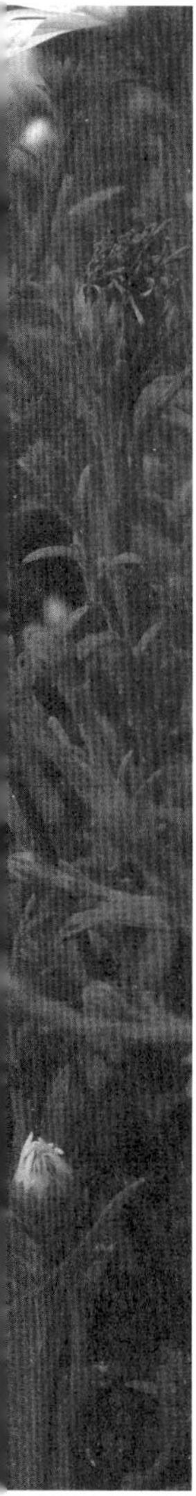
活在每一當下，以人物之有限而求心靈之無限，人間之複雜而求生命之純真自在。（攝影：鄭明禮）

# 第2章 行走人間的兩大難關

## 一、人道之患與陰陽之患的內外交逼

葉公子高將使於齊，問於仲尼曰：「王使諸梁也甚重，齊之待使者，蓋將甚敬而不急。匹夫猶未可動，而況諸侯乎！吾甚慄之。子嘗語諸梁也曰：『凡事若小若大，寡不道以懽成。事若不成，則必有人道之患；事若成，則必有陰陽之患。若成若不成而後無患者，唯有德者能之。』吾食也執粗而不臧，爨無欲清之人。今吾朝受命而夕飲冰，我其內熱與！吾未至乎事之情，而既有陰陽之患矣；事若不成，必有人道之患。是兩也，為人臣者不足以任之，子其有以語我來！」

葉公是封在葉地的楚國公卿，子高其字，諸梁其名，將出使到齊國，先請教孔仲尼，說：楚王付託在我身上的任務是很重大的，齊國是大國，對待他國前來的使者，一定是禮數周到，表面看來充滿敬意，實質上對你任使之所訴求，卻一點也不放在心上。一般人都很難說服他，何況是有權有勢的諸侯君王呢！「慄」當「懼」解，我很是擔憂害怕。記得先生曾經說過，「若小若大」是「或小或大」，不論天下事是小還是大，「寡不道以懽成」，郭象注云：「夫事無大小，少有不言以成為懽者耳。」成玄英疏云：「夫經營事緒，抑乃多端，雖復大小不同，而莫不以成遂為懽適也。」郭注以「言說」解「道」，成疏以「經營事緒」說「道」，均失其義。實則「道」乃無心自然的因應處事之道，意謂沒有不依「道」而可以歡然成事的。莊子寓言，請孔子當代言人，理當從道行以成事，才可謂歡然。否則已在根本上失落了道家的價值觀點。

「事若不成，則必有人道之患；事若成，則必有陰陽之患」，此謂君命之事，倘若未能完成，那麼一定會有論罪懲處的人道之患；倘若幸能成事，那麼也一定會有患得患失的陰陽之患。人道之患來自政治的權力，陰陽之患來自心頭的焦慮。「若成若不成而後無患者，唯有德者能之」，不論成與不成，而能免於人道與陰陽之雙重憂患的，只有無掉心知執著與人為造作的人才做得到。此「有德者」，指謂的不是存有論的德性，而是修養論的德行，道家即以修養論的「不德」，來成全存有論的「有德」，「不德」是「心」不求「得」，就不會有「失」的壓力與恐懼。

在引據孔子所說的教言之後，再回歸自身的處境與困惑。「吾食也執粗而不臧，爨無欲清之人」，陳壽昌云：「執，用也；臧，精也。爨，司火者；清，涼也。」意謂我的口味向來粗淡，而不講究精美，是烹調不求清涼的人，「今吾朝受命而夕飲冰，我其內熱與」，現在的我，卻早上甫受君命，而晚上就開始喝冰水，我的內心正火燒般的灼熱。郭象注云：「喜懼戰於胸中，固已結冰炭於五藏矣！」此「內熱」說的是「陰陽之患」。「吾未至乎事之情，而既有陰陽之患矣；事若不成，必有人道之患。是兩也，為人臣者不足以任之，子其有以語我來」，此「情」當「實」解，我還沒進入實務的折衝，已有得失皆患的驚恐；倘若使命不成，則人道之患的權勢迫害，已等在前頭。這兩大患的內外交逼，作為人臣的人實在承受不起，「有以」一如「若必有以也，嘗以語我來」，有什麼憑藉可以解開難題的，「來」則是句末的語氣詞，意謂先生一定有什麼道理，可以教導我，解消我心中的困惑。

## 二、不解不逃的安義若命

仲尼曰：「天下有大戒二：其一，命也；其一，義也。子之愛親，命也，不可解於心；臣之事君，義也，無適而非君也，無所逃於天地之間：是之謂大戒。是以夫事其親者，不擇地而安之，孝之至也；夫事其君者，不擇事而安之，忠之盛也。自事其心者，哀樂不易施乎前，知其不可奈何而安之若命，德之至也。為人臣子者，固有所不得已。行事之情而忘其身，何暇至於悅生而惡死！夫子其行可矣！

這一段是孔子給出的教言，試圖解消葉公子高所難以承受的兩患交逼。「大戒」，成玄英疏云：「戒，法也。」宣穎解為「大經法」。此解不貼切，看下文一者言不可解之命，二者言無所逃之義，說的是人生的兩大難關。因為人生是人物走在人間，人物有「生也有涯」的「命」，人間有「知也無涯」的「義」，前者解不開，後者逃不掉。所以，「大戒」不是什麼不能踰越的大經大法，而是人生不得不承受，也不得不通過的兩大難關，正與《論語》所謂的「君子有三戒」，兩相呼應。郭象注有云：「若君可逃而親可解，則不足戒也。」當是此意。此言普天之下的每一個人，都有兩大難關，一是「自我」的「命」，一是「天下」的「義」。「命」是父母生成的，「義」是君上責求的。人間兒女皆父母所生，所以一生愛自己的父母，這就是命。儒家認定父母生的此身是「命」，包括形貌才氣，莊子卻直認子女對父母的愛才是「命」。愛發自「心」，而這一發自心的愛，是永遠解不開的。這一命感比儒家還徹底，不必經由「欲仁仁至」的價值自覺，來說孝道之本，而直接認此心對父母的愛，就是人生最大的「命」。故孝敬父母，不是德行，而是命定，不必修養，認命就是了。

在父子之命外，又說君臣之義，沒有人不活在人間，而人間世的群體社會，一定有平治天下的體制架構，依禮法而行，而合乎理序的，就是「義」的價值標準。此一人間公義的統領執行者就是君王。故臣下子民的奉事君王，就在依循天下的義理而行，此之謂臣之事君，義也。未料，這一本有客觀意義的「義」，竟成了臣下要絕對服從君上的枷鎖，這是威權體制下的價值扭曲，反而壓縮了人性伸展的自在空間。問題在，不管你到那裡都有君權王法，天地雖大，卻無處可逃。宣穎解「命」為「受之於天」，解「義」為「人所當為」，陳壽昌云：「其命相屬，是以天合者；其分相統，是以人合者。」以天合的「愛之命」，是天倫，以人合的「義之分」，則是人倫。故雖說是並列的兩大難關，實則性質有異。

因此，奉養雙親的人，是不論境遇的順逆，都要認愛親之命，這就是孝親的極致表現；奉事君上的人，是不論使命的難易，都要盡君臣之義，這就是忠君的最高表現。此孝之至與忠之盛，都從「不擇」說，「不擇」本在「不知」，心無執著分別，就不會給出「擇取」的可能空間。「自事其心者」，王船山云：「自事其心，事者無事也，事無事則心無心矣。忘其心乃可忘其身。」此說精到。「事」當「養」解，道家的工夫在心上做，此心虛靜，無掉心知的執著分別，也無掉人為的擇取造作。既無所擇取，也就認了，不會牽引哀樂的情緒，而干擾愛親之命與事君之義的孝忠之行。「施乎前」，「施」當「行」解，「行於前」之意。郭象注云：「知不可奈何者命也而安之，則無哀無樂，何易施之有哉！故冥然以所遇為命而不施心於其間。」釋德清亦云：「不以哀樂入於心也。」此解較得其義。惟「知其不可奈何而安之若命」，說的是「臣之事君」的「義」，因為無往而非君，君權王法是無所逃的，所以說體認其不可奈何的存在本質，不可奈何是無可如何，你不能改變它，也不能讓它不存在，只好安天下事君之「義」，若自我愛親之「命」了。因為愛親之命，天生而有，比較容易承受；而事君之義，在人間發生，比較難以接受。「哀樂不易施乎前」，成玄英疏云：「能涉哀樂之前境，不輕易施。」此「易」當「輕易」解；郭慶藩依崔譔云：「施，移也。」而解「不易施」為「不移易」，此「易」當「移易」解。似乎詮表為心不為哀樂之境所牽動之意。實則，通過無心的修養工夫，在事君的每一當下，就不會牽動哀樂之情，而迫使生命落在患得患失的驚恐困境中。「德之至也」，而這是修養工夫的極致表現。莊子由「自事其心」的「德之至」，去成全愛親之命的「孝之至」，與事君之義的「忠之盛」，此因「無心」而「不擇」，再從「不擇」說「安」，與孔子問宰予：「於女安乎？」（《論語．陽貨》）的「安」，大有不同。儒家的「仁」，在心的不安處呈現，故由不安而求安，此心安理得的「安」，是實有層的「安」，成為道德的動力；道家的修養工夫，在無心不擇，故「安」是不求安的「安」，是作用層的「安」，是化解負累的「安」。反正，解不開，也逃不了，既無可如何，當下就安，就認了吧！

「為人臣子者，固有所不得已」，「已」當「止」解，做為君上的臣下，在權力運作間，本來就存在著你不能讓它不發生的無奈，「行事之情而忘其身，何暇至於悅生而惡死！夫子其行可矣」，僅能依循任命的實情做去，而放下自身得失禍福的考量，怎麼還會有餘暇被困在悅生惡死的情識裡，「其」是將然的語氣詞，臨別贈言僅在先生你就去吧！

莊子說愛親之命不可解，解不開又何須解，真的把親情之愛從心中解消了，那人生豈非一無所有，而長留空白了嗎？又說事君之義無所逃，逃不了又何須逃？真的把事君之義都逃避了，那麼人生又有什麼值得我們去承擔的？說是「不擇」，實則是當下肯認愛親之命，且直下承擔事君之義就是了。「事君之義」，就今天之民主法治而言，是即所謂的國家認同，或是文化認同，這是人人無所逃的人間道義。

## 三、溢美溢惡的風波實喪

丘請復以所聞：凡交近則必相靡以信，遠則必忠之以言，言必或傳之。夫傳兩喜兩怒之言，天下之難者也。夫兩喜必多溢美之言，兩怒必多溢惡之言。凡溢之類妄，妄則其信之也莫，莫則傳言者殃。故法言曰：『傳其常情，無傳其溢言，則幾乎全。』且以巧鬬力者，始乎陽，常卒乎陰，泰至則多奇巧；以禮飲酒者，始乎治，常卒乎亂，泰至則多奇樂。凡事亦然，始乎諒，常卒乎鄙；其作始也簡，其將畢也必巨。夫言者，風波也；行者，實喪也。夫風波易以動，實喪易以危。故忿設無由，巧言偏辭。獸死不擇音，氣息茀然，於是並生心厲。剋核太至，則必有不肖之心應之，而不知其然也。苟為不知其然也，孰知其所終！故法言曰：『無遷令，無勸成。過度益也。』遷令勸成殆事。美成在久，惡成不及改，可不慎與！且夫乘物以遊心，託不得已以養中，至矣。何作為報也！莫若為致命，此其難者。」

孔子解消葉公子高的「內熱」，卻未教導「行事之情」的應世態度與傳言智慧，為了補足「夫子其行可矣」的未盡之意，故有「請復以所聞」，給出實質性的點撥提醒。此復以所聞，就自身之見聞體驗，以言避開傳達君命所可能引發的扭曲與變質。底下這一長串的耳提面命，既有嚴謹的論證，又有敏銳的洞見。此所謂交近與遠，不就地理位置說，而就雙方的交情互信說。「靡」當「順」解，故交情已深的國度，要以信實來維持親順，交情尚淺的國度，則要以諾言來表達忠誠，「或」當「有人」解，而言語承諾一定要有人出使傳達。兩國交往互動，可能兩喜，也可能兩怒，兩喜是充滿了期待，兩怒是深感不滿，在此情境下，傳達雙方的意旨，那是天下最為艱難的事，因為尺度在君上的心中，而臣下難以拿捏傳達的分寸。郭象注云：「溢，過也。」因為兩喜一定會給出過度好感的承諾，兩怒一定會說出過度不滿的責難。成玄英疏云：「類，似也。」問題在，話說得過分，聽起來就欠缺真實感，誇大等同虛妄，就沒有人相信。成玄英疏云：「莫，致疑貌。」實則，當「沒有人」解最貼切。可信度被質疑，宣穎云：「殃，兩邊歸咎。」那麼一定歸咎於居間傳言的使者。所以，自古傳下來的格言說道：僅傳達人之常情，而不傳達過分的話，「幾」當「庶幾」解，釋德清云：「庶幾免禍。」那或許可以保全自身。

孔子引導葉公子高，傳達使命要不擇無心，過濾掉雙方過分好感或過度責難的情緒語言，而回歸平實，才不會因過甚其辭，而讓人不相信。不僅可以保全自身，也可以保有雙方既有的邦誼。否則，雙方互信動搖，就會拖帶出列國間「以巧鬬力」的情勢，「巧」是巧智，「鬬力」是相互較勁，此即縱橫捭闔的權謀算計。剛開始還可以光明正大，到最後卻流於陰謀詭計，智巧過度就不擇手段了。成玄英疏以「喜怒」說「陰陽」，不如郭嵩燾云：「凡顯見謂之陽，隱伏謂之陰。鬬巧者必多陰謀，極其心思之用以求相勝也。」酒席宴會上相互以禮敬酒，開始時保有禮數敬意，到最後卻主客名分亂成一團，場面失控就沒有格調可說了。宣穎云：「諒，誠信；鄙，鄙詐。」人間事也是如此，剛開始還可以講誠信，到最後卻以鄙詐收場。俞樾云：「諒與鄙，文不相對。諒疑諸之誤，諸讀為都。」都鄙有如今之所謂城鄉或核心與邊陲之謂。「其作始也簡，其將畢也必巨」，天下爭端沒有不是以小事開端，演變到最後，卻釀成不可收拾的大災難。

「夫言者，風波也；行者，實喪也。夫風波易以動，實喪易以危」，言語會帶出風波，若發為行動則造成生命的傷害。成疏「實」當「實理」解，就道家而言，「實」在生命的本真。風之來波之起，在心中發酵，心知猜疑牽動人我之間的互信與友誼，此之謂「風波易以動」；實喪已由心知的執著，發為人為的造作，由言而行，危害的是生命的本真，此之謂「實喪易以危」。「故忿設無由，巧言偏辭。獸死不擇音，氣息茀然」，郭象注云：「夫忿怒之作無他由也，常由巧言過實，偏辭失當耳。」此「設」當「作」解，另成玄英疏云：「夫施設忿怒，更無所由。」此「設」當「施設」解。問忿何自起？起於「巧言偏辭」，「巧」在智巧，「偏」在過實，巧言自以為辯才無礙，可以靈活應對，卻偏頗失當。有如野獸受困，危及生命，已顧不了美音形相，而發出淒厲的叫聲，氣息有如雜草般的錯亂。「於是並生心厲。剋核太至，則必有不肖之心應之，而不知其然也。苟為不知其然也，孰知其所終」，到此地步，雙方同時生起害人之心，「剋核太至」就是用心太過，迫切且嚴苛的想去追究或察核真相，那一定會逼出乖戾之心來回應，而自身卻不知何以如此。假如自身都不知何以會如此回應，那又有誰能知後果會如何呢？

「故法言曰：『無遷令，無勸成。過度益也。』遷令勸成殆事。美成在久，惡成不及改，可不慎與」，此法言曰，有如「成而上比」，謂先賢留下來的教言如斯說，「遷」可當「遷就」解，亦可當「變遷」解，不要太遷就君上的詔命，或不要試圖改變君上的旨意，也不要加進自身的心思，意圖去說服勸成。因為，「遷就」就想去說服，而「變遷」意在勸成。此皆「過度」，超過被賦予的權限，此「益也」是憑藉自家的才學心思，介入其間。此變遷君命以勸成對方，所謂「殆事」，是不僅成事不足，抑且敗事有餘，猶恐後患無窮。「美成在久」，要成就任何美事，都要長時間的經營以保有雙方的邦誼互信，「惡成不及改，可不慎與」，若遷令勸成的執著造作，帶出風波實喪，根本就沒有修補的空間，請問可以不慎重其事嗎？

「且夫乘物以遊心，託不得已以養中，至矣」，此言人的存在處境，本來就是「心」在「物」中，存在的困局在「心」執著「物」，而解消困局的生命出路，在心不起執著，而釋放「物」，此之謂「乘物以遊心」，即「物」之有限而求「心」之無限，「心」寄身「物」中，而任心遨遊，「心」不僅寄身於有限的「物」中，且走在複雜的人間就是「託不得已」，「乘物」有「愛親」之「命」，「託不得已」有「事君」之「義」，「知其不可奈何」就是所謂的「不得已」。你不能讓它不發生，也不能要它停下來的權勢宰制。「養中」是養吾心之沖虛，此如老子所云：「多言數窮，不如守中。」（五章）「中」當「沖虛」解。就從「乘物」仍可「遊心」，「託不得已」仍可「養中」，而保有心靈虛靜，與生命的本真，說「至矣」，成玄英疏云：「運虛心以順世。」相當貼切。此開顯了修養工夫的最高境界。「何作為報也！莫若為致命，此其難者」，「作」當「作意」解，意謂總想多做點什麼，「莫若」當「不如」解，又何須作意於其間，期求有以報答君命，不如依實情傳達，而自身不介入，這正是在錯綜複雜中最難做到的明智之舉。郭象注云：「當任齊所報之實，何為為齊作意於其間哉！」「作意」就是有心有為，而人為造作適得其反，反而壞事。因為，溢言類妄，形同「災人」，遷令勸成，無異「益多」，皆「有而為之」，解消之道在「心齋」的「無」。

這一節行走人間的兩大難關，一在自我的愛親之命，二在天下的事君之義。從「不可解」的「命」，看「無所逃」的「義」，既無所逃也就等同不可解，而逼出一條安「義」若「命」之沒有出路的出路。而事君之義本質在「不擇事而安之」，仍得承受人道之患與陰陽之患的內外交逼，解消人道之患在「自事其心」而「忘其身」；解消陰陽之患在「託不得已」以「養中」，終歸在無心虛靜的修養工夫，正與上一段之「虛而待物」與「唯道集虛」，前後呼應。

# 第3章 面對權勢的兩全之道

## 一、形就心和的不入不出

顏闔將傅衛靈公太子，而問於蘧伯玉曰：「有人於此，其德天殺。與之為無方，則危吾國；與之為有方，則危吾身。其知適足以知人之過，而不知其所以過。若然者，吾奈之何？」蘧伯玉曰：「善哉！問乎！戒之慎之，正女身哉！形莫若就，心莫若和。雖然，之二者有患。就不欲入，和不欲出。形就而入，且為顛為滅，為崩為蹶；心和而出，且為聲為名，為妖為孽。彼且為嬰兒，亦與之為嬰兒；彼且為無町畦，亦與之為無町畦；彼且為無崖，亦與之為無崖。達之，入於無疵。

魯國賢人顏闔，將前往衛國擔任太子蒯聵的師傅，先請教衛國賢大夫蘧伯玉說，有這麼一個人，「其德天殺」，陳壽昌云：「得天獨薄。」也就是天生涼薄人，「方」，成玄英疏云：「法也。」「有方」是有行為規範，「無方」是無規矩法度，跟他相處而沒有規矩法度，那就會危害整個國家；帶他成長而以行為規範責求，那就會危害我自身。「其知」指涉的是他的反省能力，剛好到了過錯都在別人的認定，而從未省察過錯的癥結就在自己，像這樣的人，我又能對他如何？

「蘧伯玉曰：善哉！問乎！戒之慎之，正女身哉」，蘧伯玉答道，問得好，確是兩難，你要慎重面對，就從「正女身」做起，意謂修養你的身心，「正女身」如同「其神凝」與「一若志」，「正」在凝聚專注自身的心志，而其工夫源頭在「虛而待物」。「形莫若就，心莫若和」，外表要能隨順，內心要能調和，「形莫若就」是沒有比隨順更好的處世態度，「心莫若和」是沒有比調和更好的人生智慧。「雖然，之二者有患。就不欲入，和不欲出」，雖然說沒有比它更好，「之」當「此」解，此二者指謂的是「形莫若就」與「心莫若和」，「有患」是有它的後遺症。「就不欲入」，是形可以隨順，卻不能陷落；「和不欲出」，是心可以調和，卻不能凸顯。「形就而入，且為顛為滅，為崩為蹶；心和而出，且為聲為名，為妖為孽」，理由在，若形體因隨順而陷落，「且」是將然之辭，恐將帶來國家的顛覆絕滅，與崩頹倒塌；心靈因調和而凸顯，恐將引發自身的聲名掩蓋權貴，而轉為妖孽的罪責。「形就而入」有如「益多」，「心和而出」等同「災人」，「益多」則「危國」，「災人」則「危身」，此亦兩難。

「彼且為嬰兒，亦與之為嬰兒；彼且為無町畦，亦與之為無町畦；彼且為無崖，亦與之為無崖。達之，入於無疵」，對方故作嬰兒般的天真無知，你也跟他一起童言無忌；「町畦」是「田界」，對方言行毫無界限軌範，你也跟他一起放開自在；「崖」是「畔岸、涯際」之意，對方的表現什麼都不在乎，你也跟他一起不計較。「達之」，「達」當動詞用，在「不入」也「不出」的修養工夫之下，達彼之心是跟他的心同在，達彼之氣是跟他的氣同行。你不在他之外，「無疵」有雙重意涵：一是不能挑師傅的過錯，不會危及吾身；二是將事實義之被現象困住的嬰兒，引領而為價值義之修養境界的嬰兒，那就不會危害吾國。這一段各家無善解，惟王船山做出檢別，云：「彼喜怒無常如嬰兒，吾之不識不知亦嬰兒也；彼之蕩閑踰檢無町畦，而吾之彼此不隔亦無町畦也；彼之卑下為無崖，吾之若谷若水亦無崖也。不入不出，兩無疵焉！」若未做出此一區隔，那無異是形就而入，一起陷落而危吾國，也心和而出，得罪權貴則危吾身了。故謂「兩無疵焉」，此說堪稱獨到。形就心和，不會引來權勢的反撲，不入不出，自我不陷落不凸顯，此由兩難的困境中超離，而開發出兩全之道。

## 二、怒臂以當車轍的意至愛亡

汝不知夫螳螂乎？怒其臂以當車轍，不知其不勝任也，是其才之美者也。戒之，慎之，積伐而美者以犯之，幾矣！汝不知夫養虎者乎？不敢以生物與之，為其殺之之怒也；不敢以全物與之，為其決之之怒也；時其飢飽，達其怒心。虎之與人異類而媚養己者，順也；故其殺者，逆也。夫愛馬者，以筐盛矢，以蜄盛溺。適有蚊虻僕緣，而拊之不時，則缺銜、毀首、碎胸。意有所至而愛有所亡。可不慎邪！」

底下舉例說明：像螳螂奮舉牠有如斧頭的雙臂，去對抗車輪的輾壓，卻不知自己能力不足以承擔重任，「是」當「恃」解，林雲銘云：「是，自是也。」這是依恃自家天生的美材利器所造成的悲劇。「戒之」是引以為戒，「慎之」是慎重以對。成玄英疏云：「積，蘊蓄也；而，汝也；幾，危也。」實則，「積伐」是老是誇耀，「而美者」是你的美材；「以犯之」是用來與權勢對抗，「幾矣」是那就置自身於險地。

再看養老虎的人家，不敢以活生生的動物做為牠的食物，為的是怕激起牠獵殺的天生本能；也不敢以整全的小動物做為牠的食物，為的是怕喚起牠撕裂的原始野性。「時其飢飽」，「時」當動詞用，察知老虎飢飽的感覺，「達其怒心」，郭象注云：「知其所以怒而順之。」成玄英疏云：「知飢飽之時，達喜怒之節。」意謂抓到牠即將暴怒的時刻，適時的給牠食物，而撫平牠的情緒。老虎跟人是不同類的存在，卻可以討好給自己食物的人，理由就在隨順牠的感覺，與牠的怒心同在，與牠的飢餓感同行，此之謂「達」。「故其殺者，逆也」，老虎之所以會殺傷人，原因就在人的執著造作，而逆反它的飢餓感與怒心之故。

「夫愛馬者，以筐盛矢，以蜄盛溺」，愛馬的人，以竹筐盛馬屎，「矢」同「屎」，「蜄」是蛤類，指謂的是以蜄做為美飾的泥器，就以泥器來盛馬尿，「溺」即「尿」。「適有蚊虻僕緣，而拊之不時，則缺銜、毀首、碎胸」，「僕」，王念孫云：「僕之言附也，言蚉虻附緣於馬體也。僕與附，聲近而義同。」成玄英疏云：「拊，拍也。」「不時」是出其不意，郭象注云：「雖救其患，而掩馬之不意。」此言養馬者愛馬心切，碰巧有蚊虻附著馬體，出其不意間用手拍擊，就帶來了缺銜、毀首、碎胸的嚴重後果。宣穎解三者皆受驚嚇，躍起而毀碎了口銜與胸首之飾，成玄英疏云：「馬缺銜勒，挽破轡頭，人遭蹄踢，毀首碎胸者也。」此言後果在馬缺銜，而人毀首碎胸，船山解亦持此說。不過，看上下文一貫而下，不該一分為二，故宣穎解較為恰當。「意有所至而愛有所亡。可不慎邪」，人心意一急切，原本的「愛」因執著而扭曲，因造作而變質，成玄英疏云：「亡，猶失也。」馬感受不到人的善意，逼出自我防衛的本能反應，吾人可以不慎重以對嗎？「意有所至，愛有所亡」，宣穎解為：「怒心忽至，忘人愛己」，此就「馬」的反應說，不貼切；實則，這句話就人的真切反省說，較切當。

宣穎謂從篇首至此，「忘身也，養中也，順也。處世如此其多方乎？看來忘身亦虛也，養中亦虛也。順之一字，直入天仙化人，隨方渡眾，胸中無半絲隔礙，又虛之至也。人間世之本領如是。」綜合觀之，皆歸結為「虛而待物」的「心齋」工夫。

心虛靜明照即透顯光明，吉祥美好一如溫暖的陽光。

## 第4章 回歸無用本身的大用

### 一、寄身神社的散木櫟樹

匠石之齊，至於曲轅，見櫟社樹。其大蔽數千牛，絜之百圍，其高臨山十仞而後有枝，其可以為舟者旁十數。觀者如市，匠伯不顧，遂行不輟。弟子厭觀之，走及匠石，曰：「自吾執斧斤以隨夫子，未嘗見材如此其美也。先生不肯視，行不輟，何邪？」曰：「已矣，勿言之矣！散木也，以為舟則沉，以為棺槨則速腐，以為器則速毀，以為門戶則液樠，以為柱則蠹。是不材之木也，無所可用，故能若是之壽。」匠石歸，櫟社見夢曰：「女將惡乎比予哉？若將比予於文木邪？夫柤梨橘柚果蓏之屬，實熟則剝，剝則辱；大枝折，小枝泄。此以其能苦其生者也，故不終其天年而中道夭。自掊擊於世俗者也，物莫不若是。且予求無所可用久矣，幾死，乃今得之，為予大用。使予也而有用，且得有此大也邪？且也，若與予也皆物也，奈何哉其相物也？而幾死之散人，又惡知散木！」匠石覺而診其夢。弟子曰：「趣取無用，則為社何邪？」曰：「密！若無言！彼亦直寄焉，以為不知己者詬厲也。不為社者，且幾有翦乎！且乎，彼其所保與眾異，而以義譽之，不亦遠乎！」

---

有工匠名石，「之」當「往」解，前往齊國，路過大彎道，故以曲轅為名，看到做為神社的櫟樹。這棵樹的大，樹蔭可以遮蔽數千頭的牛，樹幹要以百人合圍來度量。它的高越過山頭十仞才長出枝幹，可以用來做為舟船的，方且以十做為單位來計數。俞樾云：「旁，讀為方，古字通用。……言可以為舟者且十數也。」此說可從。另說「旁」是旁枝，已說枝再說旁枝，實屬多餘。「旁」亦可讀「傍」，傍當「近」

解，亦可解通。「觀者如市」，是觀賞者群集有如鬧市，而這位工匠老大，卻一直前行而未見回頭。

眾弟子飽看觀賞，再追上匠石，請教說：「從我們手執斧頭柴刀追隨師傅以來，從未看到如此美材的大樹，先生卻看都不看，不停前行，請問為什麼？」匠石回答說：「已矣，勿言之矣！散木也，以為舟則沉，以為棺槨則速腐，以為器則速毀，以為門戶則液樠，以為柱則蠹。是不材之木也，無所可用，故能若是之壽。」成玄英疏云：「已，止也。」意謂算了吧，別再說了，那是一棵沒用的木材。做為舟船會下沉，做為棺槨會快速腐朽，做為器具會很快壞掉，做為門戶會滲出脂液，做為梁柱就會為蠹蟲所腐蝕。它是一棵無所可用的木頭，就因為沒有什麼用，才能活那麼久，長那麼大。蠹，是「木中蟲」，會將梁柱囓蝕成空。

匠石回家，做為神社的櫟樹前來託夢，抗議說：你想把我比喻成什麼呢？你想把我看做有用的木頭嗎？像柤梨橘柚等木實草食的果類嗎？散木是無用之木，文木則為有用之木。問題在，有用之木就會引來柴刀斧頭的砍伐，就好像果實一成熟，就會引來眾人的剝取擊落。陳壽昌云：「剝，擊落也。」俞樾云：「泄，當為抴，抴，牽引也。」剝落等同受辱，大枝被折斷，小枝被拉引，這都是自身的材能所帶來的困苦，所以不能享有天年，而中道夭折。「自掊擊於世俗者也，物莫不若是」，此皆由自身的材用而引來世俗的拍擊，天下萬物立身人間的處境與困苦，沒有不如是的。「且予求無所可用久矣，幾死，乃今得之，為予大用」，在此語氣一轉，而自我剖白，世俗民間皆求有所可用，而被「用」綁住套牢，說自身的大徹大悟，在求無所可用，「求」是修養的工夫，此一如孟子所謂的「求則得之」，求的是本心良知的當家做主，而莊子的「求無所可用久矣，乃今得之」，求的是解消世俗民間之用的生命大用。意謂長久以來我所做的是讓自身無所可用的工夫，「乃今」是「於今」，到了今天總算有了成果，「得之」是生命得到釋放，而回歸自身的大用。「使予也而有用，且得有此大也邪」，假使我也不能免俗，落在有用的價值宰制間，我還能長得這麼高大嗎？不就老早被砍掉了嗎？「且也，若與予也皆物也，奈何哉其相物也？而幾死之散人，又惡知散木」，再說你與我都同屬身而為物的存在，「相」當「看」解，你怎麼會視我為物呢？我看你是被世俗民間之用所困住的無用散人，又怎能理解我修養求得之無用之用的散木呢？此意謂散人與散木分屬不同的層次，散人是有用之用的人間小用，散木則是無用之用的生命大用。

此等同嚴重抗議，匠石從夢中醒來，將夢境情節跟眾弟子說。成玄英疏云：「診，占也。」王念孫云：「案下文皆匠石與弟子論櫟社之事，無占夢之事。『診』當讀為『畛』。……畛與珍，古字通。此謂匠石覺而告其夢於弟子，非謂占夢也。」此說明確，「畛」當「告」解。弟子說出心中困惑：「它既趨取無用，那麼為什麼還要寄身於神社呢？」郭象注云：「社自來寄我，非此木求之為社也。」此說是常識性的理解，寓言更藏有深意。

「曰：密！若無言！彼亦直寄焉，以為不知己者詬厲也。不為社者，且幾有翦乎」，成玄英疏云：「詬，辱也。」司馬彪云：「厲，病也。」「密」是「給我閉嘴」，「若無言」是你不要再說了，何以故？因為它老兄晚上又要來夢中抗議了。它只是寄身於此，好讓不了解自己的人，可以詬病辱罵自己，就算不寄身在神社，你以為它就會被翦伐嗎？它靠的是自身的修養工夫，而不是神社的庇佑啊！「且乎，彼其所保與眾異，而以義譽之，不亦遠乎」，「譽」當「喻」解，它保全自身之道與世俗眾人大不同，你以常理俗解來說它，不是落差太大嗎？

此中「以為不知己者詬厲也」，大有深意，因為託庇神社，而無自家修養做為保證，那不僅有待，且是靠不住的。原來，讓天下人詬病，算是自我隱藏的最佳良方。

## 二、不材之木的神用大祥

南伯子綦遊乎商之丘，見大木焉，有異：結駟千乘，隱將芘其所藾。子綦曰：「此何木也哉！此必有異材夫！」仰而視其細枝，則拳曲而不可以為棟梁；俯而視其大根，則軸解而不可以為棺槨；咶其葉，則口爛而為傷；嗅之，則使人狂酲三日而不已。子綦曰：「此果不材之木也，以至於此其大也。嗟乎神人，以此不材！」宋有荊氏者，宜楸柏桑。其拱把而上者，求狙猴之杙者斬之；三圍四圍，求高名之麗者斬之；七圍八圍，貴人富商之家求樿旁者斬之。故未終其天年，而中道夭於斧斤，此材之患也。故解之以牛之白顙者，與豚之亢鼻者，與人有痔病者，不可以適河。此皆巫祝以知之矣，所以為不祥也。此乃神人之所以為大祥也。」

南伯子綦，即〈齊物論〉的南郭子綦，「伯」為長，尊稱其人，遊於商丘，看到一棵非比尋常的大樹，「隱將」可能是「將隱」的誤倒。陳壽昌云：「芘通庇，藾，蔭也。謂其枝所蔭，千乘可隱而芘也。」奚侗云：「隱、庇同義，所以用作連詞。」「結駟」是每車連結四匹馬，謂其蔭可以隱庇千乘馬車藏於其下。子綦大感驚奇的說道：這到底是何種樹木，一定有它天生獨有的材質吧！仰頭看它的細枝，有如握拳般的卷曲，不可能做為棟梁，再俯視其主幹根部，會從軸心一圈圈解開散落，不可以做棺槨之用，咶通「䑛」，䑛其葉就口爛受傷。成玄英疏云：「酲，酒病也。」嗅其味道，就會狂醉三天而不止。子綦就觀察所得下一個論定，這果真是一棵沒有用的木頭，才會長得這般的大。啊！原來所謂的神木，就憑藉讓自己無所可用的修養，才能修成正果的吧！〈逍遙遊〉所說的「神人無功」，「不材」就是「無功」，不求有用與無掉心知對事功的執著，意涵等同，「不」與「無」都是放下解開的工夫字眼。

另說一例：宋國有荊氏這個地方，適宜栽種楸、柏、桑之類的樹木。「拱」是雙手合握，「把」是一手可握，樹幹有拱把那麼大的，求繫獮猴之橛的人就可以前來截斷取用，宣穎云：「杙，橛也。」三、四個人合圍那麼大的樹幹，陳壽昌云：「高名謂高門名家也；麗通欐，屋棟也。」求豪門大戶之棟梁的人，就可以前來砍斫取用；七、八個人合圍那麼大的樹幹，宣穎云：「樿旁，棺之全一邊者。」權貴富商求以整片木材用來做棺木的人，就可以前來鋸剖取用。所以皆未能安享天年，被斧頭柴刀砍斫，而中道夭折。這是自身材用引來的大患。

「故解之以牛之白顙者，與豚之亢鼻者，與人有痔病者，不可以適河」，所以在祭拜河神的時候，額頭白的牛，鼻子高的豬，與生痔病的人，色不純、相不美與身不全，皆屬不祥，所以不可以沉河以祭。「解」是「解免」，舊注有謂祭祀之名，用以解禍求福，看上下語文脈絡，當是此三者自身之不祥，而獲得解免，凡此皆巫祝已知之事，「以」當「已」解。因其不全，所以被視為不祥。「此乃神人之所以為大祥也」，原來這就是神人以不祥，而成其自身之大祥的道理所在。不祥而為大祥，有如老子「不德有德」，且為上德，與莊子〈齊物論〉不仁所以為大仁的道理完全等同，不德、不仁的「不」，是自我解消的工夫，此作用層的化解，可以作用的保存德與仁的實有，且更上層樓的成全更崇高的上德，與更開闊的大仁。

這一段前半說有材之患，後半說不祥所以為大祥，一正一反，而兩相呼應。

## 三、支離其德的終其天年

支離疏者，頤隱於臍，肩高於頂，會撮指天，五管在上，兩髀為脅。挫鍼治繲，足以餬口；鼓筴播精，足以食十人。上徵武士，則支離攘臂而遊於其間；上有大役，則支離以有常疾不受功；上與病者粟，則受三鍾與十束薪。夫支離其形者，猶足以養其身，終其天年，又況支離其德者乎！」

「支離疏」不是姓氏，而是形體不全之貌，此寓言就以其形貌稱之。「頤」是臉頰，卻藏在肚臍邊；肩膀不可思議的高於頭頂。「會撮指天」，成玄英疏云：「會撮，髻也。古者髻在項中，脊曲頭低，故髻指天也。」因背駝而頭向下，故向後的髮髻，反而指向天。「五管在上」，宣穎云：「背屈則五臟之管向上。」「兩髀為脅」，「髀」是「股」，「脅」是腋下，兩股升上腋下。看這段體形支離的描述，連卡通漫畫都難以繪出圖像，充分透顯出莊子無邊的想像力與創作靈感，與對人間天殘地缺者的廣大同情，而給出自在存活的空間。成玄英疏云：「挫鍼，縫衣也；治繲，洗浣也。」別看他形體扭曲，卻依然可以為人縫衣與洗衣，可以填飽自己的肚子，「鼓筴播精」有二說：司馬彪云：「鼓，簸也，小箕曰筴。」林希逸云：「以箕簸米也，播去其粗，而得精米。」另說，崔譔云：「鼓筴，揲蓍鑽龜也；播精，卜卦占兆也。」也就是街頭賣卜之意，兩說以前說為佳，依舊以殘缺之身，尚足以養活一家十口人。君上徵召武士，大男人走避惟恐不及，支離疏卻可以高舉雙臂，在街頭悠遊行走；君上徵用勞役，支離疏也因形殘而可以免去徭役之苦。君上救濟病苦的人，可以領得三鍾的米糧，與十捆的薪柴。六斛四斗為一鍾，想來生活可以無缺了吧！

「夫支離其形者，猶足以養其身，終其天年，又況支離其德者乎」，支離其形的人，是天生的殘缺，支離其德的人，卻是後天的修養有成，莊子就從「支離其形」的自在，來烘托支離其德的美好。說支離其形的人，尚且可以養活自身，活出天生而有的年歲，又何況是支離其德的人，豈不是更海闊天空，任意遨遊嗎？

「支離其德」，就是老子所說的「不德」，「支離」與「不」，都是心知的化解，解消自以為有德的執著，避開執著的負累，與對他人形成的壓迫，因為負累會累垮，壓迫成了迫害，這是德行的自我異化，自己反對自己，故只有克服「正」面所帶出的「反」面，加上一個「不」，或說是「支離」，此不執著無負累，不造作無迫害的智慧，就可以將德行修養推向一個更高正面的「合」，這就是辯證的超越，在「不德」的克服反面中，不僅作用的保存本有的德，且更上層樓的成就了「上德」。

「支離其德」就是〈養生主〉的刀刃無厚，也是「心齋」工夫的「虛而待物」，前者以無厚入有間，可以解開人世間的複雜，後者在虛靜觀照中，照現每一個人的真實，也生出每一個人的美好。故以「又況支離其德者乎」作結，以顯發「支離」工夫的無窮妙用。

## 四、猖者不爲的狂者形相

孔子適楚，楚狂接輿遊其門曰：「鳳兮鳳兮，何如德之衰也！來世不可待，往世不可追也。天下有道，聖人成焉；天下無道，聖人生焉。

方今之時，僅免刑焉。福輕乎羽，莫之知載；禍重乎地，莫之知避。已乎已乎，臨人以德！殆乎殆乎，畫地而趨！迷陽迷陽，無傷吾行！吾行卻曲，無傷吾足！」山木自寇也，膏火自煎也。桂可食，故伐之；漆可用，故割之。人皆知有用之用，而莫知無用之用也。

此段寓言，由《論語・微子》「楚狂接輿歌而過孔子」改造過來。「適」當「往」解，孔子前往楚國，而楚地正是道家思想的原鄉。接輿是隱者，而隱者在人間隱退，當該是有所不為的狷者，卻謂之「楚狂」，而狂者進取，此狂者形相，不知從何而來。實則，隱者接輿，說是楚狂，他的狂寄託在孔子的身上。孔子周遊列國，他可以緊追在孔子車隊的後面，故以「接輿」為稱，且歌而過的諷勸孔子，你說他狂不狂？狂者是狂妄，而狷者之狂，集狂狷於一身，堪稱狂得可愛。《論語》寫接輿歌而過孔子，莊子寫接輿遊其門，可見莊子已失落了「接輿」這一稱號之描述其行誼的意涵。因為「遊其門」就不能說是「接輿」了。儘管如此，高歌諷勸孔子的情節依舊，歌詞則略有變動。「來世不可待，往世不可追也」貼近原本的「往者不可諫，來者猶可追」，只是上下句顛倒而已！原本的「已而，已而，今之從政者殆而」，轉為「天下無道，聖人生焉」，「從政者殆」就是「天下無道」，而「已而，已而」給出的正是「聖人生焉」的可能空間。此段寓言的歌詞長了許多，下文還有「已乎已乎」，與原本的「已而，已而」，語氣意涵完全等同，「從政者殆」，你還「臨人以德」，豈不是落在「殆乎殆乎」的無奈結局嗎？只是原本的「殆」說的是從政者，而寓言的「殆」，勸諫的是孔子。最大的更動在將原本的「何德之衰」，修正而為「何如德之衰」，這是莊子的神來之筆，一字之差，透顯出莊子對孔子發自內心的崇敬之情。

因為「何德之衰」，此德衰說的是孔子，孔門弟子將接輿諷刺的話如實的記載下來，莊子改寫為「何如德之衰」，此德衰說的卻是孔子的時代政局，也就是所謂的天下無道之世。不是說鳳鳥被染成了烏鴉，而是說高潔如孔子，又其奈無道亂世何！此少了諷喻之意，而多了惋惜之情。「來世不可待，往世不可追」，未來的年代不可預期，過往的時代已無可追回，人僅能在生命的每一當下，做出存在的抉擇。「天下有道，聖人成焉；天下無道，聖人生焉」，不論是天下有道，還是無道，聖人一如天地，總是要生成天下百姓。分別在，有道時所「成」的是外王的志業，無道時所「生」的是內聖的修養，這才是聖人的本色。〈天下〉篇有云：「神何由降？明何由出？聖有所生，王有所成，皆原於一。」天上與人間正兩相呼應。「方今之時，僅免刑焉」，知識分子立身當世，僅能免於刑害，這是天下無道的真實寫照。「福輕乎羽，莫之知載；禍重乎地，莫之知避」，「莫之知載」是「莫知載之」，「莫之知避」是「莫知避之」，文言文否定句受詞提前。不求用世的保身福報，比羽毛還輕，卻不知要抓住擁有，從政者殆的災禍，比大地還重，卻不知要避開逃離。「已乎已乎，臨人以德！殆乎殆乎，畫地而趨」，「已」當「止」解，停下你前進的腳步吧，不要再凸顯你的德行了！「殆」是「危殆」，別再執迷不悟了，悶著頭往前衝，那可是很危險的。「迷陽迷陽，無傷吾行！吾行郤曲，無傷吾足」，陳壽昌云：「迷陽，多刺之草。」徧地荊棘，不要妨礙了人生的行程；「郤」可解為「後退」或「尋隙」，行走人間要退卻迂迴，不要傷害了自己的行腳。

　　底下做了一個總結，「山木自寇也，膏火自煎也。桂可食，故伐之；漆可用，故割之。人皆知有用之用，而莫知無用之用也」，山中木是因為有材用，才引來工匠砍斫它自己，膏油可以當燃料，才引來眾人燃燒它自己。桂圓可口，所以引來摘取，漆供器用，所以引來切割。天下人都知道有用的用，卻沒有人知道無用的用。「有用」是心知執著「用」的標準，並人為造作責求自己去符合世俗功利的標準，來證明自己是個有用的人。像這樣的有用之用，都被人間街頭的「用」綁住，被當作工具般的為世俗所用，而失落了生命本身的用。翻轉之道，就在「無」掉世俗功利的標準，解消「用」的標準，不被綁住，不被當成工具般的運用，而回歸自己生命的大用。「有用之用」，逼得天下人流落街頭，成了無用的人；「無用之用」，讓每一個人回歸自身，成全生命本身的大用。故「有用之用」，在心知執著與人為造作之下，不管是有用還是無用，不管是大用還是小用，通通是小用；因為被綁住被套牢，此之謂存在的迷失與價值的失落。「無用之用」，從「用」的標準中鬆綁釋放，存在不迷失，價值不失落，人人回歸生命自身，且成全生命自身的大用，這才是真正的大用。

# 德充符第五

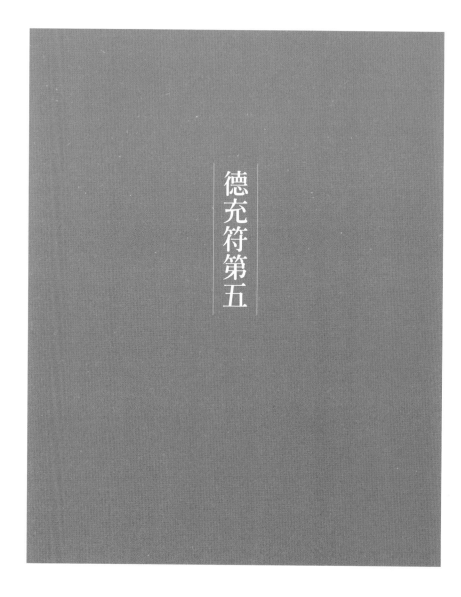

## 【解題】

德充符者，德充於內，而符應於外。德充於內，是工夫論的意涵；而符應於外，則是修養工夫所開顯的理境。依老子之說，德充於內，是由「不德」的工夫修養，而保有本德天真，此之謂「上德不德，是以有德」（三十八章）。就莊子而言，「不德」就是「德不形」於外。「不德」重在解消「德」的執著負累，「德不形」重在不以德行壓迫別人而引生反感，甚至對抗。

所謂「符應」，有如兵符剖成兩半，一在朝廷君上手中，二在邊防大將身上，將在外君命所以容許有所不受，理由在，相距萬里之外，一者可能假傳聖旨，再者，令到之日，情勢可能已然改觀，而失去時效。真的軍情緊急，為了證明果真來自君上的旨意，故以各持一半的兵符，來做驗證，看是否完全符合，以避免仿冒作假，而誤了軍機大事。人與人之間，由不德而有德，雙方的本德天真，在人間相遇，就如兩半的兵符完全符合，而了無間隙，此之謂符應於外。莊子就由此說「才全」。「才」是草木之始生者，儒家是人之初、性本善，道家是人之初、天本真，此為存有論意義的「本德天真」。故從「德不形」說才全，德不形於外，也就是德充於內；再從符應於外說才全，人活一生，仍保有天生本真，堪稱此生最大的道行。

德充符的「符」，與〈人間世〉的「心止於符」的「符」，分屬不同的層次，前者就無執著無分別的「道心」說，後者就有執著有分別的「成心」說。從「成心」說的「符」，是責求天下人符合我心知執著的價值標準，如同世俗民間所說的畫符唸咒，旨在控制外物，此與德充於內，而符應於外的虛而待物，迥然有別。前者是有心有為的權力宰制，後者是無心無為的一體和諧。

郭象注云：「德充於內，應物於外，外內玄合，信若符命，而遺其形骸也。」此說深得其旨。充於內之德，是不德無心，應物於外，是虛而待物，亦即由虛靜觀照而照現萬物。不德無心是「無」，照現萬物是「有」，又「有」又「無」則是「玄」，「玄合」就是玄同於道，此內外玄合，有如符命般的一體無間，「遺其形骸」意謂解消心知，而釋放生命，形骸不再成為生命的負累。王船山云：「充者，足於內也；符者，內外合也。」可能上承郭注之義。

德充於內，而符應於外，保有天生本真，是此生最大的道行。（攝影：鄭明禮）

## 第1章 唯止能止衆止的兀者王駘

### 一、任化守宗的道心德和

魯有兀者王駘，從之遊者，與仲尼相若。常季問於仲尼曰：「王駘，兀者也，從之遊者與夫子中分魯。立不教，坐不議，虛而往，實而歸。固有不言之教，無形而心成者邪！是何人也？」仲尼曰：「夫子，聖人也，丘也直後而未往耳。丘將以為師，而況不若丘者乎！奚假魯國！丘將引天下而與從之。」常季曰：「彼兀者也，而王先生，其與庸亦遠矣。若然者，其用心也獨若之何？」仲尼曰：「死生亦大矣，而不得與之變，雖天地覆墜，亦將不與之遺。審乎無假而不與物遷，命物之化而守其宗也。」常季曰：「何謂也？」仲尼曰：「自其異者視之，肝膽楚越也；自其同者視之，萬物皆一也。夫若然者，且不知耳目之所宜，而遊心乎德之和；物視其所一而不見其所喪，視喪其足猶遺土也。」

成玄英疏云：「刖一足曰兀。」魯國有一位被砍掉一隻腳的兀者，名字叫王駘，追隨他遊學的人，與孔子相當。以常季為稱號的先生，請教孔夫子。王元澤云：「常者習其庸常，季者物之少稚，以其庸常少稚，而不足以知聖人，故曰常季，此莊子制名而寓意也。」此為莊子設問，而由孔子代言，以烘托道家聖人形相。常季也可以有四季常青的寓意，由他提問，較具分量。說：王駘是少了一隻腳的殘缺人物，有一半的魯國人跟他學習，可與先生分庭抗禮，看他立時不說教，坐時也不議論，完全沒有顯現自己的光采，但追隨他的人，什麼都沒有的前往，卻什麼都有的回來，本來以為自家一無所有，看到王駘，才體悟到原來自己什麼都不欠缺。請問夫子，人世間本來就有無須說些什麼教誨的話，而讓對方在無形中已心生感應的嗎？他到底是怎麼樣的一個人？

孔子回答說：王駘先生是一個聖人，我孔丘也只是一時落後，還沒有前往求教罷了。我將拜他為師，何況是德行不如我的人呢？宣穎解「奚假」為「何但」，意謂何只魯國，我將引領天下人，跟我一起去向他學習。這是莊子寓言中最委屈孔子的一段話，雖是寓言，但總不能讓孔子說出有失身分，且貼近商業廣告的話。說「丘將以為師」，以孔子的好學來說，還算合理，至於「而況不若丘者乎」，與「丘將引天下而與從之」，則完全不像孔子這個人會說出來的話，且悖離儒學「為仁由己，而由人乎哉」的基本立場。莊子為了拉高道家的氣勢，而如斯的委屈孔子，未免雕琢過甚，堪稱少見的敗筆。

「常季曰：彼兀者也，而王先生，其與庸亦遠矣。若然者，其用心也獨若之何」，常季再進一步問說，他只是一個殘缺的人，而聲勢超過先生。成玄英疏云：「王，盛也；庸，常也。」像他這樣的人，一定比平常人高明許多吧！能夠修到這種境地的人，他一定有他獨特的用心所在吧！「仲尼曰：死生亦大矣，而不得與之變，雖天地覆墜，亦將不與之遺。審乎無假而不與物遷，命物之化而守其宗也」，死生是人生最大的關卡，生命可不能因為有生必有死，就有所改變吧！就算是天覆地墜，生命也不能隨之而失落了本有的真實吧！此成玄英疏云：「遺，失也。」「審乎無假」，郭慶藩云：「無假，當是無瑕之誤，謂審乎己之無可瑕疵。」此說跟上下文連貫不起來。宣穎云：「能知真宰。」較能與下文之「守其宗」相應，而「不與物遷」亦可與「命物之化」兩相對應。「審乎無假」與「守其宗」指謂的是生命主體，說「真君」可能比「真宰」更貼切，因為說「宰」，不免有宰制的意味，故「命物之化」，宣穎就解為「主宰物化」，此已偏離道家「不生之生」與「不主之主」的生成原理。老子有云：「生而不有，為而不恃，長而不宰，是謂玄德。」（五十一章）「生而不有」就是「不生之生」，「長而不宰」就是「不主之主」，說主宰物化，等同氣化論。陳壽昌解為「認定主宰」，是順成宣穎的說解。故仍以〈齊物論〉之「其有真君存焉」，說「真君」即是「無假」，且可與〈養生主〉之「生主」，兩相印證，較不會引生錯誤的聯想。人物有死生，天地會覆墜，皆是氣化邊事，就天道之生成原理，與真君之主體觀照而言，可不與之變，不與之遺，故從「審乎無假」的「真君」說「不與物遷」，從「守其宗」的天道說「命物之化」。〈天下〉篇有云：「以天為宗。」可為佐證。此「命」可當「順任」，此幾句話正詮釋王駘獨特的用心所在。

「常季曰：何謂也？仲尼曰：自其異者視之，肝膽楚越也；自其同者視之，萬物皆一也」，常季請孔子再貼切人生做出解釋。孔子回答說，從萬物相異的觀點看，同屬一體的肝膽，也如同楚越兩國般的距離遙遠，從萬物相同的觀點看，千差萬別的萬物，也可以是一體無別的。能像這樣以道心混同萬物，而不以成心來區隔萬物的人，「且不知耳目之所宜，而遊心乎德之和」，「且」當「尚且」講，「所宜」是「所好」，如好好色，惡惡嗅的官能好惡，重點在「不知」，無執著無分別之謂，既解消了心知，而釋放了生命，體現了物我兩忘、情景交融的一體和諧之境，「遊心乎德之和」

有如〈齊物論〉的「萬竅怒呺」，既活出人籟之真，又共成地籟之和。道家從無心、無知、無為說「遊」，無心是無道德的理想擔負，無知是無知識的研發壓力，無為是無實用的利害考量，不是德性心，不是認知心，也不是實用心，那就是照現生命本身的美感心靈。萬物沒有隱藏，也不必壓抑，更無須偽裝作假，人人以真實的面貌出現，也就是以美感的姿態朗現在天下人的眼前。此之謂「遊心乎德之和」。「物視其所一而不見其所喪，視喪其足猶遺土也」，從萬物的本真一體看，而不從萬物的形體萬殊看，王駘看自身少了一隻腳，就像塵土飄落大地一樣的不放在心上。

## 二、鑑於止水的常心不知

常季曰：「彼為己，以其知，得其心；以其心，得其常心，物何為最之哉？」仲尼曰：「人莫鑑於流水而鑑於止水，唯止能止眾止。受命於地，唯松柏獨也在，冬夏青青；受命於天，唯舜獨也正，幸能正生，以正眾生。夫保始之徵，不懼之實。勇士一人，雄入於九軍。將求名而能自要者，而猶若是，而況官天地，府萬物，直寓六骸，象耳目，一知之所知，而心未嘗死者乎！彼且擇日而登假，人則從是也。彼且何肯以物為事乎！」

孔子詮表王駘的用心，在「不知」的化解工夫，而開顯遊心乎德之和的境界。此即常季所體認的「彼為已」，「彼」指謂王駘，「為」是人為造作，「已」是「止」，也就是一切從心知執著所帶動的人為造作，皆歸於止息。「以其知，得其心」，是體悟「知」的主體在「心」，而「知」的本質是執著，造作由執著來，而執著由心知來，此尋求「知」的源頭在「心」，此即王船山所云：「知生於心，還以亂心。」故工夫在心上做。「以其心，得其常心」，因為「心」有「知」的作用，故「不知」端在「無心」，此無掉心知的執著，就回歸「心」本來的虛靜，此之謂常心。陳壽昌云：「以其知得其心，即所謂審乎無假，以其心得其常心，即所謂不與物遷。」此說對了一半，以其知得其心，是找到了病的癥結，以其心得其常心，才是開出了對治的藥方。故「審乎無假」的真君，就是常心，而常心即不與物遷，不隨物象而遷化。這一段話，郭象注本的斷句出了大問題，「彼為已以其知，得其心以其心。得其常心，物何為最之哉」，在如斯詭異的斷句之下，這段話幾成不可解。郭象注云：「嫌王駘未能忘知而自存。」成玄英疏云：「王駘修善修己，猶用心知。」將「已」讀為「己」，此將「為己」解為「修己」，再言修己猶用「心知」，且「得其心以其心」，郭象注云：「嫌未能遺心而自得。」成玄英疏云：「猶用心以得心也。……若以心知之術而得之者，非真得也。」最後，「得其常心，物何為最之哉」，成玄英疏云：「得真常之心者，因當和光匿耀，不殊於俗。豈可獨異於物，使眾歸之者也。」此整段下來，皆採負面的解釋，好像在數說王駘的罪狀，此解與上文所說的「虛而往，實而歸」，與「不知耳目之所宜，而遊心乎德之和」的義理，嚴重抵觸。

實則，在孔子的詮釋之下，常季也說出了他的體悟，他拋出的問題是，心之常體虛靜，怎麼會吸引那麼多的人來追隨他呢？「最」，成玄英疏云：「聚也。」宣穎解為「尊」，不論是聚集，還是推尊，都是王駘身上散發出來的人格穿透力，與生命感染力。

「仲尼曰：人莫鑑於流水而鑑於止水，唯止能止眾止」，孔子回答說，人不會在流動的水中端詳自己，而是在靜止的水中照現自己。「唯止」的「止」是「虛靜」，「能止」的「止」當動詞用，作「引來」解，「眾止」的「止」，當「依止」解，意謂只有自身虛靜，才能引來眾人來此依止停靠。此上文所說的「常心」，就是「唯止」，「不知耳目之所宜，而遊心乎德之和」，就是「能止眾止」。「受命於地，唯松柏獨也在，冬夏青青；受命於天，唯舜獨也正，幸能正生，以正眾生」，一樣的根植大地，只有松柏到了寒冬還能獨在，宣穎云：「在字言其不凋。」俞樾云：「在，疑為正。」看下文的冬夏青青，原本的「在」更貼切。不論冬天夏天都同樣的常青。一樣的稟承天命，只有聖人舜能獨得其正，他得天獨厚，能正自家的生命，並以自家的正，去正天下眾生。從存有論而言，予人也，舜亦人也，不能獨得其正，此中「幸能」，當指工夫論而言，而「獨也正」當指氣稟而言。此唯正能正眾正，呼應唯止能止眾止。「夫保始之徵，不懼之實。勇士一人，雄入於九軍」，宣穎云：「保始，守其宗也。」守住天生本真的德，而保有天真本德的徵驗，就在生命無所懼的真實朗現。試看勇士一人，可以直闖九軍戰陣之中。「將求名而能自要者，而猶若是」，將求得勇士的聲名稱號，尚且能如此的自我責求，「而況官天地，府萬物，直寓六骸，象耳目，一知之所知，而心未嘗死者乎」，成玄英疏云：「一知，智也；所知，境也。能知之智，照所知之境，境智冥會，能所無差，故知與不知，通而為一。」此說甚美，不過，所謂「一知」，已超乎主客、能所的二分之上，「一知之所知」是道心照現萬物，也生成萬物，故云：「心未嘗死者乎！」「而況」是何況，「官天地」是心可以統合天地，「府萬物」是可以奧藏萬物，「直寓六骸」，僅是把此心寄託在形骸上，「象耳目」，並以耳目做為生命的跡象，這樣大心胸大格局的人，就是「一知之所知」。此謂何況是以道心來統合天地奧藏萬物，而此心永遠靈動常在的人呢！宣穎解云：「得其常心如此，人豈猶為死生所變乎！」此說恐誤。「未嘗死」指謂的是心的靈動與觀照作用。「彼且擇日而登假，人則從是也。彼且何肯以物為事乎」，宣穎云：「蓋假字讀作遐字，言其升於高遠也。……擇日，猶言指日。」意謂得其常心的人，隨時可以登上高遠的道境，天下人自然會來追隨他，他本身已登上道境，那裡還會把世事俗情放在心上呢！

這一大段，請出孔夫子來襯托出王駘的生命人格，再通過常季的發問，由孔子做出回應，詮釋其修養工夫，及開顯的境界。道朗現在孔子之身，此為道之顯，道也朗現在王駘之身，此為道之隱，莊子藉孔子之顯，以顯王駘之隱。此言聖人有兩大形態，一為孔子，一為王駘。孔子已走出「道」一步，往外王開拓；王駘仍守住「道」本身。依道家觀點，守住「道」本身的王駘，似乎比走出「道」一步的孔子，更根本且高明。因為走出一步，即有流落於外的危機。老子有「失德而後仁」（三十八章）之說，因為「德」無心，而「仁」有心，「仁」已走離「德」一步，再往外走，就落在「義」的有知與「禮」的有為中。故越往外走，即越往下掉，因為「其出彌遠，其知彌少」（四十七章），以其離道越遠之故。此所以道家要講歸根復命，回歸天真本德，就由這一根本立場，說「丘將以為師」，也就是從「孔子」的顯往王駘的「隱」回歸。甚且說「丘將引天下而與從之」，也就是要引領天下人向「道」的本身回歸。

人莫鑑於流水而鑑於止水，只有自身虛靜，才能引來眾人來此依止停靠。

第2章

# 遊於羿之彀中的兀者申徒嘉

## 一、子產執政的權力傲慢

申徒嘉，兀者也，而與鄭子產同師於伯昏無人。子產謂申徒嘉曰：「我先出則子止，子先出則我止。」其明日，又與合堂同席而坐。子產謂申徒嘉曰：「我先出則子止，子先出則我止。今我將出，子可以止乎，其未邪？且子見執政而不違，子齊執政乎？」申徒嘉曰：「先生之門，固有執政焉如此哉？子而說子之執政而後人者也？聞之曰：『鑑明則塵垢不止，止則不明也。久與賢人處則無過。』今子之所取大者，先生也，而猶出言若是，不亦過乎！」子產曰：「子既若是矣，猶與堯爭善，計子之德，不足以自反邪？」

申徒嘉是一個缺了一隻腳的人，跟鄭國執政子產一起在伯昏無人的門下學道。「伯」是長者的尊稱，「昏」是無執著無分別，「無人」是老子所云之「不可得而貴，不可得而賤」（五十六章）之意，也就是心中無貴賤高下之分。有一天，子產對申徒嘉做一身分的表白，說：我先行離去，就請你稍坐片刻；或者你想先離開，那我可以稍等再走。此子產自恃身分，不願與兀者同坐同行。未料，隔天申徒嘉又依然故我，仍跟子產同席而坐。子產受不了，發出抗議性的聲明：我們不是說好了嗎？我出你坐，或你出我坐，這麼簡單的事，你怎麼還搞不清狀況！現在我要鄭重告訴你，我要先行離開，可以請你多停留一下嗎？還是你打從心坎裡不願意呢？你看到執政權貴一點也不知迴避，難道你跟執政地位分量等同嗎？成玄英疏云：「違，避也。」

申徒嘉立即作出回應：在先生的門下，竟有像你這樣的擺出執政者的高姿態嗎？閣下未免太看重自己的權位，而太看輕天下人了吧！我在講堂曾聽聞這樣的道理，鏡子清明那塵垢就不能停留，反之，塵垢停留那就是鏡子不清明。長久與賢德的人相處，就可以沒有過錯。「今子之所取大者，先生也」，成玄英疏云：「今子之所取，可重可大者，先生之道也。」此說甚是，宣穎解為「求廣見識」，恐非。意謂現在對你來說，最為重大的應該是老師所教導的道理，「而猶出言若是，不亦過乎」，「是」

指稱的是「塵垢」，「過」在「止則不明」，沒想到你竟然會說出這麼勢利的話，不是太過分嗎？

「子產曰：子既若是矣，猶與堯爭善，計子之德，不足以自反邪」，子產也直接反擊的說，你已形體不全，還要跟堯這樣的聖王，去爭德行修養的高下，依我的評量，你的德行還做不到自我省察的境地。不然的話，你怎麼會失去一隻腳呢？

## 二、不中者命大的反諷抗議

申徒嘉曰：「自狀其過，以不當亡者眾；不狀其過，以不當存者寡。知不可奈何而安之若命，唯有德者能之。遊於羿之彀中，中央者，中地也；然而不中者，命也。人以其全足笑吾不全足者眾矣，我怫然而怒；而適先生之所，則廢然而反。不知先生之洗我以善邪？吾與夫子遊十九年矣，而未嘗知吾兀者也。今子與我遊於形骸之內，而子索我於形骸之外，不亦過乎！」子產蹴然改容更貌曰：「子無乃稱！」

申徒嘉回應對方的人身攻擊，反而回到人情常理來說，陳壽昌云：「狀，陳也。」《說文》：「狀，飾也。」讓他自己去陳述他的過錯，以為自己不該被砍掉一隻腳的人，那是很多的，因為或多或少會有所掩飾。相反的，不陳述他所犯的過錯，以為自己不該保全那一隻腳的人，那是很少的。「知不可奈何而安之若命，唯有德者能之」，「知」是生命的體認，體認到人生路上諸多無可奈何的事。那是無所逃於天地之間。既無所逃，等同不可解，那就安「義」若「命」吧！不過，也只有無心天真的有德者才做得到。成玄英疏云：「若，順也，……唯當安而順之。」此說與〈人間世〉「安之若命」的上下語文脈絡相應。「之」指謂的是「臣之事君」的「義」，把無所逃的「義」，視若「子之愛親」的「命」。成疏「安而順之」之說，僅有「命」的意涵，而失落了「義」的意涵。被砍斷一隻腳，當然來自政治權力的操作，屬「義」的界域，而不在「命」的界域。「有德者」是從悲憤中走出來的智慧，在「知不可奈何」的生命體悟中放下。人物活在人間，就如同在神射手后羿的靶心中出遊，而靶心是正中央的必中之地，被射中受傷那是必然，不被射中反倒是偶然，算他命大。王先謙云：「以羿彀喻刑網。」此說甚切。宣穎云：「不當刖而刖者是命，當刖而不刖者亦是命。」當不當，涉及的是「義」的問題，二者皆屬不義，而說是「命」，是代表對執政在位之權力濫用最沉痛的抗議。宣穎緊接又云：「與上二句作一反照，便使全足者反當深省，妙妙。」此說深得其微旨。因為既遊於必中之地，那人人都當少一隻腳，而不中者，才是純屬偶然的命大，此反諷你老兄怎麼會比我們都多了一隻腳！

「人以其全足笑吾不全足者眾矣，我怫然而怒；而適先生之所，則廢然而反」，「怫然」，成玄英疏云：「暴戾之氣。」想當初天下人以他的全足來嘲笑我缺腳的人，那是很多的，我心中滿是激憤不平。「廢然而反」，成玄英疏云：「則廢向者之怒，而復於常性也。」此說有欠確當。實則，「廢然」是激憤之情不平之氣已然消散，「反」相對於「適」而言，「適」是前往。「反」則歸來，前往受教，歸來已然不同，有如「虛而往，實而歸」一樣，滿懷氣憤的前去，卻安之若命的回來，故成疏解「反」為「復於常性」是不恰當的。「不知先生之洗我以善邪」，一往一回會有如斯兩樣情的重大改變，「洗」是「洗滌」，「善」是「無心自然」，也就是「有德者」之謂，無心是洗滌心中的塵垢，自然則是放下平平，洗滌且清除了生命中的痛與憾。「吾與夫子遊十九年矣，而未嘗知吾兀者也」，我追隨老師學道十九年了，此跟庖丁解牛的體道十九年，功力相當，而從未覺得我是殘缺的人，此「未嘗知」，指謂的是老師眼中無殘缺，我心中也就跟著無殘缺了。此宣穎有云：「嘉自忘之，其先生相與忘之，德充符可思也。」亦是此意。「今子與我遊於形骸之內，而子索我於形骸之外，不亦過乎」，陳壽昌云：「同遊於先生門下。」現在你跟我同學，理當跟我遊於形骸之內本德天真的一體和諧，「索」，當「求」解，沒有想到你竟以形骸之外在跡象來審視我，批判我，就跟我同門修道的你來說，不是太過分了嗎？

申徒嘉這一番話，說的是自家心事轉折的三個歷程，一在從激憤不平中，回歸情理之常，二在坦然面對人物走在人間的無奈與苦難，三在悲憫天下人共同的存在困境。

「子產蹴然改容更貌曰：子無乃稱」，成玄英疏：「蹴然，驚慚貌也。」「改容更貌」是改變了神情與姿態。子產聽了申徒嘉的體道之言，顯得不安，而深感慚愧的說，請先生別再說下去了！「無」是「不要」之意，「乃」當「如此」解。

這一段寓言，還是請兀者當主角，申徒嘉被砍斷了一隻腳，子產執政與之共學適道，卻羞與為伍。看來兀者是少了一隻腳，然身處中央的必中之地，給出了一個批判性的反思，何以執政者會多了一隻腳！

## 第3章 以夫子爲天地的叔山無趾

### 一、天地竟不遮覆的委屈難堪

魯有兀者叔山無趾，踵見仲尼。仲尼曰：「子不謹，前既犯患若是矣。雖今來，何及矣！」無趾曰：「吾唯不知務而輕用吾身，吾是以亡足。今吾來也，猶有尊足者存，吾是以務全之也。夫天無不覆，地無不載，吾以夫子為天地，安知夫子之猶若是也！」孔子曰：「丘則陋矣。夫子胡不入乎，請講以所聞！」無趾出。孔子曰：「弟子勉之！夫無趾，兀者也，猶務學以復補前行之惡，而況全德之人乎！」

這則寓言的主角是叔山無趾。「叔山」是以地名為姓氏，「無趾」是以形相為名。「踵」，成玄英疏云：「頻也。」不知何所據而云然？實則，「踵」就是腳踵，崔譔云：「無趾，故踵行。」「無趾」即腳趾刑殘，故踵見仲尼。以腳踵行走，一路艱苦行來，滿心盼望得到孔子的肯定，而為自己平反。未料，孔子甫一照面，劈口說道：你為人不知謹言慎行，前已犯禁受刑，以至於腳趾被砍掉。雖然，你今天前來看我，又怎麼來得及呢？

「無趾曰：吾唯不知務而輕用吾身，吾是以亡足。今吾來也，猶有尊足者存，吾是以務全之也」，無趾聽了孔子無限惋惜的話語，大失所望的說：我只因不識時務，而輕易以身與勢抗，因此痛失了我的腳趾。不過，我此番前來，還有比腳趾更尊貴的本德天真在。成玄英疏即解「存」為「在」。因此我用心在保存我的天真本德，不再與權勢對抗。「夫天無不覆，地無不載，吾以夫子為天地，安知夫子之猶若是也」，上天沒有不遮覆的，大地沒有不乘載的，我心中一直把夫子看做天地，怎麼會知道夫子也如世俗般，只看到我失去了腳趾，而沒有看到我一路走來的「德」行呢？

「孔子曰：丘則陋矣。夫子胡不入乎，請講以所聞」，孔子聽聞了無趾之委屈抱怨的話，也覺得自己對無趾此行，欠缺同情的了解，立即充滿歉意的回應說，是我淺陋，未能體貼你的感受，可否請先生入門，說出你一路走來的見聞與心得。「無趾出」，成玄英疏云：「令其入室，語說所聞方內之道。……無趾惡聞，故默然而出也。」此解有如「益多」，加深了無趾的反感，且與上下文文氣有隔。實則，孔子不是責求無趾入內，再說一番大道理來教訓人，而是誠摯的邀請，要聆聽無趾務全其德的心路歷程，以彌補自家只看到刑殘，而沒有看到務德的淺陋。宣穎解為「徑去」，堪稱直截了當，意態決絕的轉身就走，根本就拒絕入內而接受安撫。

「孔子曰：弟子勉之！夫無趾，兀者也，猶務學以復補前行之惡，而況全德之人乎」，孔子對眾弟子說了些當機指點的話語。眾弟子要勉勵自身，像無趾這樣形體不全，尚且用心修補前行的過錯，何況是形體健全的你們呢！此中「全德」，意即天真猶在，因為心沒有受傷，從德全說形全，德不形於外，不會引來反撲，而受刑害，所以德全的人，可以保有形全，而不是說眾弟子已然德行圓滿無缺。

## 二、誰能救孔子的逼問徹悟

無趾語老聃曰：「孔丘之於至人，其未邪？彼何賓賓以學子為？彼且蘄以諔詭幻怪之名聞，不知至人之以是為己桎梏邪？」老聃曰：「胡不直使彼以死生為一條，以可不可為一貫者，解其桎梏，其可乎？」無趾曰：「天刑之，安可解！」

在孔子之外，人間可以請教至道的人，惟有老聃一人。想必無趾又走了漫長的路程，踵見老聃。氣猶未消的說道：我看孔丘這個人，對於至人的人格境界來說，還沒有修養到家吧！他何必擺出頻頻向先生問道的姿態呢！成玄英疏云：「賓賓，恭勤貌。」俞樾以為望文生義，云：「賓賓，頻頻也。」今從其說。「為」則是句末語氣詞。「彼且蘄以諔詭幻怪之名聞，不知至人之以是為己桎梏邪」，「蘄」當「求」解，「諔詭幻怪」猶〈齊物論〉所說的「恢恑憰怪」，意謂他怎麼還在求那些人間街頭奇幻怪異之虛妄不實的聲名呢！難道他沒有體悟到至人的生命人格，已將外在虛名視為生命自身的枷鎖嗎？

「老聃曰：胡不直使彼以死生為一條，以可不可為一貫者，解其桎梏，其可乎」，老聃聽了無趾這一番批判孔夫子的氣話，也就順承跟進的說道：好啊，孔夫子既然這麼不堪，那麼我們兩個人一起來救他好了。何不直接讓他體悟到死生本來就是一體，而是非本來就是一貫之同時並生的存在本質，來解開他心知執著之相對二分所加在他身上的枷鎖呢！這一番看似批判儒聖的大話，實則藏有逼出生命體悟的妙用。宣穎云：「看似叔山原是老子一鼻孔出氣的人，無怪其頡頏夫子。」此說恐失此寓言之深意。試想，普天之下還有誰能救孔子？

「無趾曰：天刑之，安可解」，無趾最後說出了對自己來說是大徹大悟，對孔子來說是最為知音的話：這是老天加在他身上的枷鎖，又有誰解得開呢？此與《論語》隱者晨門所說的「知其不可為而為之者與」，更真切也更深入的描述出孔子的性格。「天刑之」，宣穎解云：「言其根器如此。」阮毓崧跟進，云：「彼根器如此，何可解免！」「根器」是氣命，與「天刑」之理命，完全屬於不同的層次，故此說有誤。「安可解」，意謂不可解而解不開，那又何須解，直下承擔就是了。此〈大宗師〉有云：「丘，天之戮民也。」天生勞累人，就是天刑，既發自人性本身，有擔負等同沒有擔負，有勞累也等同沒有勞累，又何須解？依孟子的義理系統來看，仁義禮智是「命也，有性焉，君子不謂之命也」，「命也」就是「刑」，命限一生擺脫不掉，等同枷鎖加身，「有性焉」是「此天之所予我者」的人性本身，二者合而言之，就是天刑之。而「君子不謂之命也」，就是「安可解」，因為解開了人之所以為人的價值自覺，孔子就不成其為孔子了。

這一段寓言，寫的是孔子與老聃一前一後的連手，引領無趾走出生命的幽谷。無趾踵見仲尼，期盼得到孔子的慰勉，足見傷痛猶在，孔子答以今來何及，人生自我救贖或超拔之路，隨時都來得及，因為聖人救人，包括他的過往。故一者深致惋惜之情，二者又深表遺憾之意，故隨即為自己「今來何及」的未盡之心意道歉。無趾前來投靠，卻未得救，救世主怎可不救人，天地不遮覆還算天地嗎？聖人不救人還算聖人嗎？故決絕而去。

折往老聃那裡，尋求精神的補償，似乎批判了孔子，說孔子道行與至人境界猶有一間之隔，就可以緩解未得孔子稱許的挫折感與失落感。老聃順應他的感受，說孔子既未悟道，那我們一起來救他吧！此拋出一個最高貴，又最荒謬的邀請，「搶救孔子」是最高貴的，「有誰能救孔子」又是最荒謬的，故逼出了無趾在沒有出路中找出路的大徹大悟。孔子的擔負天下，本就是天道加在他身上的「天刑」，而天下也沒有不救人的聖人，所以說「安可解」。道家說仁義為有心，禮智為有為，故視為心靈的桎梏與生命的枷鎖，而就儒家的仁心善性來說，「不踰矩」的道德規範，與「從心所欲」的心志自由，是可以相容而不構成衝突，所以儘管天刑加身，也無須解。無趾有此一悟，也當下得救，走出了生命的幽谷，而還給自己自在的天空。

## 第4章 才全而德不形的哀駘它

### 一、惡駭天下而哀公授之國

魯哀公問於仲尼曰：「衛有惡人焉，曰哀駘它。丈夫與之處者，思而不能去也。婦人見之，請於父母曰：『與為人妻，寧為夫子妾』者，十數而未止也。未嘗有聞其唱者也，常和人而已矣。無君人之位以濟乎人之死，無聚祿以望人之腹。又以惡駭天下，和而不唱，知不出乎四域，且而雌雄合乎前。是必有異乎人者也。寡人召而觀之，果以惡駭天下。與寡人處，不至以月數，而寡人有意乎其為人也；不至乎期年，而寡人信之。國無宰，寡人傳國焉。悶然而後應，氾若而辭。寡人醜乎，卒授之國。無幾何也，去寡人而行，寡人卹焉若有亡也，若無與樂是國也。是何人者也？」

魯哀公請教孔夫子說，衛國有一個長相奇醜的人，稱之為哀駘它。「它」讀為「駝」，「駘」是駝起貌，「哀」則是可哀之意。看來是個讓人悲憐的人物。出人意表的是，跟他相處的男人，都會思念他而不想離去，女人看到他，都會請求父母說，與其嫁為他人妻，寧可做為夫子妾，這樣的人還不止於用十做單位來計數。

他擁有驚人的魅力，卻沒有聽聞他倡導過什麼，通常都是唱和他人而已！既無統治者的權位，可以救濟天下人的生命，又無厚祿可以填飽窮困者的肚子。「聚」當「積」解，宣穎云：「望，飽也，如月望則飽滿。」再加上長相奇醜而驚駭天下，他只和聲而不主唱，其才智所及，又不能超出人間四域，既無動人的議論，又無過人的智慧，且不分男女都受吸引，而聚集在他的面前。由此看來，他一定有超乎常人的優越之處。寡人召他前來，認真一看，果真名不虛傳，長相之醜的確足以驚駭天下。

「與寡人處，不至以月數，而寡人有意乎其為人也」，與寡人相處，不到一個月，寡人非常屬意於他的為人，亦即大為賞識之意。「不至乎期年，而寡人信之。國無宰，寡人傳國焉」，不到一年，已獲得寡人的信任，國家宰相之位出缺，「傳國焉」，「焉」當「於此」解，即把國政大任交給他。寡人一心想把國政託付給他。「悶然而後應，氾若而辭。寡人醜乎，卒授之國」，成玄英疏云：「悶然，虛淡之貌。氾若，不係之貌。」沒想到他應時悶然，辭時氾若，宣穎本作「氾而若辭」，郭慶藩本亦然，實則悶然與氾若對應，皆若有還無之意，亦即若應若辭，好像答應，又好像推辭，既不屬意，又不繫其心，也就是無所謂可，也無所謂不可，似乎完全跟他不相干。「寡人醜乎」，是寡人深感慚愧，覺得誠意不夠，人家才沒有接受。最後寡人決定，把君位讓給他。「無幾何也，去寡人而行，寡人恤焉若有亡也，若無與樂是國也。是何人者也」，成玄英疏云：「卹，憂也。」朱桂曜說：「卹」有「亡失義」。沒過多少時候，他就離開寡人而去。他不告而別，讓寡人抱憾不已，心裡若有所失，好像再也沒有人可與共享治國的榮耀。我實在不了解，他到底是何等樣的一個人。這一段說哀駘它其人，神似王駘，只是王駘的人格魅力，僅限民間，而哀駘它直達君上，可以讓一國之君，傳政甚至傳國給他，此不僅是傳奇，已近乎神話。哀公韓非子評為下主也，竟能賞識哀駘它，堪稱同是天涯淪落人，相逢何必曾相識，可哀的是哀公，哀駘它心中無權勢，灑脫前行，所謂哀，實則不哀矣，何止不哀，根本就是絕美。

## 二、不見己焉爾的㹠子棄走

仲尼曰：「丘也嘗使於楚矣，適見㹠子食於其死母者，少焉眴若，皆棄之而走。不見己焉爾，不得類焉爾。所愛其母者，非愛其形也，愛使其形者也。戰而死者，其人之葬也不以翣；資刖者之屨，無為愛之，皆無其本矣。為天子之諸御，不爪翦，不穿耳；取妻者止於外，不得復使。形全猶足以為爾，而況全德之人乎！今哀駘它未言而信，無功而親，使人授己國，唯恐其不受也，是必才全而德不形者也。」

仲尼回答哀公「是何人也」的困惑，說：我曾經出使到楚國去，路上正好看到眾小豬貼近死去的母豬身邊，正在吸吮母體的奶水，「少焉眴若」，「少焉」是沒多久，宣穎云：「眴，目搖也。㹠子乍覺母死，而驚眩也。」沒多久，好像受到大驚嚇般的目眩神搖，都紛紛從母豬身邊避走逃離。「不見己焉爾」，「焉爾」，阮毓崧云：「焉，乃也；爾，如此也。」再也不能從母親的眼神中看到自己才如此的，「不得類焉爾」，再也感應不到母親身上跟自己同樣的生命力才如此的。

「所愛其母者，非愛其形也，愛使其形者也」，由此看來，小豬對母親的愛，並不是愛母親的形體，而是愛「使其形」的心，「使其形」指謂的是生主真君，可以主導生命的走向。「戰而死者，其人之葬也不以翣資；刖者之屨，無為愛之，皆無其本矣」，此各本皆如此斷句，唯王船山、陳壽昌兩家本作「其人之葬也不以翣，資刖者之屨」，「資」當「送」解，讀來較為順暢，刖者斷腳，送無腳者鞋子，當然用不上，「無為愛之」是想愛也愛不了，「為」可以當「因」或「理由」解，理由在失去其存在的根本。在戰場上奮戰而死的人，「翣」是「棺羽飾」，是世俗行喪之棺飾，送葬時，持翣隨柩而行，「不以翣」是不行世俗之喪禮。「翣資」是不以翣送葬。郭象注云：「翣，武所資也，戰而死者，無武也，翣將安施。」此解「翣」為「武飾」，恐誤。「資刖者之屨」，送鞋子給斷腳的人，承上啟下均可解通。「皆無其本矣」，戰地死難者無棺可葬，故棺羽飾失其本，斷腳者則屨用不上，故屨亦失其本。就生命而言，本在「使其形」的心神。

「為天子之諸御，不爪翦，不穿耳；取妻者止於外，不得復使。形全猶足以為爾，而況全德之人乎」，圍繞在天子身邊的宮女僕役，不剪指甲，不穿耳洞，「取」通「娶」，娶為人夫嫁為人妻的人，被排除在外，不能再入宮服役，原因在形體已非天生本有的整全。形體整全的人，尚且可以被宮廷接納任使，「為爾」阮毓崧解為「如此」，實則，「為」當動詞，「為爾」是當天子的僕御，何況是存全本德的人呢？

「今哀駘它未言而信，無功而親，使人授己國，唯恐其不受也，是必才全而德不形者也」，今哀駘它這個人，什麼話都沒說，就可以取得君王的信任，什麼功也沒立，就可以獲致君王的賞識，讓君王傳國政授君位給他，還擔心他不願接受。像這樣的人，一定是「才全而德不形」的人吧！依老子「上德不德，是以有德」（三十八章）來看，「不德」是「德不形」，「有德」是「才全」，「才」是草木之始生者，就人的存在而言，「才」是天生本真的「德」，故「才全」是保有天真之謂。

## 三、與物爲春的才全

哀公曰：「何謂才全？」仲尼曰：「死生存亡，窮達貧富，賢與不肖毀譽，飢渴寒暑，是事之變，命之行也。日夜相代乎前，而知不能規乎其始者也。故不足以滑和，不可入於靈府。使之和豫通，而不失於兌；使日夜無郤，而與物為春，是接而生時於心者也。是之謂才全。」

孔子詮釋哀駘它究為何等人物，而以「才全而德不形」來說其人的修養與境界。哀公還是不能理解，故請孔子對「才全」做一界定詮表。孔子回答說，人生是人物活在人間，人物有死生存亡、賢與不肖、與飢渴的官能欲求，此之謂「命之行」；人間有窮達貧富、毀譽、與寒暑的天候地理，此之謂「事之變」。天生的「命之行」，是氣命的流行，人為的「事之變」，則是人事的變遷。正是天下有大戒二的「命」與「義」，人生在世要通過這兩大關卡，一是人物自我的命關，一是人間天下的義關。此二者不分日夜的在我們的面前交替出現，而我們的心智卻不能預知它是怎麼來的。成玄英疏解「規」為「測度」，陳壽昌云：「規，計也。」二說貼切。馬敘倫說「規」讀為「窺」，宣穎解為「取詰」，乃一窺究竟，問其所從來之意。「故不足以滑和，不可入於靈府」，成玄英疏云：「滑，亂也。」郭象注云：「靈府者，精神之宅也。」意謂不可以讓「命之行」與「事之變」擾亂了生命的平和，也不能闖入了虛靜的心靈。陳壽昌解「命」為「天命」，解「和」為「天和」，此說不相應。「命」為氣質之命，「和」為氣質之和，人物死生是氣質的「命」，人間窮達則是氣運的命，怎能干擾天和。儒家言天命，是天道內在於人而為德性。此天命只給德性，而不管福報。福報一者來自氣質的命限，二者取決於氣運的偶然。故一生有幸有不幸，故不能讓「命之行」與「事之變」來干擾生命之氣的平和，或闖入心靈之府的虛靜。

「使之和豫通，而不失於兌；使日夜無郤，而與物為春，是接而生時乎心者也。

是之謂才全」，此段郭注本作：「使之和豫，通而不失其兌」，其他各家本皆和豫通三字連讀。林希逸云：「豫，悅也；通，流通也。」「使之」，「之」指謂的是生命主體的靈府，由「不可入於靈府」的虛而能容，給出「不足以滑和」之和諧一體的空間；再從「和」諧一體，而生發生命的豫悅，最後，由生命的「豫」悅，開顯天真本德流「通」無隔的理境。「不失於兌」，「兌」，李頤云：「悅也。」「兌」當「悅」解，船山宣穎均承此說，問題在即與上文之「豫」意思重複。「兌」，依老子所云：「塞其兌，閉其門，終身不勤。」（五十二章）再看《易經‧說卦傳》云：「兌為口。」故「兌」即五官接物之門，正與下文之「是接而生時於心者也」，兩相應和，所謂「不失於兌」，意即隨時融入天地萬物的一氣之化，「使日夜無郤」，「郤」讀為「隙」，陳壽昌解為「間也」，即日夜不間斷，既不封閉又不阻斷，「而與物為春」，而與萬物照面，滿是春天蓬勃的生意，「是接而生時於心者也」，郭象注云：「順四時而俱化。」解「時」為「四時」，而上文但言「春」，船山云：「與物接而應時以生其和豫之心。」此「應時」為與物接的當下之「時」，此解與郭注近似。劉武云：「接字，承日夜無郤，時，承春。即日夜接續生春和之氣於心而不間也。」指謂的是在與物接的每一當下，心中湧現的盡是春意生機，這就是所謂「才全」。

儘管，人物有死生的「命之行」，人間有窮達的「事之變」，人物走在人間的人生路上，要穿越這兩大關卡，不讓它擾亂生命的平和，也不讓它闖入心靈的虛靜，就可以讓生命和悅流通，且日夜不間斷的打開心靈的門窗，隨時融入天地萬物的一氣之化，在與物接的每一當下，心中湧現的盡是春意生機，而保有與生俱來的本德天真。

## 四、成和之修的德不形

「何謂德不形？」曰：「平者，水停之盛也。其可以為法也，內保之而外不蕩也。德者，成和之修也。德不形者，物不能離也。」哀公異日以告閔子，曰：「始也，吾以南面而君天下，執民之紀而憂其死，吾自以為至通矣。今吾聞至人之言，恐吾無其實，輕用吾身，而亡吾國。吾與孔丘，非君臣也，德友而已矣。」

說了「才全」的意涵，哀公再問：那從何說「德不形」？「德」一定要「行」，「德」既「行」，何能不形之於外？請說其涵蘊之義理。「平者，水停之盛也」，成玄英疏云：「停，止也。而天下均平，莫盛於止水。」此與上文之「人莫鑑於流水而鑑於止水」兩相呼應。水靜止之最佳狀態，就在「平」。「其可以為法也」，所以，水平可以做為工匠取法的準繩。「內保之而外不蕩也」，焦竑云：「平則內保，停則外不蕩。」水平是內保其「虛」，「虛」則能「和」，「和」則歸於平靜。水停是外不蕩，心平靜而水不起波瀾。〈人間世〉有云：「德蕩乎名，知出乎爭。」本德天真何以會流蕩失真，是心知執著名號，而跟天下人爭逐排名高下。此內不保而蕩於外，內保之是「德充於內」，外不蕩則是「符應於外」，內不保即德不充於內，而形之於外，即落在人間排名的爭逐中，那就不是「符應於外」的道心觀照，而是「心止於符」的成心執著。

「德者，成和之修也」，此「德」不是存有論的「德性」，而是修養論的「德行」，此謂人的德行，乃成於心和的修養。「心和」是內保其和，而外不蕩則是德不形於外。心知不執著，德行不會成為自己的負累，人為不造作，德行也不會壓迫別人，不會把圍繞在自己身邊的親人朋友逼走，道家就此說「物不能離也」，散發由虛而和，而符應於外的親和力。

「哀公異日以告閔子，曰：始也，吾以南面而君天下，執民之紀而憂其死，吾自以為至通矣」，他日哀公告訴孔子的學生閔子騫，說：剛開始我以南面而王的尊貴姿態，君臨天下，執持治理人民的綱維紀律，且擔心人民的生計，我自以為很通達治道了。「今吾聞至人之言，恐吾無其實，輕用吾身，而亡吾國。吾與孔丘，非君臣也，德友而已矣」，今天我聽聞了至人由德不形說才全的大道理，惟恐我修養工夫做得不夠扎實，太自以為是而意氣用事，以致傷害了我治理的國家。此「德友」的「德」，是道家無心自然的意涵，我跟孔丘的交誼，已有了重大的突破，不再是權力運作之下的君臣關係，而純然是共學適道的友朋道義了。

這一大段說哀駘它的人格魅力，吸引了魯哀公，再通過孔子做出道家式的義理詮釋。「才全而德不形」，「才全」即「德充於內」，「德不形」即「符應於外」，是謂「德充符」。故王駘、哀駘它都是德充於內而符應於外的代表人物。老子云：「道常無為而無不為。侯王若能守之，萬物將自化。」（三十七章）無為就是德充於內，無不為就是符應於外，天下侯王若能守此常道，在「無為」中給出天下萬物「無不為」的自在空間，這就是道家無為而治的政治智慧。魯哀公一直想傳國給哀駘它的一分心意，就在哀駘它體現了「德充於內」而「符應於外」，與「無為而無不為」的無為治道，能有這一分對道的嚮往，哀公就不再是可哀的「下主」，而是可敬的孔子道友了。

## 第5章 德有所長而形有所忘的闉跂支離無脤

闉跂支離無脤說衛靈公，靈公說之；而視全人，其脰肩肩。甕㼜大癭說齊桓公，桓公說之；而視全人，其脰肩肩。故德有所長而形有所忘，人不忘其所忘，而忘其所不忘，此謂誠忘。故聖人有所遊，而知為孽，約為膠，德為接，工為商。聖人不謀，惡用知？不斲，惡用膠？無喪，惡用德？不貨，惡用商？四者，天鬻也。天鬻者，天食也。既受食於天，又惡用人！有人之形，無人之情。有人之形，故群於人，無人之情，故是非不得於身。眇乎小哉，所以屬於人也！謷乎大哉，獨成其天！

闉跂支離無脤，宣穎云：「闉跂者，曲體而跂行也；支離，形不整也；無脤，口無脣也。總其諸般醜形，以為之號也。」這位幾乎集諸般醜形於一身的人，去遊說衛靈公，衛靈公超喜歡他，再回頭看人間形體完整的人，卻突然覺得大家的脖子怎會長得又細又長。宣穎云：「脰，頸也；肩肩，細竦貌。」

「甕㼜大癭說齊桓公，桓公說之；而視全人，其脰肩肩」，另有脖子長了一顆大如瓦盆的肉瘤的人，《說文》：「癭，瘤也。」成玄英疏云：「㼜，盆也。」他去遊說齊桓公，桓公也打從心裡接納他，再去看周邊長相正常的人，覺得大家的脖子都嫌細長。宣穎云：「又是兩個不全之人，卻又是兩個出色人。」出色在「德有所長而形有所忘」，「長」是成長之意，「德者成和之修」，修德有成在心和，故贏得君王家的喜悅接納。而「不全的人」，工夫就在「形有所忘」，擺脫形體的拘限。本德天真是人的無限性，形氣物欲則是人的有限性。心不執著形氣物欲，「無聽之以耳」，解消人的有限性，此謂之「形有所忘」；再「無聽之以心」，心歸虛靜，而照現本德天真，朗現人的無限性，此謂之「德有所長」。「忘」是工夫的字眼，而工夫在心上做，「忘」了「形」，而「長」了「德」，有如孟子所說的「養心莫善於寡欲」，「寡」了「欲」，而「養」了「心」，「寡」了「小體」的耳目官能，而「養」了「大體」的善端良知。倘若，心不忘所當忘的「形」，而忘了所不當忘的「德」，此宣穎云：「形宜忘，德不宜忘。」「誠忘」，成玄英疏云：「誠，實也。」宣穎云：「真忘之大者。」只知有形，而不知有德，那果真是存在的失落。人之存在性在「德」，失落了「德」，等同失落了生命的存在，故「誠忘」有如失憶症，失去了生命的原鄉，內不保而蕩於外，生命流浪，而心靈漂泊。故此「誠忘」有如孟子所說的「有放心而不知求」，心放失於外，而不知找回來一般的善忘了。郭象注云：「德者世之所不忘也；形者理之所不存也。故夫忘形者，非忘也；不忘形而忘德者，乃誠忘也。」成玄英疏云：「忘形易，而忘德難，故謂形為所忘，德為不忘也。不忘形而忘德者，此乃真實忘。斯德不形之義也。」郭注成疏，「誠忘」取正面的理解，不把工夫放在忘形上，而放在忘德上，不忘形而忘德，這樣所做之「忘」的工夫，才算抓住了工夫的重心，因為忘形易，而忘德難，「忘」了「德」，等同「德不形」於外，那不就可以保有天真的「才全」嗎？這才是真實的做到「忘」的工夫。此之謂「誠忘」。此說言之成理，可另存一說。

「故聖人有所遊，而知為孽，約為膠，德為接，工為商」，聖人無心的遊於本德天真，而與物為春，日日是生機萌發的春意，所以人間可遊。而心知執著純屬多餘，約定等同膠著，求得於外帶來糾葛，人為工巧則是販售的商品。成玄英疏云：「故蘊智以救殃孽，約束以檢散心，樹德以接蒼生，工巧以利群品。」王先謙跟進，云：「知、約、德、工四者，天所以養人也。」此採取正面的理解，與下文的義理難以貫串。上四句說病痛，下四句則開藥方。「聖人不謀，惡用知？不斲，惡用膠？無喪，惡用德？不貨，惡用商」，一正一反，正所以前後呼應。聖人不圖謀算計，何須用知；不切斷砍斫，何用膠固；自我完足，又何須求得於外；「不貨，惡用商」，當為「不貨，惡用工」，因「貨」與「商」字義等同，而失去所要表達的反思，聖人不想販賣自己，又何須求工巧。

「四者，天鬻也。天鬻者，天食也。既受食於天，又惡用人」，宣穎云：「四者，上四惡用；鬻，養也。」從上四句「惡用」，解消執著造作，回歸本德天真，此有如老子的「貴食母」（二十章），而「道生之，德畜之」（五十一章），所謂天養天食，來自「道生之」，而內在於萬物的精神食糧在「德畜之」，故天養天食，就在從「惡用」的解消超離，所開顯的體現天道的理境。林雲銘亦云：「不謀、不斲、無喪、不貨四者，皆純乎天也。」也就是純任天真之意。「既受食於天，又惡用人」，意謂一切的美好來自天生自然，又何須人為造作呢？宣穎云：「無復人間煙火相也。」那不是多餘，而反成負累嗎？

「有人之形，無人之情。有人之形，故群於人，無人之情，故是非不得於身」，「有人之形」是存在的處境，人的生命存在，離不開形體，此即〈齊物論〉所說的「一受其成形」，且不止「成形」，還「形化」，「成形」就有了「你我他」的分別，「形化」就有了「少中老」的區隔，心知一介入，「成形」的「彼是」成了是非，「形化」的「來去」成了死生，心知執著即急轉直下，而成情識陷溺，故「有人之形」是天生的自然，也是存在的必然；「無人之情」，是可以通過生命主體的修養工夫，在解消中超離。不執著無分別，就不會有好惡之情，那由「是非」而來的「好惡」，就不會成了生命的牽引與負累。

從有人之形來說，那就在人間做人；從無人之情來說，擺脫了是非的纏結，就可以還我自在之身。

「眇乎小哉，所以屬於人也！謷乎大哉，獨成其天」，從「有人之形」來說，人是渺小的，成玄英疏云：「屬，係也。……形係人群，與物不殊，故稱渺小也。」所以離不開人物的有限性，從「無人之情」來說，解消了人間的複雜性，本德自在，而真我朗現。成玄英疏云：「謷，高大貌。」可以成全天生本真的大。由是而言，人物的存在，有「天」的「大」，也有「人」的「小」，人生就在形氣物欲的「小」中，活出天生本真的「大」。存在的處境可能困在「有人之形」的「小」，存在的理境卻可以開顯「無人之情」的「大」，不被綁住，也不被套牢，豈不是可以無待逍遙，而「獨成其天」了嗎？

# 第6章 無人之情的生命對話

惠子謂莊子曰：「人故無情乎？」莊子曰：「然。」惠子曰：「人而無情，何以謂之人？」莊子曰：「道與之貌，天與之形，惡得不謂之人？」惠子曰：「既謂之人，惡得無情？」莊子曰：「是非吾所謂情也。吾所謂無情者，言人之不以好惡內傷其身，常因自然而不益生也。」惠子曰：「不益生，何以有其身？」莊子曰：「道與之貌，天與之形，無以好惡內傷其身。今子外乎子之神，勞乎子之精，倚樹而吟，據槁梧而瞑。天選子之形，子以堅白鳴！」

又是一場惠子與莊子的生命對話，惠子質疑的是莊子「無人之情」的論點。說：人天生本來就沒有好惡之情嗎？道家講「道法自然」，「自然」看似從天生本有說。

「故」，船山本作「固」，成玄英疏云：「莊子所言人者，必固無情慮乎？」亦作「固」解。莊子答說：然。此是肯定的回應。惠子再問：人生而為人，怎能無情，那憑什麼說他是人，豈非木頭一個。「何以」是「以何」，「以」可當「用」解，亦可當「因」解，「憑什麼」就在問「原因何在」。「莊子曰：道與之貌，天與之形，惡得不謂之人」，莊子回答說，天道生萬物，給出了人的形貌，怎能不說他是人！「惠子曰：既謂之人，惡得無情」，惠子仍舊堅持，已說他是人，又怎能無情。「情」可能就生命主體的感受或感應說，此亦天生本有的心知作用，人人當該有之。

「莊子曰：是非吾所謂情也，吾所謂無情者，言人之不以好惡內傷其身，常因自然而不益生也」，「是」當「此」解，你所謂之天生本有的心知作用，不是我所要說的「情」。我所要說的「情」，是就由執著分別而來的好惡之情，我所要說的「無情」，就是不要以好惡之情，反而成了生命的負累與傷痛。「因」是「順任」，常順應自然而行，「益」是人為造作，及老子所說的「為學日益」（四十八章），心知總想要增益什麼，問題是，「自然」是「然從自身來」，此內在已完足，往外求取，反成負累，且捲入人間街頭奔競爭逐的行列，成敗得失就此成為人生的大患。「物或益之而損」（四十二章），有時看似增益，實則反成減損，心知增益而生命減損。

「惠子曰：不益生，何以有其身」，惠子畢竟是名家，而名理在名實相副，故依舊不解的問道，人生不人為增益一些什麼，又怎麼能「有」出自身呢？把自己活出來，顯現一點生命的光采，否則，人生豈不是落得一無所有，什麼都不是嗎？莊子還是回到道家的玄理說：天道已給出人的形貌，那就「有」出他自身了，還要人為去增益嗎？此其增益的結果，正好傷損了他自身。因為「有」其身，從「益」其生來，「益」是心知的執著，一定會帶出人為的造作，由心知的好惡，而有人為的趨避，在患得患失中，而傷害了生命的自在美好。此老子云：「吾所以有大患者，為吾有身；及吾無身，吾有何患！」（十三章）此「有身」即「有其身」，是心知執著的「有」，逼自己去打天下，天下沒有打下來，反而傷了自身，也害了天下。所以「不益生」即無好惡之情，也就不會成為生命的壓力與傷痛了。「莊子曰：道與之貌，天與之形，無以好惡內傷其身」，莊子以天道生成的形貌，來認定人的分位，惠子卻以後天人為的「有」其身，來認定人的身分，此為爭論所在。故仍以「無以好惡內傷其身」，來支持「無人之情」得以成立的理由。

「今子外乎子之神，勞乎子之精，倚樹而吟，據槁梧而瞑。天選子之形，子以堅白鳴」，成玄英疏云：「選，授也；鳴，言說也。」其中藏有得天獨厚與自鳴得意的意涵。莊子最後以好友的身分，說了幾句切身而貼心的話，現在我看你正馳騖你的心神，勞累你的精氣，每天靠在樹幹上，「吟」本是吟咏，此謂惠施好辯，享受勝人之口的一分得意，故有如吟唱歌詠般，正與下文之「堅白鳴」相呼應。跟天下人講論名理，累了就倚著乾枯的梧桐樹閉目養神。老天給了你過人的才氣，沒有想到你以「離堅白」的論題，蹉跎了一生的美好時光。此莊子對惠施表達了無限的惋惜之情。「外乎子之神」是勞神苦思，「勞乎子之精」是精疲力竭，神外逐，精勞累，「倚樹而吟」是心知的執著，「據槁梧而瞑」則是造作的疲累，「天選子之形」本是天生自然的真實，「子以堅白鳴」則是人為造作的虛假，儘管名滿天下，卻是一場空。

依「德充於內，而符應於外」的主題來看，惠施不僅德未充於內，也未符應於外，反倒是以是非好惡內傷其身了。

# 大宗師第六

【解題】

「大」，老子云：「吾不知其名，字之曰道，強為之名曰大。」（二十五章）是「大」乃「道」的強為之名。而「道」為萬物之宗，老子云：「道沖，而用之或不盈；淵兮似萬物之宗。」（四章）〈天下〉篇亦云：「不離於宗，謂之天人。」是「宗」指謂的是「天道」，從生成說宗主，一如子孫從祖宗來的生成。又云：「不離於真，謂之至人。」此一體現天道的真人生命，可為萬世之師，是之謂「大宗師」。

宣穎云：「人之生也，……必有所自來，宗是也；人之學也，……必有所從受，師是也。……張子曰：乾稱父，坤稱母，民吾同胞，物吾與也，可以知大宗矣；老子曰：人法地，地法天，天法道，道法自然，可以知大師矣。此莊子所以有大宗師之說也。」此大宗與大師皆指謂天道，人有形軀的自然生命，亦有心靈的人文生命，前者從家門來，後者從師門來，宗是祖宗，師是師承，千年文化傳統有兩把火，永不可熄滅，一是家門的香火，一是師門的薪火，此有如《論語》隱者晨門問子路：「奚自？」子路答以：「自孔氏。」生命之所從來，一在祖宗的「宗」，二在師承的「師」，而二者的價值根源，皆從天道的「大」而來，是之謂「大宗師」。由是而言，「大宗師」說的是體現天道的生命人格之人。

故此篇以「有真人而後有真知」開宗，再以「何謂真人」展開「真人四解」的價值意涵。在〈逍遙遊〉所說的至人、神人、聖人之外，〈大宗師〉另立「知人又知天」之開顯最高理境的「真人」。實則，至人、神人、聖人、真人，皆屬體現天道的生成作用。天道生萬物，聖人生百姓，父母生兒女，老師生學生，此生命之所從來的根源思考，宣穎所謂「古來神聖無不宗師此道」，莊子即以「大宗師」統括之。

憨山大師有云：「可為萬世之所宗而師之者，故稱之曰大宗師。是為全體之大聖，意謂內聖之學，必至此為極則，所謂得其體也。」此以「聖」說「大宗師」，另郭象云：「雖天地之大，萬物之富，其所宗而師者，無心也。」此落在生命主體的無心修養說，二者統合，亦可滙歸體現天道的生命人格之大。

## 第1章 眞人眞知的理境開顯

知天之所為，知人之所為者，至矣。知天之所為者，天而生也；知人之所為者，以其知之所知，以養其知之所不知，終其天年而不中道夭者，是知之盛也。雖然，有患。夫知有所待而後當，其所待者特未定也。庸詎知吾所謂天之非人乎？所謂人之非天乎？且有真人而後有真知。

此言既知天又知人，乃修養工夫的極致。「知」不是「認知」，而是「體現」。天無聲無形，要從何知「天」，就從「天之所為」來知天。「知天之所為者，天而生也」，天地之大德曰生，從天生萬物的生成作用，來知天。此如《論語・陽貨》所說「天何言哉！四時行焉，百物生焉，天何言哉！」天何嘗說些什麼，四季在運行，萬物在生長，天又何須說些什麼。吾人就從四時行百物生，去體認天的存在。而天生萬物之最靈者，就在人。故「知天之所為」，完全落在「知人之所為」上。

而「知人之所為者，以其知之所知，以養其知之所不知」，人通過知人以知天，問題在，要通過何等人，總不能是天涯淪落人，而是有修養的人。人有心有物，而「心」會執著「物」，所謂「以其知之所知，以養其知之所不知」，上一「知」字，指謂的是主體的「心」，下一「知」字是執著，「養」是「涵養」，從「心」之所「知」，養到「心」之所「不知」，從心知的「執著」，養到心知的「解消」，此「不知」，即〈齊物論〉所說的「知止其所不知，至矣」，與《老子》所說之「知不知，上」（七十一章），「知」是心知的執著，「不知」是心知的解消，執著是成心，從解消中超離是道心，道心觀照，朗現了人生命中的「天」。故由知人之所為，以知天之所為，由人的無心天真，以知天道的自然。「終其天年而不中道夭者，是知之盛也」，心不執著物，心回歸心的虛靜，氣回歸氣的自化，不會「德蕩乎名，知出乎爭」，不會「行盡如馳，莫之能止」，不會「以有涯隨無涯，殆已」，這樣的人可以享有天生的年歲，不會人生路走一半，而折損了自己，所謂「知之盛」，乃是「不知之知」的妙用，「盛」就是「知止其所不知，至矣」的「至」，也是「知不知，上」的「上」。

「雖然，有患。夫知有所待而後當，其所待者特未定也」，雖然如此，此中仍有憂患，成玄英疏承郭象注云：「知雖盛矣，猶有患累，不若忘知而任獨也。」實則

「知之盛」的「知」，指謂的是從「知」養到「不知」的「不知之知」，故所謂「有患」，不在心知的患累，而在修養工夫的不確定性。郭象注云：「有待則無定。」成玄英疏云：「夫知必對境，非境不當。境既生滅不定，知亦待奪無常。唯當境知兩忘，能所雙絕者，方能無可無不可，然後無患也已。」郭注成疏甚有見地。惟「有待」非待「對境」，而有待於主體心靈從「知」養到「不知」的工夫上。「不知」是解消執著而歸於虛靜，也就是〈人間世〉所謂的「虛而待物」，不執著物，也無待於物，〈逍遙遊〉從無待說逍遙，逍遙理境的開顯，完全靠工夫來保證，而工夫是沒完沒了，無窮無盡，就從工夫永遠做不完說「未定」，工夫既不定，所以說「有患」。

倘若工夫道行做到家，而「當」於「不生之生」、「不主之主」的存在之理，其不定性已被解消。「庸詎知吾所謂天之非人乎？所謂人之非天乎」，「庸詎」當「何」解，怎麼知道我所說的「天」不就是「人」，而我所說的「人」不就是「天」呢？因為，「知」是心執著物，「不知」是解消執著而放開物，此解消了「人」生命中的「物」，而朗現了「人」生命中的「天」，所以天就是人，而人也就是天。人體現了天道，活出天生本真，這樣的人就是真人，通過真人的生命，就可以知天。此之謂「有真人而後有真知」。

西方哲學家笛卡兒，從知識的進路說「我思故我在」，中土的哲人，則從生命的進路說「我在故我思」，「我在」是「真人」，「我思」是「真知」，人從「知」養到

「不知」是「真人」，真人的「不知之知」所知的「天」，就是「真知」。故從「知人之所為」的真人，去體認「知天之所為」的真知，二者統貫，就是開顯了修養工夫的最高理境，是之謂「至矣」。

# 第2章 眞人人格的工夫體現

## 一、去心知之執的弗悔不自得

何謂真人？古之真人，不逆寡，不雄成，不謨士。若然者，過而弗悔，當而不自得也。若然者，登高不慄，入水不濡，入火不熱。是知之能登假於道也若此。

上一段有如全文的總綱，其理路架構可以約簡如下：

1. 知天知人之至。
2. 知天在知人。
3. 知人在知心。
4. 知心在養心。

5. 養心在從「知」養到「不知」。

6. 不知是真人。

7. 真人有真知。

8. 真知在知天。

既「有真人而後有真知」，故重心落在「真人」的身上。這一大段，即從「何謂真人」展開，來解析真人生命的修養及其性格。

「何謂真人」？從「古之真人」來定位。自古以來，體現天道的生命人格之大，就表現在「不逆寡，不雄成，不謨士」上，真人去掉心知的執著，解消了多寡、成敗與得失的分別，故不抗拒寡少，不以成功稱雄，不以謀略成事，「謨」是「謀」，《說文》：「士，事也。」

「若然者，過而弗悔，當而不自得也」，能夠做到既無知又無為的人，從字面解是雖過亦無悔，雖當亦不自得，實則，這上下兩句要一起求解，謂真人的價值觀，根本就無掉了「過」與「當」的執著分別，也就不會有「悔」與「自得」的人為造作。「悔」是悔自家的「過」，「自得」是得自家的「當」，此懊悔與得意，會帶來生命的波動起伏，與人際互動的擠壓消長，故不給自己壓力，對天下人也不會構成傷害。

「若然者，登高不慄，入水不濡，入火不熱」，成玄英疏云：「慄，懼也；濡，溼也。」像這樣的真人，解消自家身上的負累，也不會引發人我的對抗，人人回歸自身的美好，雖登高不會恐懼，入水也不會陷溺，入火也不會灼熱。意謂在人間行走，總會登上事業與權位的峰頂，有如水之深火之熱一般的惶惑恐慌，〈人間世〉所說的「朝受命而夕飲冰，我其內熱與」，不是人道之患的權勢濫用，就是陰陽之患的內熱掙扎，登高不慄是避開人道之患，入水不濡，入火不熱是解消陰陽之患。

「是知之能登假於道也若此」，「假」當「遐」解，高遠之意，能登上高遠的體道境界，「若此」，「此」即上述之真人修養與其性格，心既無「過」與「當」的執著分別，情亦無「悔」與「自得」的波動起伏，超離恐懼，避開陷溺，解消灼熱，即可遠離生命的傷痛。〈逍遙遊〉所謂的「物無害者」，沒有什麼外物的存在，可以傷害我，因為我心「無何有」，我無待，我自在，我逍遙於體道工夫所開顯的境界。

這是真人一解。

## 二、解情識之結的不夢無憂

古之真人，其寢不夢，其覺無憂，其食不甘，其息深深。真人之息以踵，眾人之息以喉。屈服者，其嗌言若哇。其耆欲深者，其天機淺。

自古以來的真人生命，睡眠時不做噩夢，醒覺時沒有憂愁。日有所思，夜有所夢，所思在成敗得失，所夢就在患得患失。「其食不甘，其息深深」，食不求甘味，呼吸氣息可以悠遠深長。釋德清云：「深深，綿綿之意。息粗而淺，則心浮動，真人心泰定而不為物動，故其息深深。」因為無心知之執，即可解情識之結，生命不被外物遷移，也不為人間名利動變所牽引，而心神不定與氣息急促。「真人之息以踵，眾人之息以喉」，此真人與眾人對比，真人的氣息由腳踵湧泉上來，意謂深遠，眾人之息在咽喉吞吐，意謂粗淺。王船山云：「心隨氣以升降，氣歸於踵，則心不浮動。」此「真人之息以踵」，主導了道教呼吸吐納的氣功導引，就莊子而言，僅反映生命的深藏與淺露而已！

「屈服者，其嗌言若哇」，此在描述「眾人之息以喉」的人間情狀，在人我溝通對話的場合，揚雄《方言》：「嗌，噎也。」想發言被壓抑而發不出，似被噎住般，故「嗌言」是被迫塞在喉間的話。而噎住等同窒息，一口氣直衝出來，有如嘔吐一般。船山云：「嗌，哽於喉也；哇，喉欲出也，中愈屈，而外愈求伸，其狀如此。」宣穎云：「為人所屈，則喉間吞吐，其狀如欲哇者。」兩家說可謂善解。

「其耆欲深者，其天機淺」，此將嗜欲與天機做一對顯，由心知之執，轉為情識之結，嗜欲深就是深陷情識纏結中，心失去空靈，「天機」就是天然機神，不再靈動。若心靈虛靜，有如居於道樞環中，可以隨機而轉，神用無方，以應生命周遭的無窮變化，而不失自在天真。惟嗜欲深，即執著造作陷落欲深，天機淺，即天然機神不再靈動，而歸於淺陋。宋明儒說「存天理，去人欲」，人欲深的同時，則天理淺，此承自孟子所說的「養心莫善於寡欲」，養心是存天理，寡欲是去人欲，寡欲則嗜欲歸於淺，養心則天然機神歸於深，而靈活運轉。

真人生命當該如是，這是真人二解。

## 三、破死生之惑的來去無心

古之真人，不知說生，不知惡死；其出不訢，其入不距；翛然而往，翛然而來而已矣。不忘其所始，不求其所終；受而喜之，忘而復之，是之謂不以心捐道，不以人助天。是之謂真人。若然者，其心志，其容寂，其顙頯；淒然似秋，煖然似春，喜怒通四時，與物有宜而莫知其極。

真人從「知」養到「不知」，無執著無分別，所以不知生不知死，無死生的執著與分別，也就沒有好惡之情。「其出不訢，其入不距；翛然而往，翛然而來而已矣」，「翛然」，船山云：「自適貌。」宣穎解為「無累」，死生是出入，也是來去，老子云：「出生入死。」（五十章）意謂從生中來，回死裡去，來去是此生有來就有去的一段行程，故來到人間，沒有欣喜，離去人間，也不會抗拒，來時自在，去時無累。「不忘其所始，不求其所終」，宣穎云：「知生之源，任死之歸。」不忘生命所從來的源頭，也不求死之後往何處去的終程。「受而喜之，忘而復之，是之謂不以心捐道，不以人助天」，宣穎云：「受生之後常自得。」此〈齊物論〉有云：「一受其成形，不亡以待盡。」真君受氣而成形，前說「其出不訢」，今言「受而喜之」，並不構成矛盾，因為「喜」僅有消極義，意謂雖待盡，也可自得。「忘而復之」，宣穎云：「忘其死，而復歸於天。」儘管形氣待盡，而真君不亡，放開生死二分，而回歸天道自然的生成變化。「不以心捐道」，成玄英疏云：「捐，棄也。」「心」是心知的執著，「不以人助天」，「人」是人為的造作，上下兩句意涵等同，不以心知執著道，不以人為助長天，因為適得其反，執著看似彰顯，實則遮蔽，人為看似助長，實則失落，天道就此在人間隱退。「是之謂真人」，這就是真人的體道工夫。

「若然者，其心志，其容寂，其顙頯」，此說真人的生命氣象。「其心志」，王船山云：「志，專一也。」一如〈逍遙遊〉所說的「其神凝」，與〈人間世〉所說的「一若志」，意謂他的心凝聚專一。「其容寂，其顙頯」，神情容貌寂靜，成玄英疏云：「顙，額也；頯，大樸貌。」額頭寬闊樸實，未曾留下歲月的刻痕。此分別體現道體的「獨立不改，周行而不殆」（《老子・二十五章》）的存在性格。「淒然似秋，煖然似春，喜怒通四時，與物有宜而莫知其極」，體道真人的身上，散發如秋之涼，也如春之暖的人格內涵，他的生命與四季運行有直接的感應，也與萬物的存在同體流行，此體現了天道的無所不在，沒有人可以知解他最後的極限在那裡。

這是真人三解。

## 四、適人之適而不自適其適的賢隱之士

故聖人之用兵也，亡國而不失人心；利澤施乎萬世，不為愛人。故樂通物，非聖人也；有親，非仁也；天時，非賢也；利害不通，非君子也；行名失己，非士也；亡身不真，非役人也。若狐不偕、務光、伯夷、叔齊、箕子、胥餘、紀他、申徒狄，是役人之役，適人之適，而不自適其適者也。

此一段文字，聞一多云：「自篇首至『天與人不相勝也，是之謂真人。』凡四言『古之真人』，兩言『是之謂真人』，文意一貫，自為片斷。惟此一百一字，上下詞指不類，疑係錯簡。」

此言之成理，問題在，說是錯簡，卻不知它從那裡來，又該回那裡去，又不能讓它消失。所以總得面對這一段用詞與意指與上下文不類的文字，就以老子「上德不德」與莊子「大仁不仁」之「正言若反」的表述風格，與義理形態，試圖做出合理的詮釋。

「故聖人之用兵也，亡國而不失人心」，從道家而言，兵者不祥之器，故聖人之用兵，僅在「濟難」，惟道家諸多論述，在批判性的反思儒家的觀點。如聖人以征伐來維繫禮樂教化，征伐可能「亡其國」，禮樂教化則「不失人心」。「利澤施乎萬世，不為愛人」，此外王事業可以讓萬代的人民承受恩澤，卻完全出於無心，並不夾雜愛人的目的。

「故樂通物，非聖人也」，以通向萬物為樂，即有心有為，那就不是道家無為而治的聖人形態了。「有親，非仁也」，有心去愛人，那就不是仁心的自然呈現了。故老子云：「失德而後仁。」（三十八章）講仁者愛人，就失落「德」的純真了。「天時，非賢也」，執著拘泥於所謂的天時，那就不是道家賢者的虛靜靈動了。陳壽昌云：「賢者接而生時乎心，泥於天時，故非賢也。」莊子既言「與物為春」，又言「喜怒通四時」，解消主體心知，而顯發道體之生機春意，怎能讓「天時」外在化，自家反而執守受困呢？王叔岷云：「文意不明，郭注：時天者，未若忘時而自合之賢。疑郭本天時原作時天，今本誤倒耳。」依此說則「時」當動詞用，擇天時而行之意。「利害不通，非君子也」，世俗人情名利放不下看不開，那就不是成全天真本德的君子了。「行名失己，非士也」，〈人間世〉云：「德蕩乎名，知出乎爭。」求取外在的虛名，反而失落自身的真實，那就不是以體道自許的「士」人本色了。此歷數儒家聖賢、仁者、君子、士的理想人格，而以道家思想來加以定位，此已然陽尊儒聖，陰崇老莊的義理論述了。「亡身不真，非役人也」，似對上述理想人格做一總結性的判定，從「不真」說「亡身」，失落天真等同亡失自身，不算是獨化無待的生命人格了。「非役人也」，倘若執實的講，完全悖離了道家義理的根本立場。宣穎云：「六項徒棄其身，而無當於真性，止為世所役耳，非能用人者也。此六項人者，凡皆以有心故也。」故「非役人」，僅能給出消極的解釋，有心為德，反而痛失生命本身的自在天空。

「若狐不偕、務光、伯夷、叔齊、箕子、胥餘、紀他、申徒狄」，皆傳說中享有清譽的賢隱人物，為了逃離權貴污染，狐不偕投河而死，務光負石自沉，伯夷、叔齊餓死首陽山，箕子、胥餘以其賢為紂王所殺，紀他、申徒狄，或陷弟子於河，或自身蹈河。成玄英疏云：「此數子者，皆矯情偽行，亢志立名，分外波蕩，遂至於此。自餓自沉，促齡夭命，而芳名令譽，傳諸史籍。斯乃被他驅使，何能役人。悅樂眾人之耳目，焉能自適其情性耶！」此一評論的說解，說是「亢志立名」，較切近實情，說是「矯情偽行」，則不盡合理，幾無同情的了解。老莊絕聖棄智，絕仁棄義，在絕棄化解中保存聖智仁義，在不德中成全其上德，在不仁中保存其大仁，看似批判否定，實則是辯證的超越。成疏未得其微旨妙蘊。「是役人之役，適人之適，而不自適其適者也」，此等隱逸高人，乃役於天下人之所役，適於天下人之所適，而不能適於自身之所適，為外在的價值標準所牽引所宰制，而失落了「然」從自己來的自在天空，卒與真人的生命人格錯身而過，讓後人無限歎惋，而空留遺憾。

此為真人三解的外一章。

## 五、在化解中成全的自在生命

古之真人，其狀義而不朋，若不足而不承；與乎其觚而不堅也，張乎其虛而不華也；邴邴乎其似喜乎！崔乎其不得已乎！滀乎進我色也，與乎止我德也；厲乎其似世乎！謷乎其未可制也；連乎其似好閉也，悗乎忘其言也。以刑為體，以禮為翼，以知為時，以德為循。以刑為體者，綽乎其殺也；以禮為翼者，所以行於世也；以知為時者，不得已於事也；以德為循者，言其與有足者至於丘也；而人真以為勤行者也。故其好之也一，其弗好之也一。其一也一，其不一也一。其一與天為徒，其不一與人為徒。天與人不相勝也，是之謂真人。

體現天道的真人生命，一如道體又有又無的兩面向一般，「其狀義而不朋，若不足而不承」，立身處世雖凸顯「義」，卻不朋黨；看似「不足」，卻不奉承，自我解消，若有還無。「與乎其觚而不堅也，張乎其虛而不華也」，「與」是寬容貌，「觚」是稜角，寬容在雖觚卻不堅，雖稜角分明，卻不堅持己見；「張乎」是廣大貌，廣大在雖虛而不華，雖清虛，卻不會華而不實。此超離觚與不堅，虛與不華之兩端而上之，而顯發其寬容與廣大的生命氣象。

「邴邴乎其似喜乎！崔乎其不得已乎」，「邴邴乎」是喜貌，「崔乎」是動貌，成玄英疏云：「已，止也。」「喜而似喜」，化掉了「喜」的執著；「動而不得已」，「不得已」是人力不能介入控管，不能讓它止息，解消了「動」的造作。前者無心，後者無為，喜是自然的喜，動也是自然的動，有如春意萌發般。「滀乎進我色也，與乎止我德也」，宣穎云：「滀乎，水聚也，水聚則有光澤；與乎，閒適貌。」「進我色」，宣穎云：「和澤之色，令人可親。」「止我德」，宣穎云：「寬閒之德，使我歸止。」此說精到，問題在，是進我之色，止我之德；色、德指謂的是我，而非真人。故當該作如是解，真人的生命如水般的光澤，映照在我的神色中；真人的生命閒適自得，使我的德得以依止。

「厲乎其似世乎！謷乎其未可制也」，此兩句併成一句說，一者似世，二者未可制，看似相反，實則相成。似世是與世俗混同合流，未可制是超離俗染塵囂之上，真人人格體現了既有還無的玄同道妙。陳壽昌云：「厲，醜意，跡似同流合污，實則謷然高放。」此解切當。「連乎其似好閉也，悗乎忘其言也」，上下兩句共成一義，陳壽昌云：「連，檢括之意。悗，無心貌。跡似有意緘默，實則無心渾忘。」最得善解。真人生命一邊看似自我約束的好閉，一邊則忘其言的自我解消，以忘言無心來化掉好閉的有為，讓生命從執著而滯陷的困局中走出來。

「以刑為體，以禮為翼，以知為時，以德為循」，「體」與「翼」相對，「體」是主體，「翼」是輔翼，「刑」當解為「形」，「形」而謂之「刑」，因形體有其定限，以有限的形軀做主體，此主體指謂的不是真君生主，僅是說人生就以形體為據點，而以禮制為通路。「以知為時」，此「知」是「不知之知」，而「不知」之「知」，是虛靜的觀照，無執著分別，自然喜怒通四時，而與物為春，隨時都是春意生機，此為作用層的化解，所顯發的靈動智慧，有如禪門日日是好日之意。「以德為循」，是化解的作用所保存的本德天真。「德者，成和之修也」，是「以知為時」；「遊心乎德之和」，則是「以德為循」。統合這四句來解讀人生，「以刑為體」是承受人物的定限之命，「以禮為翼」是通過人間的複雜之緣，「以知為時」是化解的智慧，「以德為循」則是價值的實現。

「以刑為體者，綽乎其殺也」，宣穎解為「主治之楨幹」而「無心作威」，郭象注云：「刑者，治之體，非我為。任治之自殺，非我為。」二家皆依字面解讀，莊子雖云「乘物以遊心」，形體對真君而言，既是負累，又是憑藉，轉負累而為憑藉，則有待「綽乎其殺」的修養。陳壽昌云：「綽，有餘之意。殺，損也。損其有餘，以至損之又損，一若刑為其體者然。」此說最得善解。儘管形體有限，且物欲牽引而轉成負累，故莊子言無己喪我，又言有人之形，無人之情，皆旨在解消形氣物欲的有限性，與心知執著的纏結，以至於情識的陷溺，「綽乎其殺」的「殺」，就是無心無知，無為無用的「無」，或「為道日損」（《老子・四十八章》）的「損」，做了「無」的修養與「損」的工夫，能「逍」而後能「遙」，解消執著陷溺，天地就無限寬廣，「綽乎」有「遊刃有餘」的意涵。「以禮為翼者，所以行於世也」，「所以」當「用來」解，以禮俗禮制做為輔翼，給出行走人間情意交流生命會通的通路。「以知為時者，不得已於事也」，解消心知執著，融入天地萬物，順任自然而與之偕行，正所以達人心，達人氣，「不得已」是不能以主觀好惡去干擾妨害。「以德為循者，言其與有足者至於丘也；而人真以為勤行者也」，「德」是人人天生而有的本真，回歸自我就可以活出天真，此乃人間最簡易最單純的事，就好像只要有一雙腳就可以走到小山丘一樣的自然，而天下人卻真的以為要辛勤行走才做得到。

「故其好之也一，其弗好之也一。其一也一，其不一也一」，「好」與「弗好」來自執著分別，解消心知則皆歸於一。「一」與「不一」的純一與雜多，在真人的「不知之知」的觀照之下，而照現為一。「其一」是「與天為徒」，「其不一」是「與人為徒」，與天為徒是顯現天道自身的純一性，與人為徒則穿越人間天下的雜多性。二者通過真人生命的體道工夫，而統合為一。「天與人不相勝也」，是說天與人是不能對抗，也不能破裂，「與天為徒」是「知天之所為」，「與人為徒」是「知人之所為」，既知天又知人，乃生命修養的最高極致。

此為真人四解。

真人的生命，是在「不一」中「一」，在「與人為徒」中「與天為徒」，通過現實生活的考驗，寄身不得已的人間，還可以保有吾心的虛靜，與天生本德的純真。「有真人而後有真知」，以真人生命的「德」，體現天道的自然。若生命僅嚮往「其一也一」之「與天為徒」的理境中，而未經「其不一也一」之「與人為徒」的實踐與體悟，那「其一也一」之「與天為徒」的理境，將有如空中樓閣般的虛幻不實，一涉及人間現實，立即崩頹垮台，故工夫修養是真人生命的惟一保證。

第3章 善惡兩忘的化身入道

## 一、卓於父眞於君的天道眞君

死生，命也，其有夜旦之常，天也。人之有所不得與，皆物之情也。彼特以天為父，而身猶愛之，而況其卓乎！人特以有君為愈乎己，而身猶死之，而況其真乎！

死生是命，「吾生也有涯」，「有涯」在有生必有死，是萬物存在的命限。且人活在天地間，而天行有常，常在四季運行與晝夜交替，此所謂「有夜旦之常」的「天也」，乃現象自然之天，沒有價值的意涵，僅為氣化之命。此與《論語》所云之「死生有命，富貴在天」，道理貼近。「天」不是天道天理的形上理則之天，而是天氣天象的現象自然之天，故所說的「天」，也是「命」。

宗教主宰之天，依據人物的德行，而主宰人間的福報；形上理則之天，賦予萬物德性，以主導人生的德行，而人間福報皆歸於現象自然之天的氣命。此包括人物「才」之高下與「氣」之清濁厚薄的「命之行」；與人間窮達毀譽的「事之變」，與天候地理寒暑風雨之陰陽氣化的運行。

「人之有所不得與，皆物之情也」，「與」當動詞，是「參與」的意思。言死生命限與夜旦天行，皆人力所不能干預扭轉，故命限與天行，成了萬物存在的真實處境。郭注成疏誤以「與」為虛字，而解「情」為「不得」所牽動的「滯情」。宣穎云：「死生定於命，猶夜旦運於天，有生必有死，有旦必有夜，豈人之所能著力哉！此皆物之實理，如此無足生其悲戀也。」此解較貼切。惟以「物之實理」解「物之情」，不如陳壽昌所云：「凡物皆然，無如命何也。」此「命」說的是存在處境的困限，「情」當「實」解，並未有「實理」的意涵。

「彼特以天為父，而身猶愛之，而況其卓乎」，「彼」指謂的是「人」，「以天為父」是視天生萬物如同父生我，「而身猶愛之」，「之」當解為「夜旦之常」的現象自然之天。故像愛父母般的敬愛天，「而況其卓乎」，郭慶藩云：「卓之言超也，絕也，獨也。」何況是高於現象自然之天的形上理則之天呢！此宣穎云：「以天為父，倒裝語法，言人以父生我，而戴之為天也。」若此說成立，下文之「身猶愛之」，即不合理，因為依「子之愛親，命也」來看，愛親最為根深自然，怎會說「以天為父」

而「身猶愛之」呢！豈非親於父反而不如親於天嗎？

「人特以有君為愈乎己，而身猶死之，而況其真乎」，「有君」，「有」作詞頭，無義，「愈」是「勝過」之意。阮毓崧云：「特，但也，但以君之勢位勝也。」人立身人間，只是把人間君王看作比自身還重大，所以願意為君王而死，何況是比人間君王還真的「真君」呢！此「真君」是〈齊物論〉所說的「其有真君存焉」的真君道心，上下兩句一起解讀，死生命限與夜旦天行，僅是人的存在處境，而「卓於天」的「道」，「真於君」的「道心」，才是涵養真人生命的超越根據。

此宣穎解「卓於父」、「真於君」云：「大宗師，真君也，單用真字，就上面君字也。」此說精當。又云：「以親一喻，大宗師不啻乎親也，以君一喻，大宗師不啻乎君也。親一邊用卓字，大宗師親而且尊也；君一邊用真字，大宗師尊而且親也。」體現天道的生命人格之大，既是宗的親，又是師的尊，此猶《大學》所說的「大學之道」，在「明明德」的內聖修養之外，又說外王事業，既是古本《大學》的「親民」，又是今本《大學》的「新民」，既是父母的「親」，又是老師的「新」，既親且新，可與既親且尊的意涵，相互印證，也相得益彰。

## 二、失落存在根源的相呴相濡

泉涸，魚相與處於陸，相呴以溼，相濡以沫，不如相忘於江湖。與其譽堯而非桀也，不如兩忘而化其道。夫大塊載我以形，勞我以生，佚我以老，息我以死。故善吾生者，乃所以善吾死也。

陳壽昌云：「呴，口相向也；溼，水氣也；濡，潤也。」泉水乾涸，魚無奈的暴露在陸地上，僅能口對口的相互給對方水氣，再以口沫彼此潤澤。離開了存在的根源之地，流落在人間街頭，再你給我溫暖，我給你潤澤的互相救對方，不如回歸江水湖水的天地自然中，可以相互把對方放下，你忘了我，我也忘了你，雙方回歸自身本德天真的自在自得。「與其譽堯而非桀也，不如兩忘而化其道」，就人間天下而言，與其肯定堯而非難桀，不如堯桀善惡一起放下，沒有了善惡的執著二分，就不會逼出想成為堯而反墮為桀的自我異化，莊子在此有一重大反諷，何以他墮為桀，因為他想當堯。此老子云：「正復為奇，善復為妖，人之迷其日固久。」（五十八章）正道帶來奇變，善德反成妖惡，此是心知執著與人為造作所帶來的扭曲變質，因為本來正道的善德，在心機算計的權術運作下，反成了奇變的妖惡了，天下人長久以來沉迷於依正道以求善德的執著造作中，反而落在被奇變所顛覆而變質為妖惡的困惑中。故老子要

「絕聖棄智」，也「絕仁棄義」的解消仁義內聖而禮智外王的聖王理想，此「絕棄」的工夫，等同「化其道」的「化」解作用，由消解而融入一體無別的天道理境中。

宣穎云：「此道字輕，不過是非之道。」又云：「譽堯非桀，不如兩忘其道，好生惡死，不如兩忘其係累也。」陳壽昌亦云：「道謂分是分非之道，惟於卓者真者求之，斯是非渾忘矣。」兩解誤解「化其道」的「道」，為「是非之道」，實則指謂的是卓於父的天道與真於君的道心。此成玄英疏云：「豈若無善無惡，善惡兩忘，不是不非，是非雙遣，然後出生入死，隨變化而遨遊，莫往莫來，履道而自得。」此說深得其微旨。故不是譽堯而非桀，各有其道，道心無執著無分別，譽堯而非桀，是為「大道廢，有仁義」的失落。故「化其道」意謂在道心的觀照中，善惡兩忘，而是非雙遣。此釋德清云：「無譽無非，則善惡兩忘，而與道為一。」此說直截了當。

「夫大塊載我以形，勞我以生，佚我以老，息我以死。故善吾生者，乃所以善吾死也」，司馬彪云：「大塊，自然也。」天地自然，以「形」來乘載我，以「生」來勞累我，以「老」來給我閒散，以「死」來讓我安息。此〈齊物論〉有云：「一受其成形。」又云：「其形化。」故「以刑為體」的人體不僅「成形」，也在「形化」中，「成形」是「載我以形」，也「勞我以生」，「形化」是「佚我以老」，也「息我以死」。此四個「我」字，指涉的是做為生命主體的真君，莊子隱然點出生老死乃形體的事，「真君」的我，則超離在生老死之外。老子有云：「死而不亡者壽。」（三十三章）原來死不死是形體的事，亡不亡則是心靈的事。心不執著無分別，死就不能壓迫我，而成為生命中的傷痛，老莊由此說「不亡」。「善吾生者，乃所以善吾死也」，道家以無心自然為善，無心自然的生，也無心自然的死，生死永不會成為生命中的「痛」跟「憾」。成玄英疏承郭象注云：「夫形生老死，皆我也。若以善吾生為善者，吾死亦可以為善矣。」兩家均失其深微之旨。宣穎云：「生而任乎天，則死亦無所係，故善吾生則善吾死矣。」此說較得其義。

## 三、不藏無遯的善始善終

夫藏舟於壑，藏山於澤，謂之固矣。然而夜半有力者負之而走，昧者不知也。藏小大有宜，猶有所遯。若夫藏天下於天下而不得所遯，是恆物之大情也。特犯人之形而猶喜之。若人之形者，萬化而未始有極也，其為樂可勝計邪！故聖人將遊於物之所不得遯而皆存。善夭善老，善始善終，人猶效之，又況萬物之所係，而一化之所待乎！

「夫藏舟於壑，藏山於澤，謂之固矣。然而夜半有力者負之而走，昧者不知也」，把舟船藏在深谷中，把山頭藏在水澤中，謂之「固矣」是自以為穩當而不會被發現。沒想到，夜半時分，造化遷移，成玄英疏云：「有力者，造化也。」有如被大力士背負而去，盲昧的人卻渾然不知。宣穎云：「造化默運，而藏者猶謂在其故處，謂之昧，誠昧也。豈但夜半，當面便已負去也。夜半喻言不見耳。」此「不見」，是毫無覺悟之意，本德天真的自然美好，在譽堯而非桀的執著造作中失落不見了。

「藏小大有宜，猶有所遯。若夫藏天下於天下而不得所遯，是恆物之大情也」，藏小於大，謂之有宜，看似穩固，卻還會隱遯不見了。倘若把天下藏在它自身中，也就是「不藏」之意。心無執著就無分別，就好像不生也就不死，不藏也就無所遯，這是一切存在永恆的真實處境。「大」有凡物皆然的普徧義，「情」當「實」解，前文謂「皆物之情」，可以說是「恆物之大情也」的濃縮。不論是死生命限與夜旦天常，是人力所不能介入扭轉，所以時光是藏不住的。而這是一切存在的永恆處境。郭象注云：「不知與化為體，而思藏之使不化，則雖至深至固，各得其所宜，而無以禁其日變也。故夫藏而有之者，不能止其遯也。」人生最大的難題與困擾，就在老是想把青春藏起來，老是想逃開死亡的到來，而不能與時偕行，心頭擺脫不了死亡的陰影，故有生之年，都不能放開心懷的活在陽光下，人活一生的可能美好，就在死亡的追索逼迫中消散不見了。

「特犯人之形而猶喜之。若人之形者，萬化而未始有極也，其為樂可勝計邪」，「特」，只是之意，陳壽昌云：「犯者，偶然相值之意。」即〈養生主〉所說的「適來，夫子時也。」在氣化流轉中偶然碰上而有的人之形，還那麼歡喜，另奚侗云：「犯借為範。」《淮南子‧俶真訓》引作「範人之形」，範有模式之意。像人的形貌這樣的存在，在萬化世界中可以說無窮無盡，數都數不清，那豈不是要樂到不行了嗎？也就是說這麼多的喜樂豈不是自己都承受不了嗎？

「故聖人將遊於物之所不得遯而皆存」，所以聖人將遊心於萬物所逃離不了的形化老死，而與它同在共存。此與〈人間世〉所說的「乘物以遊心，託不得已以養中」的意涵貼近。「不得遯」的理由，就在「不得已」，萬物的存在從「成形」說是有限的，從「形化」說是在時間中老去變壞，而你不能讓時光停留，它總是晝夜交替，四季運行，它總是在生老病死中，「心」寄託在「物」中，而「物」在「不得已」的物化遷移中，人生僅能在此「不得遯」的存在處境中「遊」。

「善夭善老，善始善終，人猶效之，又況萬物之所係，而一化之所待乎」，人生路上不論活得短或活得長，皆無心自然，來時天真，去時也天真，人能如此天下人尚且會來效法他，「一」是道的本身，「化」則是生成作用，更何況是萬化之所繫屬，與天地生化之所待的天道真君呢！

## 四、神仙逍遙的體道境界

夫道，有情有信，無為無形；可傳而不可受，可得而不可見；自本自根，未有天地，自古以固存；神鬼神帝，生天生地；在太極之先而不為高，在六極之下而不為深，先天地生而不為久，長於上古而不為老。狶韋氏得之，以挈天地；伏戲氏得之，以襲氣母；維斗得之，終古不忒；日月得之，終古不息；堪坏得之，以襲崑崙；馮夷得之，以遊大川；肩吾得之，以處大山；黃帝得之，以登雲天；顓頊得之，以處玄宮；禺強得之，立乎北極；西王母得之，坐乎少廣，莫知其始，莫知其終；彭祖得之，上及有虞，下及五伯；傅說得之，以相武丁，奄有天下，乘東維，騎箕尾，而比於列星。

這一段直接描述道體的文字，從內篇來說，是較特殊的例外。特殊在把道體從主體生命中，往外推出，成了生命之外的客觀存在，不從主體的體驗、體悟、體證與體現說，而從客觀認知的角度，來解說道體實存的性格。故嚴復云：「自『夫道』以下數百言，皆頌歎道妙之詞，然是莊文最無內心處，不必深加研究。」旨哉斯言。

「夫道，有情有信，無為無形」，此從無形說有情，從無為說有信，道體雖無形，道體也無為，卻是可以徵驗的真實存在。此從道體的生成作用，以顯道體的形上實存。〈齊物論〉有云：「可行已信，而不見其形，有情而無形。」可行在道體的生成作用，已信在道體的形上實存，雖有其實，卻無其形。兩段析論貼近。

「可傳而不可受，可得而不可見」，「傳」在心靈的感應，「得」在生命的體悟，而不可能在形迹上傳授，也不可能由感官看到。陳壽昌云：「得，心得；見，目見。」宣穎云：「雖可以心得，而無跡之可見。」釋德清云：「以心印心，故可傳可得，妙契忘言，故無為無形。」

「自本自根，未有天地，自古以固存；神鬼神帝，生天生地」，道是最高也最後的終極存在，它是它自己存在的理由，在未有天地之先的原古年代，它就已經在了。「神鬼神帝」，宣穎云：「帝即鬼之尊者，其神皆道神之也。」陳壽昌云：「鬼者造化之迹，帝者主宰之精，不神之神，皆道神之也。」此謂鬼帝之神，皆從「道」的源頭來。老子云：「天得一以清，地得一以寧，神得一以靈。」（三十九章）鬼帝的「神」，由「道」的「一」而來。且天清地寧，得以遮覆萬物也乘載萬物的生成作用，皆由

「道」的「一」所賦予。

「在太極之先而不為高，在六極之下而不為深」，俞樾云：「當云在太極之上，方與高相應。」成玄英疏云：「六極，六合也。」「六合」是上下四方，太極已屬最高的存在，六合已涵蘊最下的存在。對道而言，在太極之上不算高，在六合之下也不算深。

「先天地生而不為久，長於上古而不為老」，老子有云：「天長地久。」（七章），又云：「有物混成，先天地生。」（二十五章）「天長地久」是道的生成作用，「有物混成，先天地生」意謂有一渾然天成的存在，在天地之先它就已經在了。此「強為之名曰大」，又「字之曰道」的終極實存，雖在天地之先就已經在了，卻不算長久，雖比上古還年長，卻不算老。不論是空間的高深，還是時間的長久，道的存在皆超越在時空之上，此言道體的無限性。

底下一連串文字，喻得道者的逍遙，而以神鬼神帝的神用無方，實體化的落在傳說中之神仙家的身上。吾人依〈齊物論〉所說的「六合之外，聖人存而不論」，來解讀這一段象徵「道」的說法。

「狶韋氏得之，以挈天地」，「之」指謂「道」，「挈」是提住，狶韋氏得道，用來提住天地。「伏戲氏得之，以襲氣母」，「襲」當「合」解，伏羲氏得道，用來契合氣母。「維斗得之，終古不忒」，成玄英疏云：「忒，差也。」北斗星得道，綱維天地的作用永不會誤差。「日月得之，終古不息」，日月得道，日光月華永不止息。「堪坏得之，以襲崑崙」，成玄英疏云：「襲，入也。」堪坏神人得道，用以入崑崙證道。「馮夷得之，以遊大川」，馮夷水神得道，用以徧遊大川。「肩吾得之，以處大山」，肩吾山神得道，用以長處泰山。「黃帝得之，以登雲天」，黃帝得道，用以登上雲天。「顓頊得之，以處玄宮」，顓頊帝得道，用以處玄天之宮。「禺強得之，立乎北極」，禺強得道，用以立於北海神位。「西王母得之，坐乎少廣，莫知其始，莫知其終」，西王母得道，用以常坐少廣洞穴，超離生死，故不知終始。「彭祖得之，上及有虞，下及五伯」，彭祖得道，其年歲從虞舜活到春秋五霸。「傅說得之，以相武丁，奄有天下，乘東維，騎箕尾，而比於列星」，傅說得道，為武丁相，治理天下，死後其神列為星宿，居於東維、箕尾等星座之上，好像統御列星而與列星並列。

宣穎云：「以上諸神，半出荒唐，莊子但取其寓意，不暇論也。」陳壽昌云：「歷引得道者以為證。道不可名，故強為之容。虛以擬之，實以證之。彌親彌尊，而道之無外者見矣。」此說深得其旨。言道之無外者，即道無所不在，傳說中的神仙靈驗，皆道之神鬼神帝與生天生地的生成原理所賦予。

# 第4章 聖人之道的工夫進程

## 一、守而告之的工夫次第

南伯子葵問乎女偊曰：「子之年長矣，而色若孺子，何也？」曰：「吾聞道矣。」南伯子葵曰：「道可得學邪？」曰：「惡！惡可！子非其人也。夫卜梁倚有聖人之才而無聖人之道，我有聖人之道而無聖人之才。吾欲以教之，庶幾其果為聖人乎！不然，以聖人之道告聖人之才，亦易矣。吾猶守而告之，參日而後能外天下；已外天下矣，吾又守之，七日而後能外物；已外物矣，吾又守之，九日而後能外生；已外生矣，而後能朝徹；朝徹，而後能見獨；見獨，而後能無古今；無古今，而後能入於不死不生。殺生者不死，生生者不生。其為物，無不將也，無不迎也，無不毀也，無不成也。其名為攖寧。攖寧也者，攖而後成者也。」

成玄英疏云：「葵當為綦字之誤，猶〈人間世〉中南伯子綦也。」另〈齊物論〉有南郭子綦，南郭是城南，南伯則是長者尊稱。南伯子葵請問修道人女偊說，先生年長，何以看起來如此年少？對方答說，我聽聞了「道」。南伯子葵再問：「道」可以學得來嗎？回答的是，那怎麼可能，你不是此道中人。老子有云：「上士聞道，勤而行之；中士聞道，若存若亡；下士聞道，大笑之，不笑不足以為道。」（四十一章）重點不在是否聞道，而在聞道之後的實踐修行。此道學之士的上中下之分，完全看所下工夫的深淺，勤行是上，不行是下，搖擺在行與不行之間是中。問道可以學得來嗎？而答以不可。此答案大有問題。從道內在於每一個人而言，人人皆可，道才有普偏性。此給出不可的回答，不在修養工夫的深淺說可不可，而在「子非其人也」說不可。你不是此道中人，說的不是「德性」，而是「才性」。故「子非其人」，意謂你不是最理想的上上之才，道雖人人可學，但並非人人皆可學成，這是「才」的殊異性問題。

「夫卜梁倚有聖人之才而無聖人之道，我有聖人之道而無聖人之才。吾欲以教之，庶幾其果為聖人乎」，那誰會是「此道中人」，女偊說是卜梁倚。問題在卜梁倚有聖人之才，卻無聖人之道，而自身雖有聖人之道，卻無聖人之才。二者各有缺憾。所以，在「才不才」之外，還有「遇不遇」的問題。以聖人之道，去教導聖人之才，此之謂遇合，否則空自抱憾而已；兩者在人間相遇而成最佳拍檔，或許可以完成聖人的理想人格。「果為」就是完成問題。完成問題，要有才，又要有道，所謂遇合，涵蘊引導與化成。此關涉的是工夫次第的問題。

女偊會對懷有向道之心的南伯子葵，說出「惡可」之不合情理的回答，原來心中已另有理想的人選。是以藉機向天下宣告，公開徵召卜梁倚前來受教。此在「行」的工夫深淺，與「才」的氣稟高下之外，最後就是「術」的接引法門。

「不然，以聖人之道告聖人之才，亦易矣」，「不然」就「庶幾其果為聖人乎」而言，因為沒有必然性，即使做不到成不了，我也要以聖人之道，來教導引領聖人之才，不同的根器，要以不同的法門來接引，「易」在「才」的高下之外，還涉及接引法門是否相應契合的問題。不過領悟力高的人，總是較有突破性的成長空間。

「吾猶守而告之，參日而後能外天下；已外天下矣，吾又守之，七日而後能外物」，「守而告之」的「守」字，是以過來人的體驗，守在修道者的身邊，在關鍵性的緊要處，當機指點，就像打禪七，要有師父守在打坐者的身旁，以免心猿意馬，

「坐忘」不成反成了「坐馳」。成玄英疏云：「外，遺忘也。」歷時三日，遺忘了天下，擺脫了天下名利，甚至是權勢的糾纏。第二階段，依然以聖人之道守在聖人之才的身側，又在轉關處當機指引，歷時七天，遺忘了切身的器物，放下對古董精品的迷戀。

「已外物矣，吾又守之，九日而後能外生」，在遺忘了精美妙品之後的第三階段，我又守在身邊，歷時九天，而遺忘自身的形體，解消了形化老死的陰影籠罩。成玄英疏云：「天下萬境疏遠，所以易忘，養身之物親近，所以難遺。」「物」是身外物，生則是生命自身，故更難以遺忘。宣穎云：「忘生，體也。自天下而物而生，愈近則愈難外也。」故工夫次第，由外而內，由遠而近，由易而難的逐步將塵囂俗染洗滌清除。

「已外生矣，而後能朝徹；朝徹，而後能見獨；見獨，而後能無古今；無古今，而後能入於不死不生」，當修行人最後把生命自身都解消了，有如〈逍遙遊〉的「至人無己」，與〈齊物論〉的「吾喪我」之亦工夫亦境界，外生是工夫，境界的開顯在「朝徹」。成玄英疏云：「如朝陽初啟，故謂朝徹也。」朝陽初啟，照徹了人世間的每一角落，人間再無陰影，心頭已無恐懼。「朝徹，而後能見獨」，當自我的層層包裝，逐層剝落之後，天下的權力圈與名利場，器物的身價與生命的眷戀，一一拆解之後，最後朗現的就是生命主體的道心真君了，「見獨」就是真我朗現。「見獨，而後能無古今」，真君道心，虛而待物，也唯道集虛，超越在時空之上，根本就無遠古來今之分。正如陳子昂的〈登幽州臺歌〉：「前不見古人，後不見來者，念天地之悠悠，獨愴然而涙下」，前無古人後無來者，似乎亘古以來惟一的真我，與悠悠天地同在，「獨」就是「見獨」，〈天下〉篇云：「獨與天地精神往來。」以是之故，「愴然涙下」流出的不是孤獨哀傷的涙水，而是證成道也體現道的感動。「無古今，而後能入於不死不生」，既無古今，時光已然停格，每一當下都是永恆，此體現道體的不死不生之境。此宣穎云：「自外天下至外生，有工夫次第；自朝徹至無古今，無功夫次第。蓋學至乎外生已了悟矣，至入於不死不生已道成矣。」由是而言，朝徹、見獨、無古今，入於不死不生，是一體併現的理境開顯，故未有三日、七日與九日的工夫次第。

「殺生者不死，生生者不生」，此承上文之證入不死不生之境，故不死與不生，必得給出正面的解釋。不死不生既是正面的意義，那殺生與生生也一定是正面的意義。道家的不死之道在那裡，就在不生。故「殺生」所以「生生」，「殺生」是不執著「生」不造作「生」的人，才能不被「生」所壓迫跟傷害，也才可能長久的「生」下去。老子有云：「天地所以能長且久者，以其不自生，故能長生。」（七章）不自生相當於「殺生」，而長生等同「生生」。不以「生」自我封限的人，才能長久的生萬物。「殺生」是「無」，「生生」是「有」，通過「無」的化解作用，而作用的保存天生本真的「有」。是「殺生」所以「生生」，即「有生於無」（四十章）的生成原理。

〈外篇・知北遊〉有云：「不以生生死，不以死死生。」這句話極具洞見，而發人深省。前半句說不要因為太想活下去，而帶來對死亡的恐懼，故「殺生」是不執著無分別的修養工夫；後半句說不要因為人生終究會死，而失落了此生本來的美好，故「生生」是回歸無心自然的理境開顯。此「殺生」的「殺」，有如「以刑為體者，綽乎其殺」的「殺」，是「損」或「忘」的工夫，解消心知對此「生」的執著，那麼相對的「死」，已同時放下，就不會壓迫我傷害我，所以說「殺生者不死」。「生生」，是「知天之所為者，天而生也」，意謂「天」惟一所為的就是生，「生生」的上一「生」字，是順應「天」本身的生成作用，下一「生」字，是長久的生天地萬物。此「生生」已涵蘊「不生」的意涵。「生」既無心自然，等同「不生」，所以說：「生生者不生。」

宣穎云：「載道者心也，害道者亦心也。」故「殺生」與「不生」皆就心知來解。「殺生」是心知解消生的執著，不知乃真知，故曰：「死其心則神理活，是死非死也。」知反而不知，故曰：「生其心則神理死，故生非生也。」問題在，「殺生者不死，生生者不生」正呼應上文之「入於不死不生」，不死不生既是正面的表述，殺生與生生也當該是正面的詮解，今宣穎解「生生」為心知執著生，雖能言之成理，卻不能切合上下語文脈絡的意義。

「其為物，無不將也，無不迎也，無不毀也，無不成也」，陳壽昌解「其為物」，為「道之為物」，惟依語文脈絡來看，當是指謂做為一個體現道的真人生命。成玄英疏云：「將，送也。」將與迎，成與毀是兩組相對的觀念，真人無掉心知的執著，也就解消了價值的二分，所以說沒有什麼要送往的，也沒有什麼要迎來的分別，也沒有什麼完成，也沒有什麼毀壞的區隔。心知上無成與毀，態度上也無將與迎，儘管人間紛擾，仍保有生命的寧靜。故所謂「攖寧」，是在雜多困擾中，還是可以自在天真。也就是「其不一也一」，在「與人為徒」中「與天為徒」。

## 二、聞道證道的理序先後

南伯子葵曰：「子獨惡乎聞之！」曰：「聞諸副墨之子，副墨之子聞諸洛誦之孫，洛誦之孫聞之瞻明，瞻明聞之聶許，聶許聞之需役，需役聞之於謳，於謳聞之玄冥，玄冥聞之參寥，參寥聞之疑始。」

「獨惡乎聞之」，問女偊如何獨能聽聞道？而有色若孺子的妙用。故請問聞道的進路。「曰：聞諸副墨之子，副墨之子聞諸洛誦之孫」，此宣穎云：「書籍文字也，文字是翰墨為之，然文字非道也，不過傳道之助耳，故謂之副墨。」悟道體道是父是主，證道之言而形諸文字，是子是副，而後起學子的傳誦不輟，宣穎云：「文字須誦讀之，洛誦者，樂誦也。」文字既為子，則誦讀已為孫。

「洛誦之孫聞之瞻明」，誦讀之餘，以修養來印證，「瞻明」是所瞻皆明，也就是虛靜明照，而照現真實。「瞻明聞之聶許」，「聶許」是附耳說道，聽之而心許。「聶許聞之需役」，宣穎云：「聽之聰，又須行之勤。需，待也；役，行也。待行之始為實也。」聽之心許，有待於實踐，才能有親切的體會。「需役聞之於謳」，宣穎云：「於，音烏，烏呼歎詞，謳者歌之別調，咏歎之，歌吟之，寄趣之深也。」聞道力行，聞之於謳歌詠歎。

「於謳聞之玄冥」，「玄冥」是道的根源之地，道體是最高最後的終極原理，道在當下現前，故發自生命的歌頌詠歎。「玄冥聞之參寥」，宣穎云：「參，參悟；寥，空虛也。」體現天道，必得先參悟，始得證入寂寥之理境。「參寥聞之疑始」，宣穎云：「疑始者，似有始而未嘗有始也。」從道體的似有還無，說疑始，「始」是「有」，「疑」是「無」，此有無玄妙，已是道本身。此聞道的門徑，又周而復始，道本身是父是主，證道之言而形諸文字，是子是副，誦讀歌詠已為孫。……

# 第5章 造化何拘的生死智慧

## 一、死生一體的莫逆於心

子祀、子輿、子犁、子來四人相與語，曰：「孰能以無為首，以生為脊，以死為尻，孰知死生存亡之一體者，吾與之友矣。」四人相視而笑，莫逆於心，遂相與為友。俄而子輿有病，子祀往問之。曰：「偉哉夫造物者，將以予為此拘拘也！」曲僂發背，上有五管，頤隱於齊，肩高於頂，句贅指天。陰陽之氣有沴，其心閒而無事，跰𨇤而鑑於井，曰：「嗟乎！夫造物者又將以予為此拘拘也！」子祀曰：「女惡之乎？」曰：「亡，予何惡！浸假而化予之左臂以為雞，予因以求時夜；浸假而化予之右臂以為彈，予因以求鴞炙；浸假而化予之尻以為輪，以神為馬，予因以乘之，豈更駕哉！且夫得者，時也，失者，順也；安時而處順，哀樂不能入也。此古之所謂縣解也，而不能自解者，物有結之。且夫物不勝天久矣，吾又何惡焉！」

四個方外高人，在人間相遇，說出了共同的心聲，「以無為首」，「首」是生命的主體，而主體的心靈在虛靜，「以生為脊」，「背脊」是生命的支柱，「以死為尻」，「尻」是背脊的盡處，如同「有生必有死」之生命的終程。「孰知死生存亡之一體者，吾與之友矣」，有誰能體認死生存亡本來就是一體不可分的人，我就願意跟他做朋友。因為人生交友，本來要活出這一生的美好，卻面對了生離死別的無情考驗，所以一定要解消生死的執著與分別，否則愛人等同害人，交友終成悲痛與遺憾。「四人相視而笑，莫逆於心，遂相與為友」，四位方外高人，眼神交會，心意契合，就相互結成好友。

「俄而子輿有病，子祀往問之。曰：偉哉夫造物者，將以予為此拘拘也」，沒過多久，子輿生病了，子祀前往慰問。子輿對著來訪的好友說，多麼不可思議，天地造化竟給我這樣的軀體來拘限我。「曲僂發背」，成玄英疏云：「傴僂曲腰，背骨外露。」言其軀體嚴重扭曲，「上有五管」，成玄英疏云：「既其俯而不仰，故臟腑並在上。」另宣穎云：「五管，瘡孔。」意謂瘡孔外露。「頤隱於齊」，臉頰藏在肚臍；「肩高於頂」，肩膀高於頭頂；「句贅指天」，李頤云：「句贅，項椎也，其形似贅，言其向上也。」此言項椎指向天。

在造化以此軀體來拘限我之外，「陰陽之氣有沴」，宣穎云：「沴，氣亂也。」又加上陰陽失調而氣亂，此言其病情。「其心閒而無事」，仍能保有閒散的心境，「無事」是不讓它成為生命的負累。「跰𨇤而鑑於井」，「跰」，並足貌；「𨇤」，斜行貌。形體扭曲，又受到風寒，故拖曳兩足斜行，到了井邊看到映照在水中的自己，「曰：嗟乎！夫造物者又將以予為此拘拘也」，哎，天地造化又要用這副軀體來拘限我嗎？此一「又」字，藏有多少無奈，跟好友說了半天，再走向井邊端詳自己，造化依舊以如此不堪的軀體來綁住我，「為此拘拘」，反映他對形體自由來去的無限嚮往。

「子祀曰：女惡之乎？曰：亡，予何惡」，或許子祀聽出子輿藏在心中的些許無奈，所以就問說，你會厭惡你這樣的軀體嗎？「亡」當「無」解，子輿回答說，怎麼會，我有什麼好厭惡的。人生的存在處境，就是心在物中，人生的出路在「乘物以遊心」，雖說「為此拘拘」，仍是惟一的憑藉與可能。只要心知解消對形軀的執著，認命的接受造化給出的拘限，甚而以達觀的心態來面對其他氣化形塑的諸多變化。「浸假而化予之左臂以為雞，予因以求時夜；浸假而化予之右臂以為彈，予因以求鴞炙」，郭象注云：「浸，漸也。」假如在氣化流轉中，我的左臂漸漸的轉化成一隻雞，「時」當「司」解，時夜是司夜，那我就順任它做為守夜的公雞。假如造化將我的右臂漸漸的轉化為彈弓，那我就順任它可以用來烤小鳥。「浸假而化予之尻以為輪，以神為馬，予因以乘之，豈更駕哉」，假如造化又將我的尾椎漸漸的轉化為車輪，而以我的心神做為馬，我就順任它駕御馬車前行，還要另找車駕嗎？認造化的拘限是認命，隨順造化前行則是隨緣。此〈齊物論〉所謂的「因是已」，順任它的所是而是之，化為雞就守夜，化為彈弓就來烤小鳥，化為車輪就駕車，無掉心知執著的「用」，而回歸形體本身的用，不同的形物才氣，就過不同的人生，我怎麼會厭惡它呢？

「且夫得者，時也，失者，順也；安時而處順，哀樂不能入也。此古之所謂縣解也」，這一小段話，與〈養生主〉末段文字略有差異，義理幾乎等同。得失皆就此身而言，得此身的「生」，是一時的偶然，失此身的「死」，則是必然的歸趨。關鍵在，要安於「來」的「時」，面對總是要「去」的「順」，無心知的執著，哀樂之情就沒有闖入的空間。心知執著生死的二分，將生命逼向有如倒懸之苦，心知解消執著，不生也就不死，生死不再成為困苦跟傷痛，此之謂「縣解」。解開了倒懸，生命就從自困自苦中，回歸自在自得。

「而不能自解者，物有結之。且夫物不勝天久矣，吾又何惡焉」，倘若不能自我解消，與物接即構成心象，在比較得失間，成了心結，而帶來生命的困苦。且物象的遷移變化，皆在氣化的籠罩中，沒有那一物可以逃離或對抗造物的安排，「勝」是抗拒的意思，「物不勝天」，此「天」是現象自然之天，也就是「死生，命也，其有夜旦之常，天也」的「天」，所以說我又有什麼立場可以厭棄我的形體而不要它呢？

## 二、鼠肝蟲臂的惟命之從

俄而子來有病，喘喘然將死，其妻子環而泣之。子犁往問之，曰：「叱！避！無怛化！」倚其戶與之語曰：「偉哉造化！又將奚以汝為，將奚以汝適！以汝為鼠肝乎？以汝為蟲臂乎？」子來曰：「父母於子，東西南北，惟命之從。陰陽於人，不翅於父母；彼近吾死而我不聽，我則悍矣，彼何罪焉！夫大塊載我以形，勞我以生，佚我以老，息我以死。故善吾生者，乃所以善吾死也。今大冶鑄金，金踴躍曰：『我且必為鏌鋣』，大冶必以為不祥之金。今一犯人之形，而曰『人耳人耳』，夫造化者必以為不祥之人。今一以天地為大鑪，以造化為大冶，惡乎往而不可哉！」成然寐，蘧然覺。

沒多久，子來有病，呼吸急促眼看就要死去，他的妻兒環繞身側哭泣。子犁前往探病，說了一句不盡情理的話，「叱」是喝斥的聲音，「避」是給我走開，「無怛化」，「怛」當「驚」解，不要驚擾那個正在轉化的人。靠在門邊，對著他說：多麼不可思議，造物又要把你轉為何物，化往何方？會把你轉為鼠肝，還是化作蟲臂呢？

「子來曰：父母於子，東西南北，惟命之從」，宣穎云：「倒裝語法，言子於父母也。」「惟命之從」是「惟從命」，為了強調「命」的理念，受詞提至動詞之前，中間加上語氣詞「之」，做為區隔。此謂不論東西南北，惟從父母之命。「陰陽於人，不翅於父母；彼近吾死而我不聽，我則悍矣，彼何罪焉」，陰陽氣化對人來說，「不翅」即「不啻」，無異於父母，宣穎云：「近，猶迫也。」它以死壓迫我，而我竟抗命不從，那我就太強悍了，它有什麼罪過呢？「夫大塊載我以形，勞我以生，佚我以老，息我以死。故善吾生者，乃所以善吾死也」，這六句話，已見前文，說的是人有形軀，就離不開生老死的「形化」過程，人所能做的是無心自然的「善」，不執著「生」，「死」就不能壓迫我，傷害我。

「今大冶鑄金，金踊躍曰：『我且必為鏌鋣』，大冶必以為不祥之金」，「今」是設定一個情境，一位大冶匠，正在鎔鑄一大烘爐的金，金在火熱的爐裡沸騰跳躍，爭著說，一定要把我鑄成一把像鏌鋣般的名劍，大冶匠一定會以為這是不祥的金。何以不祥，因天地造化隨陰陽氣化流轉，心起執著，一定落空，而帶給自己傷痛。「今一犯人之形，而曰人耳人耳，夫造化者必以為不祥之人」，成玄英疏云：「犯，遇也。」現在也不過是一時偶然碰上了人的形體，就對自己大喊：我是人，我是人，天地造化一定會以為他是不祥的人。「不祥」在有心，反成負累。「今一以天地為大鑪，以造化為大冶，惡乎往而不可哉！成然寐，蘧然覺」，人生在世，一定要把天地看成一個大熔爐，把造化看做一個大冶匠，隨順自然，有什麼它所往而不可去的呢？「成然」是熟睡貌，「蘧然」是安適貌，就是熟睡無夢，醒覺無憂。此意謂死生一如夢覺，可以放下而安適。嚴謹的說，生死的執著分別是夢，解消生死的執著分別是覺；夢是倒懸，覺是懸解。

不論是空間的高深，還是時間的長久，道的存在皆超越在時空之上。

## 第6章 道術相忘的方內共遊

### 一、方內方外的生命對話

子桑戶、孟子反、子琴張三人相與友，曰：「孰能相與於無相與，相為於無相為？孰能登天遊霧，撓挑無極；相忘以生，無所終窮？」三人相視而笑，莫逆於心，遂相與為友。莫然有間而子桑戶死，未葬。孔子聞之，使子貢往待事焉。或編曲，或鼓琴，相和而歌曰：「嗟來桑戶乎！嗟來桑戶乎！而已反其真，而我猶為人猗！」子貢趨而進曰：「敢問臨尸而歌，禮乎？」二人相視而笑曰：「是惡知禮意！」子貢反，以告孔子，曰：「彼何人者邪？修行無有，而外其形骸，臨尸而歌，顏色不變，無以命之。彼何人者邪？」

三位道友聚集，發表交友之道的共同宣言。交友當然是既相與，又相為，問題在，相與可能成為負累，相為可能帶來壓力。所以在相與的同時，又要無相與，在相為的同時，又要無相為。宣穎云：「無相與之心，無相為之迹。」「無」是心知的化解，而化解的作用就在保存友誼的純真。相與相為是「有」，無相與無相為是「無」，此又有又無的玄妙，就是道的生成萬理。

「孰能登天遊霧，撓挑無極；相忘以生，無所終窮」，「登天遊霧」是超然物外，「撓挑無極」，李頤云：「撓挑，宛轉也。」陳壽昌云：「無極，太虛也。」此宛轉於「無何有之鄉」，心無何有，即可遊於「廣莫之野」，「無極」是無所限，也無窮盡。「相忘以生，無所終窮」，放下「生」的執著，「死」也就不會壓縮友朋間共處一生的美好時光。成玄英疏云：「終窮，死也。相與忘生復忘死，死生混一，故順化而無窮也。」「順化」就是與天地同在，與萬物同行，「無窮」是人間美好沒有終窮之時。「三人相視而笑，莫逆於心，遂相與為友」，三個人臉露笑容，心意相通，就放心的相互結交為友。

「莫然有閒而子桑戶死，未葬。孔子聞之，使子貢往待事焉」，陳壽昌云：「莫然無言，俄頃之間。」三人既已莫逆於心，故言語已成多餘。「莫然」有「淡漠」的意涵，「有閒」是沒隔多久，而子桑戶過世，這是他的幸運，知心莫逆陪伴身邊，可以無憾，也放開了孟子反與子琴張二人。尚未安葬，孔子聽聞這一訊息，派子貢前往協助處理喪事。

「或編曲，或鼓琴，相和而歌曰：嗟來桑戶乎！嗟來桑戶乎！而已反其真，而我猶為人猗」，子貢一到現場，看到有人編曲，有人彈琴，且相互唱和。「嗟來」，王引之云：「來是句中助詞，嗟來猶嗟乎。」在嗟歎聲中呼其名號，「而」是「爾」，你已回歸天道真實，可歎的是我們還流落人間。「猗」是發出深層的歎息。「子貢趨而進曰：敢問臨尸而歌，禮乎」，子貢快步向前，問說：請容許我冒昧請教，停棺在堂，還相和而歌，合禮嗎？「二人相視而笑曰：是惡知禮意」，兩人對看一眼，還笑著說，你閣下怎麼知道禮的本意！

「子貢反，以告孔子，曰：彼何人者邪？修行無有，而外其形骸，臨尸而歌，顏色不變，無以命之。彼何人者邪」，子貢碰壁而回，向孔子報告說：他們到底是怎麼樣的人，所修所行竟意在顛覆禮制的規範，「有」指謂的是行為模式與價值規範，而把形骸視為生命之外的存在，且對著棺木唱歌，臉色不見哀戚。李頤云：「命，名也。」「名」是價值內涵的認定，我不知道要如何理解他們的言行，他們到底是怎麼樣的人！實則，《論語》有「林放問禮之本」，孔子讚許為「大哉問」。禮之本是在禮制之上的價值源頭，即所謂的「禮意」，儒家「禮之本」在仁心，道家禮之本在無心。此莊子寓言，故意整子貢冤枉。

## 二、遊乎天地之一氣的方外逍遙

孔子曰：「彼，遊方之外者也；而丘，遊方之內者也。外內不相及，而丘使女往弔之，丘則陋矣。彼方且與造物者為人，而遊乎天地之一氣。彼以生為附贅縣疣，以死為決疣潰癰，夫若然者，又惡知死生先後之所在！假於異物，託於同體；忘其肝膽，遺其耳目；反復終始，不知端倪；芒然彷徨乎塵垢之外，逍遙乎無為之業。彼又惡能憒憒然為世俗之禮，以觀眾人之耳目哉！」

---

孔子回答說，他們是遊於方外的人，而我孔丘是遊於方內的人，方外與方內的價值觀是沒有交集的，此處「方」指謂的是禮制。我派遣你前往弔喪，那是我的淺陋。此展現的是孔子生命的高度，對方外高人不僅同情的了解，還多了一分尊重，子貢受

挫，孔子不想責備賢者，只好說自己不對了，或許可以緩解子貢的不滿。「彼方且與造物者為人，而遊乎天地之一氣。彼以生為附贅縣疣，以死為決疣潰癰，夫若然者，又惡知死生先後之所在」，「方且」是正將或正要的意思，他們正將與天地造化為友，王念孫云：「人者，偶也，為人，猶為偶也。」遨遊在天地造化的一氣之中。他們把「生」看做是多餘的贅瘤，把「死」看做是潰決的癰瘡。意謂「生」是累贅而可以割捨，「死」是解脫而可以接受。像這樣的人，已打破了生死的執著與分別，又怎麼知道死生之間何者當先，何者為後的問題。

「假於異物，託於同體；忘其肝膽，遺其耳目；反復終始，不知端倪」，人生在世，都假借不同的形物，而寄託在天道的一體無別之中，忘掉肝膽的執著分別，排除耳目官能的往外追逐。成玄英疏云：「終始，猶生死也。」對生生死死，死死生生的氣化反覆，根本不知發端何處，惟任化而已。「芒然彷徨乎塵垢之外，逍遙乎無為之業。彼又惡能憒憒然為世俗之禮，以觀眾人之耳目哉」，宣穎云：「芒然，無係貌。」即心無掛礙。「彷徨」是「徜徉」的意思，徜徉在俗染塵囂之外。「逍遙」是逍而後能遙，而無為之業，本在無心，既無心消解，天地就開闊，「業」本多塵垢污染，「無為」是無心而為，解消塵垢污染，人間事業也可自在逍遙。郭象注云：「所謂無為之業，非拱默而已，所謂塵垢之外，非伏於山林也。」此說精到。塵垢之外與無為之業，根源在生命主體的虛靜。陳壽昌云：「憒憒，心亂貌。」彼等又怎麼會心煩意亂的拘泥在世俗之禮，陸德明云：「觀，示也。」來展示自家為禮數所困的醜態給眾人看呢？

## 三、天之戮民的方內擔負

子貢曰：「然則夫子何方之依？」孔子曰：「丘，天之戮民也。雖然，吾與汝共之。」子貢曰：「敢問其方。」孔子曰：「魚相造乎水，人相造乎道。相造乎水者，穿池而養給；相造乎道者，無事而生定。故曰，魚相忘乎江湖，人相忘乎道術。」子貢曰：「敢問畸人。」曰：「畸人者，畸於人而侔於天。故曰，天之小人，人之君子；人之君子，天之小人也。」

「然則」，承上啟下的大轉折語，「既然如此」是承上，「則」是啟下。子貢問說，既然方外之人如此殊勝，得到夫子這麼大的肯定與推崇，似與夫子平素的教導有極大的落差，如《論語》有所謂「鳥獸不可與同群，吾非斯人之徒與而誰與」，「與斯人之徒」是方內，「與鳥獸」則是方外，孔子自謂「不可」，直截了當的表白儒家立身人間的人文立場。故請問夫子何方之依，是依於方內，還是依於方外。此涉及行道人間的路線問題。孔子回答說：我孔丘是天生的勞累人，此孟子說仁義禮智：「命也，有性焉，君子不謂命也。」「仁義禮智根於心」，而此心是「天之所予我者」，此從「有性焉」說天生，從「命也」說勞累人，方內的路線雖然勞累，我們師生兩個還是守著方內一起承擔吧！「共之」的「之」，指涉的是方內。莊子寓言，不能把孔子說成方外的同路人，那就太不尊重儒家人文化成的理想追尋了。

郭象注云：「以方內為桎梏，明所貴在方外也。」又云：「雖為世所桎梏，但為與汝共之耳，明己恆自在外也。」一言「所貴在方外」，一言「恆自在外」，皆未得善解。孔子自稱「丘則陋矣」，對任使方內弟子去支援方外之人的喪禮，以自責的語氣說，是自己的淺陋，以化解子貢的挫折感，〈德充符〉「叔山無趾，踵見仲尼」的一段寓言中，假老聃之口說：「解其桎梏，其可乎？」無趾答道：「天刑之，安可解！」由此可見，在莊子的筆下，孔子仍遊於方內，既來自「天刑」，天下又有誰能解開。故方內與方外殊途，「遊」才是關鍵。且遊於方外者易，遊於方內者難，孔子邀請子貢，儘管方內勞累，「士志於道」，身為儒者就認了吧！

「子貢曰：敢問其方。孔子曰：魚相造乎水，人相造乎道。相造乎水者，穿池而養給；相造乎道者，無事而生定。故曰，魚相忘乎江湖，人相忘乎道術」，魚在水中相遇，人在道中相遇，在水中相遇的魚，只要在水中游來游去，就可以養分自給；在道中相遇的人，只要在道中無心無為，就可以生命自定。老子云：「不欲以靜，天下將自定。」（三十七章）侯王清靜無為，天下人「欲不作」，生命回歸自然的理序軌道中。此「自定」不是儒家的道德貞定，而是道家的心靈虛靜。所以說魚在江水湖水中互相放下，人在道體術用中互相放下，你忘了我，我也忘了你，你放下我，我也放下你，讓生命回歸自然的美好。

「子貢曰：敢問畸人？曰：畸人者，畸於人而侔於天。故曰，天之小人，人之君子；人之君子，天之小人也」，對話至此，已塑造出「畸人」的形相，所以子貢請教夫子要如何界定這樣的人生形態呢？司馬彪云：「畸人，不偶於人，謂闕於禮教也。」成玄英疏云：「不耦於俗。」陳壽昌云：「方外獨行之人。」故「畸人」乃特立獨行在禮俗之外的人。孔子的回答是「畸於人而侔於天」，宣穎云：「畸，異也；侔，合也。」即異於人而同於天的人。底下前後兩句重複，依王先謙、馬敘倫、奚侗各家的說法，後半句當作「天之君子，人之小人」。「天之小人，人之君子」，意謂失落天真的人，從天道的觀點看是小人，不過從人間的觀點看，卻是合於禮俗的君子。「天之君子，人之小人」，保有天真的人，從天道的標準看是君子，不過從人間的觀點看，卻是悖離禮俗的小人。

陳壽昌云：「有尼山之道，乃可遊於方內而非拘，有漆園之道，乃可遊於方外而非蕩，譬春秋冬夏，四序不同，其為天時則一也。」此由「人相忘乎道術」說儒有儒的道，道有道的道，儒家的道在方內，道家的道在方外，兩大教各行其道，重點在「遊」，儒遊方內，道遊方外，可以相忘無事，而生命各得依止安頓。

## 第7章 有旦宅而無情死的安排去化

### 一、不知生死的不慼不哀

顏回問仲尼曰：「孟孫才，其母死，哭泣無涕，中心不慼，居喪不哀。無是三者，以善喪蓋魯國。固有無其實而得其名者乎？回壹怪之。」仲尼曰：「夫孟孫氏盡之矣，進於知矣。唯簡之而不得，夫已有所簡矣。孟孫氏不知所以生，不知所以死；不知就先，不知就後；若化為物，以待其所不知之化已乎！且方將化，惡知不化哉？方將不化，惡知已化哉？吾特與女，其夢未始覺者邪！

這一段寓言，又請出孔子與顏回師生來進行對話。顏回請教孔夫子說，魯三桓之後孟孫氏名曰才的賢人，他的母親過世，哭泣卻無淚，內心沒有悲戚，守喪也不見哀痛，無此三方面的表現，卻仍以善處喪聞名魯國，沒有人可比得上。請問人間本來就會有「無其實」而「得其名」的怪現象嗎？「回壹怪之」，王引之云：「壹，助詞。」意謂我不能理解。

孔仲尼答道，孟孫氏已盡治喪之道，「進於知矣」，已越過了心知執著的層次，此有如〈養生主〉所說的：「臣之所好者道也，進乎技矣。」「道」與「技」是超越的區分，「盡之」與「知」，即所盡之「道」與所知之「禮」，也是超越的區分。「唯簡之而不得，夫已有所簡矣」，陶鴻慶云：「唯」，可當「雖」解，雖喪禮已力求簡化，卻不能過簡，根本上已儘可能的無涕、不慼、不哀的有所簡易了。「孟孫氏不知所以生，不知所以死」，孟孫氏從心知上解消了生死的執著與分別，「不知就先，不知就後」，林雲銘云：「『就』字疑為『孰』字之誤。」不知何者為先，何者為後，成玄英疏云：「先，生也；後，死也。」亦即無死生之分，如此與上句意義重疊。實則，「就」可當「近」解，上下兩句由心知執著往行為趨避說，即不會趨生避死。

「若化為物，以待其所不知之化已乎」，成玄英疏云：「若，順也。既一於死生，故無去無就，冥於變化，故順化為物。」此言順應天地一氣之化而為物。宣穎云：「順其所以化，以待其將來所不可知之化，如此而已。」陳壽昌改「所以化」為「所已化」，「所已化」說的是造化的現象，「所以化」說的是造化本身的原理。順應「所以化」，也就可以接受「所已化」。故兩家說相得而益彰。

「且方將化，惡知不化哉？方將不化，惡知已化哉」，宣穎云：「四句正不知之化也。總非我所能與者也。」如化為鼠肝蟲臂之類。此說似抹煞了深藏在這四句話中的意涵。陳壽昌云：「此言化與不化，其理不可知。」此說較能正視「且」之深進一層的說理，惟「其理不可知」之說，與下文之義理難以通貫。從下文之「有駭形而無損心，有旦宅而無情死」來看，「化」與「不化」當另有所指。因為既言造化，萬化皆在流轉變化中，怎麼可能會有「不化」？有時間就有變化，故「化」指謂的是人的形體。〈齊物論〉有云：「一受其成形，不亡以待盡。」「成形」就在「形化」中待盡，而待盡就在等待所不知之化，「不亡」指謂人的生命主體，意謂真君不亡，而形軀待盡，故「不化」說的正是「不亡」的真君。這四句話說的「方將化」，指稱的是形體，「方將不化」，指稱的是真君。依上述分析，這四句話可作如是解，形體正在流轉變化中，怎麼會知道有「不化」的真君存在呢？正當「不化」的真君做為生命主體時，在虛靜觀照的當下，怎麼會知道自身所寄託的形體就在流轉變化呢？可見在「待其所不知之化已乎」之人所不能參與的無奈之外，另說「不化」的真君，以開啟生死僅是形體之生老死的事，而與「不死不生」的真君不相干。故下文才能開顯「無損心」與「無情死」之超拔生死的大智慧。

「吾特與女，其夢未始覺者邪」，我只是跟你，還在有生有死的夢境中尚未醒覺過來而已！此言死生的執著分別是「夢」，而打破了死生的執著分別則是「覺」。

## 二、有駭形而無損心的安排去化

且彼有駭形而無損心，有旦宅而無情死。孟孫氏特覺，人哭亦哭，是自其所以乃。且也相與吾之耳矣，庸詎知吾所謂吾之乎？且女夢為鳥而厲乎天，夢為魚而沒於淵。不識今之言者，其覺者乎，其夢者乎？造適不及笑，獻笑不及排，安排而去化，乃入於寥天一。」

「彼」說的是孟孫氏，他已解消了生死的執著與分別，相對孔子與顏回的「其夢未始覺」而言，孟孫氏是已從夢中醒來的覺者。故「駭形」僅是讓人驚駭的形體變化，船山云：「可駭者，生死之形。」「無損心」是「心」沒有承受死亡所帶來的傷痛。「有旦宅」說形體只是暫居之所，「無情死」，故雖有駭形，而沒有真實的死亡。此從「化」說「駭形」，從「不化」說「無損心」，而變動的「形」，只是「旦宅」，故「駭」的壓力與恐慌，大可不必存在。既「無損心」，即無異「無情死」，從「心」說「情」的實，排除死亡的陰影與壓迫。如老子所說的「死而不亡者壽」（三十三章），孟孫氏心中已體悟「死而不亡」的哲理。「特覺，人哭亦哭」，「特覺」有如獨知，是自家獨特的體悟，人間禮俗既言哭喪，也就順應禮俗，天下人哭我也哭，以免特立獨行而驚世駭俗，此體貼天下人的感受。「是自其所以乃」，陳壽昌云：「乃，彼也。言孟孫冥同生死，所以無涕、不慼、不哀之如彼也。」章太炎解「乃」為「如此」，不論是如此或如彼，「所以」皆在解釋既無涕、不慼、不哀，何以猶可謂善喪的理由。

「且也相與吾之耳矣，庸詎知吾所謂吾之乎」，言天下人皆執著有形的我，故所謂之「吾」，不過是人我相對之自稱而已。實則，「庸詎」當「豈」解，意謂那裡會知道我所謂的「吾」，不指稱形體，而指稱的是生命主體的「真君」呢？此如〈齊物論〉所說的「今者吾喪我」，「吾」指謂的是心靈，而「我」指謂的是形體，是心靈的我，擺脫了形體的我，此簡別出「相與吾之」的「吾之」，與「吾所謂吾之」的「吾之」，是不同層次的我，兩「吾之」皆當動詞用，前者認定「有形的我」是我，後者認定「無形的我」才是我。

「且女夢為鳥而厲乎天，夢為魚而沒於淵」，宣穎云：「厲同戾。」而「戾」當「至」解，此夢為鳥或魚，說的是「待其所不知之化」的形體，是鳥就高飛上天，是魚就深游入淵。「不識今之言者，其覺者乎，其夢者乎」，不知今天在此大發議論的人，是有如醒覺的真君呢，還是有如睡夢的形體呢？陳壽昌云：「于天于淵本屬幻境，非真我也。」又云：「以覺覺夢，其視人哭亦哭，亦猶鳥之厲天，魚之沒淵，皆非真君也。」此說堪稱貼切。

「造適不及笑，獻笑不及排，安排而去化，乃入於寥天一」，陳壽昌云：「造，至也；排，安排也。……既造適意之境，則不待笑而已適；既動發笑之容，則不及排而已笑。為適為笑，只在當境之須臾耳。彼入夢者之不及覺，亦猶是也。」若孟孫氏之大覺者，就可以安於天地造化的推排，而去除形化待盡的悲戚。郭象注云：「安於推排，而與化俱去。」如是則可證入「寂兮寥兮」的天道本體之「一」。宣穎云：「寥天一即道也，即大宗師也。」實則當該如是說，證入「寥天一」的真人，才是體現天道之生命人格之大的大宗師。

莊子以「化」取代所謂的「死」，沒有死亡，只有兩段生之間過渡的「化」，從這個形體轉化為另一個形體，故所謂「死」，如同辦理出入境手續，從這個形體出境，而從另一個形體入境。故「死」而「不亡」，無死生的執著分別，也就不必有趨生避死的人為造作了。

# 第8章 息我黥補我劓的造化自然

## 一、黥仁義劓是非的生命傷痕

意而子見許由。許由曰：「堯何以資汝？」意而子曰：「堯謂我：『汝必躬服仁義而明言是非。』」許由曰：「而奚來為軹？夫堯既已黥汝以仁義，而劓汝以是非矣，汝將何以遊夫遙蕩恣睢轉徙之塗乎？」意而子曰：「雖然，吾願遊於其藩。」許由曰：「不然。夫盲者無以與乎眉目顏色之好，瞽者無以與乎青黃黼黻之觀。」

意而子寓言人物，求見許由。許由問說：堯用什麼來教導你？意而子答道，堯告訴我，你一定要實踐仁義，而明辨是非。許由問道，那你此番前來，還能做什麼？

「而」當「爾」解，宣穎云：「何必來此為乎，軹，語助辭。」堯既然用仁心義理的價值標準來教導你，有如在臉上刺字般的在你生命中留下烙印傷痕，且用自是非他的執著分別來引領你，有如割掉鼻子般的在你的心形成刑害傷痛。仁義是非是名，桎梏枷鎖是刑，而名就是刑，故將仁義是非說是黥劓肉刑。「汝將何以遊乎遙蕩恣睢轉徙之塗乎」，宣穎解「遙蕩」為「閒放」，「恣睢」為「自得」，「轉徙」為「自在變化」。郭象注云：「不能復遊夫自得之場，無係之塗也。」意謂那麼請問你，你能憑藉什麼遨遊在廣大自得而任物自化的道途上呢？

「意而子曰：雖然，吾願遊於其藩」，意而子說，雖然如此，我還是想要遊於天道自然的藩籬邊緣。「許由曰：不然。夫盲者無以與乎眉目顏色之好，瞽者無以與乎青黃黼黻之觀」，許由答道，恐怕不能如你所願，一個人目盲是看不到眉目神情的姣好，一個人失明是不能觀賞青黃與黑白交織而成的花紋精美。意謂你已失去了虛靜觀照的美感心靈了。〈逍遙遊〉直以形骸的聾盲來說心智的聾盲，義理較順當。

## 二、造物自然的修補生息

意而子曰：「夫無莊之失其美，據梁之失其力，黃帝之亡其知，皆在鑪捶之閒耳。庸詎知夫造物者之不息我黥而補我劓，使我乘成以隨先生邪？」許由曰：「噫！未可知也。我為汝言其大略。吾師乎！吾師乎！齏萬物而不為義，澤及萬世而不為仁，長於上古而不為老，覆載天地刻雕眾形而不為巧。此所遊已！」

意而子說，無莊美人的自失其美，據梁力士的自失其力，黃帝聖智的自失其智，有如萬物在造化爐冶間的錘鍊成器一般。無莊說是美人，乃不假妝扮之類，據梁說是力士，乃據其梁強之意。凡此號稱美人、力士、聖智，皆為心知執著人為造作而有，「自失」是自我解消的工夫修養，而以爐火錘鍊而鑄成利器，來比喻人通過修養工夫而成真人，此為「息我黥」而「補我劓」預留空間。

「庸詎知夫造物者之不息我黥而補我劓，使我乘成以隨先生邪」，「庸詎」當「豈」解，你怎麼知道天地造化不會讓我從黥劓中休養生息，「乘成」是憑藉修補有成的天真本德，追隨先生以體現道呢？

「許由曰：噫！未可知也。我為汝言其大略」，許由答以猶未可知，因為能否生息修補，要以修養工夫做為保證，而工夫又一時未定。不過對修道工夫所開顯的理境，我倒可以為你做粗略的描述。

「吾師乎！吾師乎！韲萬物而不為義，澤及萬世而不為仁，長於上古而不為老，覆載天地刻雕眾形而不為巧。此所遊已」，成玄英疏云：「吾師乎者，至道也。……韲，碎也。」陳壽昌云：「韲，碎而調和之意。」天道是生成原理，超越在人間仁義與天地時空之上，故雖調和萬物也不算是「義」，雖恩澤下及萬世也不算是「仁」，雖年代比上古還早也不算是「老」，雖天之遮覆地之乘載以雕塑眾形萬物，也不算是「巧」，而這就是乘成以遊的理境開顯。

此「不為義」、「不為仁」，正是老子所說的「絕仁棄義」，「黃帝之亡其知」，也正是老子所說的「絕聖棄智」（十九章），「覆載天地刻雕眾形」，亦如老子所云：「無，名天地之始；有，名萬物之母。」（一章）「覆載天地」為「天地之始」，「刻雕眾形」為「萬物之母」，而二者都是「吾師乎」的天道。

## 第9章 離形去知同於大通的坐忘

顏回曰：「回益矣。」仲尼曰：「何謂也？」曰：「回忘仁義矣！」曰：「可矣，猶未也。」它日，復見，曰：「回益矣。」曰：「何謂也？」曰：「回忘禮樂矣。」曰：「可矣，猶未也。」它日，復見，曰：「回益矣。」曰：「何謂也？」曰：「回坐忘矣。」仲尼蹴然曰：「何謂坐忘？」顏回曰：「墮肢體，黜聰明，離形去知，同於大通，此謂坐忘。」仲尼曰：「同則無好也，化則無常也。而果其賢乎！丘也請從而後也。」

這一段寓言，由孔夫子與顏回來擔綱對話，說的是莊子的義理。顏回跟老師報告說，我的工夫有進境了。孔子說：有何等進境？顏回回答說，我忘了仁義了。孔子說：可以了，還不夠好。過了一陣子，又相見。顏回又跟老師報告說，我的工夫又有進境了。孔子說：有什麼進境？顏回回答說，我忘了禮樂了。孔子依舊回答說：是可以了，但還不夠好。過了一段時日又見面，顏回再跟老師報告說，我的工夫又有進境了。孔子說：怎麼樣的進境？顏回這回說，我「坐忘」了。孔子聽了之後，神情顯得有點不安的問說，可否請你解釋一下「坐忘」的意涵。「忘仁義」與「忘禮樂」都是修養的工夫，問題在工夫次第。仁義是內而禮樂是外，從外天下、外物、外生的序列來看，理當先忘禮樂，後忘仁義。《淮南子・道應訓》作禮樂在先，仁義在後，劉文典云：「禮樂有形，固當先忘；仁義無形，次之。」宣穎引孫月峰曰忘仁義，止是去是非心，忘禮樂則全然不拘束矣。故忘禮樂在忘仁義後。從前段孟孫氏母死，雖無涕、不慼、不哀，卻仍哭泣居喪，可見忘仁義易於忘禮樂，因為忘仁義是自家修養，忘禮樂則涉及天下觀感。故道家人物可以自我釋放，卻不想驚世駭俗。先忘仁義後忘禮樂，正藏有〈人間世〉「心和而不出」的微意，且就工夫而言，禮樂之本在仁義，故先忘仁義之體，而後忘禮樂之用。

再看「坐忘」，已不在工夫次第之中，而是修養工夫所開顯的理境。此從「墮肢體」說「離形」，從「黜聰明」說「去知」，成玄英疏云：「墮，毀壞也；黜，退除也。雖聰屬於耳，明關於目，而聰明之用，本乎心體。……毀廢四肢百體，屏黜聰明心智者也。」就〈齊物論〉而言，人生的困苦在「其形化，其心與之然」，人的形體在時間中變化，而心知介入，執著形體也隨之起了變化。此「心知」執著「形體」，心失去虛靜靈動，形也被制約綁住，故修養工夫從「心」說是「去知」，從「形」說是「離形」，在「去知」中「離形」，也在「離形」中「去知」，二者一體不可分。

若與〈人間世〉之「心齋」工夫比較而觀，「隳肢體」的「離形」，是「無聽之以耳」，「黜聰明」的「去知」，是「無聽之以心」。「同於大通」的「坐忘」，則是「聽之以氣」的「心齋」了。「去知」之後的形氣，在制約中被釋放了出來。「離形」之後的心靈，「虛而待物」的虛靜觀照，而照現了形氣的自在美感。此即「遊乎天地之一氣」的存在真實。成玄英疏云：「大通，猶大道也。道能通生萬物，故謂道為大通也。」看上下語脈，此專言人的修養工夫及其開顯的理境，故當就主體言，「同於大通」是主體生命體現了道。

各家注疏皆未就「坐忘」做出合理的解釋。宣穎云：「大通則一切放下矣。」此說頗具洞見。所謂「坐忘」，是就在當下忘掉一切，再問，何以能夠？理由在一切已在當下，什麼可以說是一切，一切從道來，道已在當下現前，什麼都有了，所以什麼都可以放下。老子有云：「不如坐進此道。」（六十二章）什麼人間的名利權勢，與生命的亮麗光采，都不如當下證入天道理境，因為道臨現，一切已在這裡，所以一切可以放下。船山云：「坐可忘，則坐可馳。」此說將〈人間世〉之雖坐猶馳或心坐形馳，與當下放下一切的「坐忘」境界，連言並論，實則二者意思相反，堪稱背道而馳。

從思想史的觀點看，亦工夫亦境界的「坐忘」，可能是禪門頓悟說之所本。因為人可能被工夫套牢，被經典困住，工夫無窮無盡，經典永遠唸不完，一生唸佛也沒完沒了，何年何月才得解脫得救呢？所以一定要從漸修之無止盡的歷程中超拔出來，跳開歷程，擺脫經典，連工夫也要放下，甚至連「忘」的本身也沒有了，此之謂頓悟，此之謂坐忘。

「仲尼曰：同則無好也，化則無常也。而果其賢乎！丘也請從而後也」，仲尼回應說，「同」是同於大通，心無執著分別，也就無所偏好了；「化」是隨物以任化，所以心中沒有定常的執著。「同於大通」是「道未始有封」，「化則無常」是「言未始有常」，無封限無常準，所以孔子讚美顏回是有修養的賢者，甚至說，請容許我此後追隨你吧！此說藏有儒家的理想，要以道家的智慧，來開發出更寬廣之價值空間的深意。

## 第10章 「命」是沒有理由的理由

子輿與子桑友，而霖雨十日。子輿曰：「子桑殆病矣！」裹飯而往食之。至子桑之門，則若歌若哭，鼓琴曰：「父邪！母邪！天乎！人乎！」有不任其聲而趨舉其詩焉。子輿入，曰：「子之歌詩，何故若是？」曰：「吾思夫使我至此極者，而弗得也。父母豈欲吾貧哉？天無私覆，地無私載，天地豈私貧我哉？求其為之者而不得也。然而至此極者，命也夫！」

子輿跟子桑為友，在連續下了十天的雨之後，子輿心想，子桑大概生病了吧，就攜帶飯菜前往，給子桑食用。到了子桑家門口，屋內傳來若歌若哭的聲音，一邊彈琴，一邊唱曲，歌詞是：「父邪！母邪！天乎！人乎」，問父母是你們生下我的，怎麼會讓我受此苦難；再問天地是你們生下萬物的，怎麼會讓萬物孤獨無依？到底是天地生成的呢？還是人為造成的？

「有不任其聲而趨舉其詩焉」，成玄英疏云：「任，堪也。」而「趨」當「促」解。「不任其聲」，是雜著哭腔的歌聲，透露承受不起的傷痛，「趨舉其詩」，是急促的唱曲直如唸詞般。宣穎云：「其聲悲放，若力不勝也。」不是力不勝，而是心不堪。陳壽昌云：「飢不能成聲，而促其詞也。」此解也不貼切，不止飢餓，更深層的理由在心的傷痛。

「子輿入，曰：子之歌詩，何故若是」，「若是」是若歌若哭，且促舉其詩，子輿說先生此番歌詩，怎會傷痛至此。「曰：吾思夫使我至此極者，而弗得也。父母豈欲吾貧哉？天無私覆，地無私載，天地豈私貧我哉？求其為之而不得也。然而至此極者，命也夫」，子桑回答說：我一直在想造成我陷入此存在困境的原因，卻找不出來。父母生我愛我，怎麼會迫使我受貧困的折磨呢？天不會私覆，地也不會私載，天地既無不遮覆，怎麼會獨獨用貧窮來壓迫我呢？我一直問是誰造成的，卻找不到可以負責的人。既然如此，我所以會承受此極度困境的理由，那就在「命」吧。

人來到這個世界，一是天地生成，二是父母生養，二者正是生命所從來的生成原理，貧病交迫等同存在基礎動搖，所以要問是天地嗎？還是父母？既不可能是天地，也不可能是父母，那「至此極者」的唯一理由，就只剩下「命」了。

而「命」是沒有理由的理由，是沒有原因的原因，是沒有答案的答案，這就是最後的答案，不能再問下去了，不可能有合理的解釋，而不合理就活不下去了。說句還不是「命」嗎？當下就得到釋放。所以「命」是佛陀、上帝也無能為力的地方。這是氣命，與天命不相干。王維詩篇「行到水窮處，坐看雲起時」，「水窮處」是命，「雲起時」是緣，命是傷心的終站，緣是再生的起點。故「命」是文化根土終極救命的妙方，一切都可以放下了，不用苦苦背負「至此極者」的理由，放下就得救了。

# 應帝王第七

## 【解題】

《莊子‧內篇》以〈應帝王〉終結。郭象注云：「夫無心而任乎自化者，應為帝王也。」此將「應」解為價值義的「應該」，說理想的帝王，在自家無心，而順任天下人民去自生自化。此與老子所說的「我無為而民自化」（五十七章），義理等同。

釋德清云：「莊子之學，以內聖外王為體用。……以前六篇發揮大道之妙，大宗師乃得道之人。……有體必有用，故此應帝王以顯大道之用。若聖人時運將至，迫不得已而應命，則為聖帝明王。」此說據〈天下〉篇所云：「神何由降？明何由出？聖有所生，王有所成。」以解〈應帝王〉之題旨要義，神降聖生是體，明出王成是用。此將「應」解為「順應」，「應命」是順應時運之命，而即體起用，成全內聖外王的理想。

王船山云：「物適至而我應之也，不自任以帝王，而獨全其天，以命物之化而使自治，則天下莫能出吾宗，天下無不治。」此將「應」落在主體修養的「應物無心」解。

此三說可融會貫通，價值義的「當該」，與順應時運的「應命」，均不離「應物無心」的主體修養。由是而言，〈應帝王〉的意涵，就在應物無心，乃帝王之德。再深進一層言之，能應物無心的人，就如同帝王般的自在自得，且是「帝力何有於我」

的無冕王了。不用人家加冕，我無待自在，我的「然」從我自身來，老子云：「道法自然。」（二十五章）何止是人間帝王，根本就與天道同在同行了。

這是「人皆可為堯舜」的道家版，儒家版的聖王，內聖在仁義，外王在聖智，道家版的聖王，內聖在「絕仁棄義」的無心，外王在「絕聖棄智」的無為，二者統貫，就是由無心而無為，且「無為而無不為」的無為治道了。

齧缺問於王倪，四問而四不知。齧缺因躍而大喜，行以告蒲衣子。蒲衣子曰：「而乃今知之乎？有虞氏不及泰氏。有虞氏，其猶藏仁以要人；亦得人矣，而未始出於非人。泰氏，其臥徐徐，其覺于于；一以己為馬，一以己為牛；其知情信，其德甚真，而未始入於非人。」

兩位修道人，齧缺悟道零散漸進，王倪悟道則直接透顯道的端倪。齧缺請教王倪，四問而王倪以四不知回應，未料齧缺因而雀躍大喜。走以告蒲衣子，成玄英疏云：「堯時賢人。……即被衣子也。」此寓言人物，描述其人身被一件外衣，迎風獨立的灑脫神情。蒲衣子聽了之後，答道：你到了今天才知道嗎？虞舜的道行不如伏羲氏，因為虞舜還藏有仁心，以拉引天下人。王船山云：「要音邀，結也。」也算是得人心了，卻沒有超離物累。伏羲氏其寢不夢，其覺無憂，成玄英疏云：「徐徐，寬緩貌；于于，自得貌。」既離形又去知，既可以把自身看做是馬，又可以把自身看做是牛，此「一以己為馬，一以己為牛」之「一」，當「或」解，甚至鼠肝蟲臂亦無不可。「其知情信」，「知」的主體是「心」，心虛靜明照，照現人的本德天真，「情信」指謂的是人性的真實，卻從來沒有讓自己掉落在物累之中。

「非人」可以是「天道」，也可以是「物欲」，看其語文脈絡，未始出又未始入，從「其德甚真，而未始入於非人」來看，「非人」一定是負面的意涵，那就不能解為天道之天行，而只能解為物欲所帶來的負累了。此宣穎云：「非人者，物也，有心要人，則猶繫於物，是未能超然出物之外也。……泰氏渾化自然，毫無物累，是未始陷入於物之中也。」此說解清晰貼切。

有虞氏的「藏仁以要人」，是用仁心來拉引天下人，此為有心有為的治道，泰氏的「其知情信」，如同「虛而待物」，是無心無為的治道。故二者是超越的區分，前者是成心的層次，後者是道心的層次。成心執著造作，故掉落在心執物累中，道心無執著造作，故超離在心執物累之上。

肩吾見狂接輿。狂接輿曰：「日中始何以語女？」肩吾曰：「告我君人者，以己出經式義度，人孰敢不聽而化諸！」狂接輿曰：「是欺德也；其於治天下也，猶涉海鑿河而使蚊負山也。夫聖人之治也，治外乎？正而後行，確乎能其事者而已矣。且鳥高飛以避矰弋之害，鼷鼠深穴乎神丘之下以避熏鑿之患，而曾二蟲之無知！」

「肩吾」寓自我承擔之意，而接輿是緊追在孔子座車之後的隱者。隱者是狷，而此謂之「狂」；「狂」寄託在孔子的身上。孔子大聖人，接輿竟給出「何德之衰」的譏刺，當然是狂得可以的人物。

肩吾求見接輿，接輿先問：日中始用什麼來教導你，開藥方之先，先問病情。肩吾答道，他告訴我一個治理天下的人，以經為法式，以義為量度，此經義本從天地來，故云天經地義。故問題出在「以己出」，而不從天地出。「己」與天下相對，以自身心知執著的成心偏見，做為天下人的價值標準，「人孰敢不聽而化諸」，「人」即天下人，以絕對的權力做為後盾，天下人有誰敢不聽從，而承受權力的宰制。「諸」是「之乎」的連音，「之」指謂的是天下人。

狂者接輿立即下了「是欺德也」的斷語。德本天真，「欺德」是悖離本德天真的狂妄虛假。老子有云：「其次，畏之。其次，侮之。」（十七章），又云：「民不畏死，奈何以死懼之？」（七十四章）「畏之」就是「以死懼之」，若活著沒有尊嚴，也沒有前景，就會逼出「民不畏死」的大怨。故從「畏之」轉為「侮之」，人民侮慢政府，那就走向群起抗暴之路。故「人孰敢不聽」，看似穩當，實則是虛妄狂想。且其後果是沒有人承擔得起的，不是「而化諸」，而是「而亂諸」了。「猶涉海鑿河而使蚊負山也」，這樣的治理天下，有如涉入大海而開鑿河道，迫使小蚊蟲以背負大山一樣的不合理，也不可能，宣穎云：「欲就海中鑿一河，必溺而無成，以至微負至鉅，必不能勝。上句喻造作難為之事，下句喻民不堪命。」此亦謂不僅不可能，抑且不合理。

「夫聖人之治也，治外乎」，此一「治外乎」的質疑，來自「君人者，以己出經式義度」的狂妄，對天下人而言，那就是「外鑠我也」的「欺德」，而不是「我固有之」的本德，是外來強加在我身上的法式量度，而強迫的道德等同不道德。「正而後行，確乎能其事者而已矣」，此「正而後行」的「正」，不是「以正治國，以奇用兵」之正奇相對的「正」，而是「我好靜而民自正」（五十七章）之超離在奇正相對之上的「正」，前者是「以己出」之執著造作的「正」，後者是回歸天真本德的「正」。故「正而後行」就是「民自正」，「確乎能其事者而已矣」，意謂真的能活出人人天生本有的本德天真。「能其事」是天下人民自能其事，有如孟子所說的良知良能，不待學不待教的自能其事。只要官方給出「無為」的自在空間，民間就可以「無不為」的自我實現，「而已矣」意謂治天下就是如此的簡單。

「且鳥高飛以避矰弋之害，鼷鼠深穴乎神丘之下以避熏鑿之患」，此天下人民的自能其事，有如鳥會往高處飛，以避開獵人以繩繫箭的射殺危害，小鼠會在神壇底下深築洞穴，以避開農家挖洞煙熏的憂患。「而曾二蟲之無知」，成玄英疏云：「而，汝也。」「曾」當「竟」解，如同《論語・為政》之「曾是以為孝乎」可解為：「這樣竟可以說是盡孝道了嗎？」此謂你竟會以為，有心智之明的天下人民，反不如無知的二蟲嗎？二蟲茫昧無知，憑其本能尚且能避開外來的患害，何況是靈明有知的人呢？宣穎解云：「二蟲尚知避患，曾謂人無知可以欺德驅之乎！」陳壽昌云：「視百姓之有知，不若二蟲之無知，而漫云孰敢不聽邪！」二蟲是本能之知，人則是心智之明，此「明」不僅可以避開政治權力的迫害，且可以「民不畏威，則大威至」（《老子・七十二章》）的厭棄政府，甚至顛覆威權。

此段寓言，關鍵在「以己出」的狂妄，以今天的話頭來說，那就是專制獨斷，「人孰敢不聽」的威權，就是權力的傲慢與腐化。對天下人民而言，所謂「治外」，就是外來的桎梏，有如刑具加身一般的迫害。「正而後行」是回歸天真本德，「確乎能其事」，是活出自家的美好。

儒家是人皆可為堯舜，道家是人皆活出本德天真，有如無冕王，無需人為加冕，人人皆如帝王般的自在自得了。

## 第3章 遊心於淡合氣於漠的天下自治

天根遊於殷陽，至蓼水之上，適遭無名人而問焉，曰：「請問為天下。」無名人曰：「去！汝鄙人也，何問之不豫也！予方將與造物者為人，厭，則又乘夫莽眇之鳥，以出六極之外，而遊無何有之鄉，以處壙埌之野。汝又何帠以治天下感予之心為？」又復問。無名人曰：「汝遊心於淡，合氣於漠，順物自然而無容私焉，而天下治矣。」

天根與無名人，皆就其道行而給出名號。老子云：「玄牝之門，是謂天地根。」（六章）天根即為天地根；老子又云：「道隱無名。」（四十一章）無名人即道隱無名的修行人。

天根遊於殷山之南，到了蓼水之上，正好碰上了無名人，而向他請教治天下之道。無名人答道，給我走開，你這個沒有趣味的人，怎會問出如此讓人不愉悅的問題？我正想與天地造化做朋友，「厭」當「饜足」解，意謂飽覽山河大地之美。「又乘夫莽眇之鳥」，王先謙云：「謂清虛之氣若鳥然。」實則，「莽」是「大」，「眇」是「無」，「大」則無所不在，「無」則無形不可見，意謂遊乎天地一氣之化。「以出六極之外」，「六極」是六合，上下四方已無所不包，故六極之外當是人間塵垢之外。「而遊無何有之鄉，以處壙埌之野」，此與〈逍遙遊〉所謂之「何不樹之於無何有之鄉，廣莫之野」，文義幾乎等同。心無何有，無執著分別，無比較得失，無患亦無累，「壙埌之野」即「廣莫之野」，此天地的無限寬廣，乃由心的無何有所開顯的理境。「處」當「閒處」解，與上一「遊」字呼應。「汝又何帠以治天下感予之心為」，陳壽昌云：「何帠，猶何故也；感，觸動之意。」你又何故用治天下的無趣話題，來擾亂我本來閒遊的心境呢？「為」是語句助詞。

「又復問，無名人曰：汝遊心於淡，合氣於漠」，天根依舊堅持請教，無名人最後答道，此「心」與「氣」連言，如同〈人間世〉所說的「未達人心」，「未達人氣」，「遊心於淡」則達人心，「合氣於漠」則達人氣，「淡」則無心而可遊，「漠」則無為而能合。心淡可遊而氣漠能合，心與天下人同在，氣與天下人同行，「順物自然而無容私焉，而天下治矣」，此達人心的同在，又達人氣的同行，也就是順應天下人的自然天真，而不給出私心己出的空間，那天下不用治也自然治了。老子云：「為無為，則無不治。」（三章）君上所為的是「無為」，而「無為」是無心的為，「淡」是無心，「漠」則無為，官方無為而民間無不為，那不就是心無何有，而可以閒處遨遊在壙埌之野的桃花源嗎？

# 第4章 無功無名的明王之治

陽子居見老聃，曰：「有人於此，嚮疾彊梁，物徹疏明，學道不勌。如是者，可比明王乎？」老聃曰：「是於聖人也，胥易技係，勞形怵心者也。且也虎豹之文來田，猨狙之便、執斄之狗來藉。如是者，可比明王乎？」陽子居蹴然曰：「敢問明王之治。」老聃曰：「明王之治，功蓋天下，而似不自己，化貸萬物而民弗恃；有莫舉名，使物自喜；立乎不測，而遊於無有者也。」

此段寓言，請出了兩位大哲人當主角。成玄英疏云：「姓陽，名朱，字子居。」謂「陽子居」，陽子是尊稱，道家人物自隱無名，故以其居處為稱號，實陽子居於此之意。陽子居對所謂的「明王」，說出他的詮表，也請教老聃做出評斷，說有這樣的一個人，如音響般的疾速，像棟梁般的堅強，才智靈敏，又氣魄擔當，智光照徹萬物，而有疏必明，且能學道而不厭倦，像這樣可以說得上是「明王」嗎？

老聃回答說，陳壽昌云：「是猶言此人也。」你所說學道不倦的這個人，就聖人的境界來說，「胥易技係」，如胥之易，而為技所繫，「胥」是「刑徒」，「易」當「治」解，為自己的專技所繫縛。成玄英疏云：「胥徒勞苦，改易形容。」此解不當。郭慶藩云：「胥徒，民給徭役者，胥易，謂胥徒供役治事。」此說較貼切。另劉武云：「為胥，必精習樂舞之技；為易，必精習占卜之技。」可存一說。老子云：「為學日益，為道日損。」（四十八章）學道不倦，僅是為學日益的執著造作，而「其出彌遠，其知彌少」（四十七章），既日益則彌遠，對道的體悟來說，正適得其反，反而其知彌少，故修道工夫在每日求其減損，所減損的正是心知所日益的執著，故學道不倦，與聖人境界大有落差。不僅像刑徒服勞役，被自己的專技所綁住，且「勞形怵心者也」，「怵」當「憂」解，既勞累形體，又擔憂煩心，怎能是虛靜明照的明王呢？

「且也虎豹之文來田，猨狙之便、執斄之狗來藉」，王叔岷云：「執斄之狗四字，疑涉〈天地〉篇文竄入。」問題在，〈天地〉篇年代在後，應以〈應帝王〉來勘定〈天地篇〉較合理，而不該以〈天地〉篇來質疑〈應帝王〉，或許刪除了這四字，「虎豹之文來田」，與「猨狙之便來藉」，文正相耦，且較少糾葛，惟經文以不更改為佳。

成玄英疏云：「藉，繩也；猨狙，獼猴也。虎豹之皮有文章，故來田獵；獼猴以跳躍便捷，恆被繩拘；狗以執捉狐狸，每遭係頸。若以嚮疾之人，類於聖帝，則此之三物，可比明王乎！」此解明確。虎豹因身上的紋彩斑斕，引來田獵；獼猴因為靈巧便捷，獵狗因為能追捕狐狸，而引來繫縛。像這樣的為技所繫，可以說是明王本有的生命氣象嗎？

「陽子居蹴然曰：敢問明王之治」，這一比喻與反問，讓陽子居心頭震撼。陸德明云：「蹵然，改容之貌。」「敢問」是從侃侃而談的對話，轉為肅然起敬的請教，就請先生指點怎麼樣才可以說是明王治道。「老聃曰：明王之治，功蓋天下，而似不自己，化貸萬物而民弗恃；有莫舉名，使物自喜」，老聃給出的究竟解答，是明王之治，儘管功蓋天下，卻好像不從自身而來；儘管在賦予萬物中化成萬物，卻不讓人民有可以依靠的空間；儘管生成天下，天下人民卻說不出任何歌功頌德的話語，而讓生命的美好還歸每一個人的自身。

這三句話，正與〈逍遙遊〉的「至人無己，神人無功，聖人無名」前後呼應。「不自己」是「無己」，「民弗恃」是「無功」，「莫舉名」是「無名」。惟相對比觀，〈應帝王〉比之於〈逍遙遊〉而言，義理更深進一層，無己無功無名，是就至人神人聖人的主體修養說，而「不自己」、「民弗恃」、「莫舉名」三者，是從天下人民的感受說，就治道而言，貼近民間而深刻許多。不止是聖人自身修養境界的展現，而是將生命本來就如此美好，還給天下人自己。

就因為「不自己」，所以「民弗恃」；也因為「民弗恃」，所以「莫舉名」。連明王之治的好在那裡，都說不出來，才真正的做到「使物自喜」的最高境界。此有如老子所說的「百姓皆謂我自然」（十七章），百姓的「然」，百姓的生命美好，都從自身而來，百姓「自喜」來自「民弗恃」，而「民弗恃」來自「不自己」，明王之治解消自己的功蓋天下，「解消自己」為的是不讓人民依靠，人民依靠不了聖人明王，僅能回歸自身，而活出自身本來的美好，這就是美好從自身來的「自喜」，神似老子所說的「自然」。「立乎不測，而遊於無有者也」，此「不測」與「無有」，對道體不可測與不可說的形上性格，做出描述，「立乎不測」是與道同在，「遊於無有」是與道同行，明王治道與功業，僅其人格緒餘而已！

# 第5章 回歸眞人不露相的生命本身

## 一、神巫季咸知死生禍福若神

鄭有神巫曰季咸，知人之死生存亡，禍福壽夭，期以歲月旬日，若神。鄭人見之，皆棄而走。列子見之而心醉，歸，以告壺子，曰：「始吾以夫子之道為至矣，則又有至焉者矣。」壺子曰：「吾與汝既其文，未既其實，而固得道與？眾雌而無雄，而又奚卵焉！而以道與世亢，必信，夫故使人得而相汝。嘗試與來，以予示之。」

神巫是神與人之間的媒介，「神」無所不在，也無所不能，故預斷未來，當引「神」入「人」，有如神明附體，故可以知人之死生禍福。神巫號稱季咸，意謂不分四季皆神準。人生最大的禍福，就在壽夭，故預知死生存亡，乃神巫最大的賣點，且可以明確的斷定是那一年月那一旬日，「若神」是跟神明一樣的靈驗。

鄭國人為其威名所懾，一看到他，都快速逃離，不敢面對他有如死刑判決的鐵口直斷。惟獨列子例外，因為道家人物的修養工夫，就在勘破生死大關，故為之心醉不已。回去向老師壺子報告說，本來我以為夫子的道行已達最高境界了，現在卻發現還有另一高人的道行在你之上。言下之意，師父只有道行，人家卻有神通。這是笨學生所說的笨話。

壺子當下回應道，我教導你修道，「既」當「盡」解，僅盡其文而未盡其實，「文」在聞道，「實」在行道，也就是說僅停留在理論的層次，猶未進至實踐的層次。此如老子云：「上士聞道，勤而行之；中士聞道，若存若亡；下士聞道，大笑之，不笑不足以為道。」（四十一章）人人皆可聽聞道的理論，而士分上、中、下，是就實踐層次的道行而言。盡其文未盡其實，僅聞聖人之道，而未盡聖人之行，所以反問他，你已經得道了嗎？〈齊物論〉有云：「道行之而成，物謂之而然。」所謂「得道」，即「行之而成」，若道未行而不成，物焉能謂之而然，豈不是有修道之名，而未有修道之實，如同有雌而無雄，就算生了卵，也成不了形，徒有生之名，卻無生之實。此成玄英疏云：「夫眾雌無雄，無由得卵。既文無實，亦何道之有哉！」道在生成，今有卵而未成形，猶修行而未成正果，所以說道已然在人間失落。惟有訴諸空論，標榜道而跟世人對抗，以別高下，此「而」當「爾」解，「必信」，「信」當「伸」解，為了證成自己，而過度伸展，少了內斂涵藏，什麼都寫在臉上，什麼都藏不住，使得人家可以根據你的臉相，而斷定你的吉凶，演出的正是你示相而我識相的相命戲碼。宣穎云：「言汝既揚其能，以取信於人，自處先已淺矣。」陳壽昌云：「言欲即爾所能，與世相亢，是有意炫露，求己之必伸也。信，通伸。」兩家皆言之成理，因對抗而大言其道，為了取信而毫無保留，所以不是人家太神了，而是你太淺了。

問題在，師父意圖點醒徒弟，而徒弟正在熱頭上，不一定服氣，所以師父逼自己挺身出來，以道行來面對季咸相命若神的考驗。「嘗試與來，以予示之」，你既然把他說得那麼神，就請他來看我的相，預斷我的命好了。

## 二、當機示相的生命形態

明日，列子與之見壺子。出而謂列子曰：「嘻！子之先生死矣！弗活矣！不以旬數矣！吾見怪焉，見溼灰焉。」列子入，泣涕沾襟以告壺子。壺子曰：「鄉吾示之以地文，萌乎不震不正。是殆見吾杜德機也。嘗又與來。」

明日，又與之見壺子。出而謂列子曰：「幸矣！子之先生遇我也！有瘳矣，全然有生矣！吾見其杜權矣！」列子入，以告壺子。壺子曰：「鄉吾示之以天壤，名實不入，而機發於踵。是殆見吾善者機也。嘗又與來。」

明日，又與之見壺子。出而謂列子曰：「子之先生不齊，吾無得而相焉。試齊，且復相之。」列子入，以告壺子。壺子曰：「吾鄉示之以太沖莫勝。是殆見吾衡氣機也。鯢桓之審為淵，止水之審為淵，流水之審為淵。淵有九名，此處三焉。嘗又與來。」

## ❖示之以地文的杜德機

隔天，列子果真引來季咸，來看壺子的相。看完出來對列子說：啊！你的老師死定了，活不了了，不會超過十天了，我看到了怪異的臉相，像是被水澆透之溼灰般的氣色。

列子聽了這一番無異死刑宣告的話，淚水直流沾溼了衣襟，向壺子轉述了季咸的論斷。

壺子平靜的答道，我剛才給他看的是像大地靜寂的神情，「萌乎不震不正」，此句眾說紛紜，向秀云：「萌然不動，亦不自止。」江南古藏本「正」作「止」，宣穎云：「震，動也；正，止也。」俞樾引《列子・黃帝》作「罪乎不誫不止」，而「罪」是皋，山貌，「誫」是「震」之異文，亦即像山一般的不動不止之意，此說不可解，因「示之以地文」所萌發的生命氣象，是像大地般的寂靜。且下文說的是「杜德機」，怎能說是「不止」，不動亦不止之說，可能與底下的「衡氣機」混同，而打亂了整體「當機示相」的理路架構。故今本作「不正」，較切合上下語文脈絡的意義。因其不動，故亦不正。此「正」正如老子所說的「我好靜而民自正」（五十七章）與「清靜為天下正」（四十五章），凡此「正」字，皆有價值標準的意涵。因不動而未給出標的，也就是未顯現任何兆端之意，此船山云：「不震，一念不動；不正，無所期必。」此解精到。故云：「見溼灰焉」而做出「弗活矣」的論定。

「是殆見吾杜德機也。嘗又與來」，在當下那一機他大概看到了我關閉自家本來蓬勃的生機。「杜」當「塞」解，「德」是天生本真的無限生機，「機」指謂的是當下那一機，故「杜德機」是當機示相。壺子所「示」的相是「地文」，列子所「識」的相是「溼灰」，示相與識相的交會，依相而論斷的「命」是「弗活矣」。壺子要列子，你再找他來看我的相，算我的命吧！

## ❖示之以天壤的善德機

隔天，列子又帶季咸來看壺子的相。出來對列子說，算你的老師幸運碰到了我，「瘳」當「救」解，他有救了。宣穎云：「全然，列子作灰然，對上文溼灰復然。」此解為死灰復燃之意。問題在，「溼灰」涵蘊了不可復燃的意思。故「全然有生」，依字面解，本來是生機全無，現在卻發現生機又回來了。「吾見其杜權」，船山云：「杜之中有權，謂閉藏中有活機也。」就因為在本來「杜德機」的關閉中，生機全無，今發現關閉中有權變，生機已然再現。列子入門將季咸所言，向壺子報告。

壺子回應說，「鄉吾示之以天壤」，我剛才給他看的是天地一氣之象。此陳壽昌云：「天與壤合，生物之本，視地文之孤陰不生，有間矣。」成玄英疏云：「壤，地也。示之以天壤，謂示以應動之容也。」惟高亨云：「天壤與上文之地文相對，則壤非謂土壤甚明。壤當讀為相。」此解「天壤」為「天相」，正與「地文」相對，此說亦可成立，二者皆就生機重現解。

「名實不入，而機發於踵」，船山云：「名實不入於心。」宣穎云：「一段生氣，自踵而發。」心知執著是名，人為造作是刑，有名則有刑，此即〈人間世〉所云：求名實者，是聖人之所不能勝也，故修養工夫在名實不入於心，無名即無刑，而讓生命回歸自然。「機發於踵」，有如〈大宗師〉所說的「真人之息以踵」，在「無聽之以心，而聽之以氣」之下，生命之氣被釋放，自下往上湧現，所以會做出「有瘳矣」的論斷。

「是殆見吾善者機也」，宣穎云：「善，即生意也。」又云：「善者機妙此善字，即《易・繫辭傳》繼之者善也，善字一元之氣相續，乃天之所以為生也。」此說以儒家之義理來解莊，不很順當。道家的生成原理在沖虛，而以無心自然為善。「善者機」承上文之「杜德機」而來，由杜而權，從權變說「全然有生矣」，故相對而言，可能是「善德機」的一字之差，因無心自然而生機湧現，較切合道家義理。季咸說壺子有幸碰上我，說有救了，而壺子告訴列子，那是因為當下那一機，我給他看的是天真本德所蘊涵的無限生機之故。「嘗又與來」，最後說你試著再找他過來。

## ❖示之以太沖莫勝的衡氣機

隔天，列子又引領季咸過來，季咸進去看了壺子的相，再出來對列子說，你的老師今天臉相不整齊，我看不到可據以論命的臉相，請你的老師統整一下自己的臉相，我再來論斷他的命好了。

列子進去，告訴老師，季咸嫌你的相貌不整齊。壺子解釋說，我剛才給他看的是「太沖莫勝」的臉相。太沖是太虛，「莫勝」，《列子・黃帝》作「莫眹」，意即生命氣象像太虛一樣給不出任何眹兆。「是殆見吾衡氣機也」，他大概是看到了我兩邊平衡的生命氣象吧！「不齊」是兩邊面相不一致，「衡氣」則是兩邊面相平衡，正是「莫勝」的另一意涵，沒有那一邊面相可以壓過另一邊，給不出可據以判定的眹兆或跡象，故「無得而相」，是得不到足夠的生命訊息可以做出論斷。此所謂「不齊」，可能半邊臉生氣蓬勃，另半邊臉死氣沉沉，呈現的臉相一邊神采飛揚，另一邊黯然神傷，當下那一機給出的臉相是憂喜參半，而兩邊平衡，這當是「不齊」之「無得而相」的理由所在。

「鯢桓之審為淵，止水之審為淵，流水之審為淵」，「審」，崔譔本作「潘」，奚侗云：「潘，水沉之深處。」成玄英疏云：「鯢，大魚也；桓，盤也；審，聚也。」此鯢桓的水就是盤旋的水。而不論是靜止的水，流動的水，還是既流動又靜止在原地打轉之迴旋的水，都從「淵」來，「淵」是水的源頭本身。陳壽昌云：「鯢桓之水，非靜非動，喻衡氣機；止水靜，喻杜德機；流水動，喻善德機，三者不同，其淵深莫測，則一也。」此說清晰精到。壺子在季咸面前當下那一機，所示的相一邊是地文，而另一邊是天壤，故難以論定是「溼灰」的「弗活矣」，還是「杜權」的「有瘳矣」。一邊像是靜止的水，另一邊像是流動的水，兩邊不齊的匯合，就是盤桓迴旋的水，此之謂既對反又平衡的「衡氣機」。

「淵有九名，此處三焉」，各家注引《列子・黃帝》說還有其他六水之瀋為淵。俞樾云：「九淵全列，然於上下文殊不相屬，疑為他處之錯簡。莊子所見已然，不敢徑去，而實非本篇文義所繫，故聊舉其三耳。」此看出九者並列，而性質互不相屬的謬誤，然說不出何以獨留其三的理由。實則莊子在先，而列子成書之後，就莊子而言，流水、止水、盤旋的水的「此處三焉」，已然窮盡，其他六水之瀋純屬多餘，故當是《列子・黃帝》造作湊數而有，「淵有九名」，「淵」是道的象徵，「九名」取其數之極，意謂無限可能的面相。就主體而言，「淵」是生命本身，每一當下的當機示相，也有無盡的應機面相，所以「命」是深不可測，而難以論定的。

「嘗又與來」，你再試著找他來看我的相，算我的命吧！

## 三、示之以未始出吾宗的生命本身

明日，又與之見壺子。立未定，自失而走。壺子曰：「追之！」列子追之不及。反，以報壺子曰：「已滅矣，已失矣，吾弗及已。」壺子曰：「鄉吾示之以未始出吾宗。吾與之虛而委蛇，不知其誰何，因以為弟靡，因以為波隨，故逃也。」然後列子自以為未始學而歸，三年不出。為其妻爨，食豕如食人。於事無與親，雕瑑復朴，塊然獨以其形立。紛而封戎，一以是終。

隔天，列子又帶領季咸來看壺子。季咸甫一進門，兩腳還沒站定，轉身就逃。「自失而走」，形同自我放逐，自己不要自己，自己受不了自己，自己讓自己在人間消失。壺子下達命令，把他追回來，列子追過去，已來不及。只好回來向老師報告，說完全失去了蹤影，已在人間消失了，人世間只有列子可以這樣說話，因為列子御風而行，世上幾乎不可能有他會追趕不上的人。故「已滅矣，已失矣」，意謂這個人已在人間完全消失。

問題在，季咸為什麼會倉皇奔逃，他到底看到了什麼，而迫使自己在完全沒有正面回應，又如此沒有尊嚴的消失在壺子跟列子的眼前？此僅能在壺子所說的「鄉吾示之以未始出吾宗」來理解。「宗」是宗主，就萬物說，宗主是天道，就生命而言，宗主是「真君」，真君是生命主體，是無執著無分別的道心。道心一如道體，本無聲無形，然落在人間世就得走離像深淵般的自己，當機以示相，讓天下人可以看到相應這一機我所顯示的相，此當下這一機我所顯示的相，就是這一當下我這個人的命限。

此有如平劇臉譜，通過你的扮相，而決定你在人生戲碼所演出的角色。「未始出吾宗」，是我從未走出我自己，我不示相，我不給你看，我無相可相，試想，季咸一生閱人無數，算盡天下人的命，逼到最後連對方的相都看不到，這一神算的金字招牌已然砸掉了，要不要立即讓自己就此在人間消失，在江湖除名，而回歸「未始出」的素顏本真呢？

另一個可能，「未始出」是真君道心的本身，而道心虛靜如鏡，在那一當下，壺子以一面大鏡子的姿態出現，鏡子無相可相，季咸從鏡子的反照中，看到的是天涯淪落人的自己，一生看盡天下人的相，也斷定天下人的命。卻從來看不到自己，這是生命自我的嚴重失落。故「自失而走」，有雙重意涵，一者是讓自己在人間消失，二者是生命自我的全面失落。前者是果，後者是因。壺子下令追他回來，是因為這個人值得救吧！實則，「自失而走」已涵蘊了退出江湖找回自己的自救意涵。

「吾與之虛而委蛇，不知其誰何」，成玄英疏云：「委蛇，隨順之貌。」陳壽昌云：「在彼捉摸不定，而莫識其主名。」壺子「未始出吾宗」，如同「虛而待物」，隨順季咸而與之俱往，季咸擺脫不了，又不知跟自身同在同行的人究竟是誰。「因以為弟靡，因以為波隨」，郭象注本船山本宣穎本均作「波流」，王念孫云：「案作波隨是也，蛇、何、靡、隨為韻。」「因」當「順任」解，「以為」是「以之為」，「之」指謂的是季咸，「弟靡」，宣穎云：「一無所持，弟音頹，俗本作弟，誤。」又云：「波流，一無所滯也。」「弟靡」，《列子・黃帝》作「茅靡」，「茅」是草，故可直接解為如草之隨風而靡，「波隨」亦可直接解為如水之隨波而流，此為壺子對自家「虛而委蛇」的說解，而不是季咸眼中看到壺子委蛇之貌。就因為壺子如影隨形，而無相可相，「故逃也」，無路可走，只能逃離現場。壺子展示道行來教導列子，此相命的過程，無異是證道的過程，到了無相可相的盡頭，就是「道」的朗現。

經歷了壺子現身說法之後，列子大徹大悟，由季咸的「技」，而證入壺子的「道」。「自以為未始學而歸」，自我評量猶未入門，抱愧返家。「三年不出。為其妻爨」，三年不出家門，為妻子下廚，「食豕如食人」，飼養豬如供養人，「於事無與親」，萬事萬物對自己來說都一體無別，「雕琢復朴」，從雕琢造作中回歸自然素樸。「塊然獨以其形立」，阮毓崧云：「若土塊之無知也。」此「無」當動詞用，「無知」是無掉心知的執著，「獨以其形立」，如〈大宗師〉所說之由外天下、外物、外生，而朝徹見獨，解消了心知的執著與負累，放下一切而真我朗現，此「形」是在「去知」中「離形」，不受心知宰制而被釋放出來的生命自我，可以遊乎天地之一氣，也可與天地精神往來，故「立」是「提刀而立」，在四顧茫茫之中的傲世獨立。「紛而封戎」，多本作「封哉」，《列子・黃帝》作「封戎」，李頤云：「戎、終為韻，哉字傳寫之譌。」「紛」是人情牽引與名利糾葛的紛擾，「封」當「緘」解，「戎」指謂的是心中的雜念，「紛而封戎」如同〈大宗師〉所說的「攖寧」，「紛」同「攖」，「封戎」就是「寧」，在世事紛擾間，仍保有內心的平靜。郭象注云：「雖動而真不散也。」以「動」解「紛」，以「真不散」解「封戎」，言簡意賅。「一以是終」，阮毓崧云：「言守其抱一，行其道以終其身也。」此解既言「抱一」，又何須言「守」，且「一」與「是」皆指謂道，實則，「一」可當「整全」解，「是」指稱的是「復朴」的「朴」，意謂天下事皆以無名之樸的「道」，做為終其身的價值依據。

末段寫列子走向重生之路的歷程，等同季咸「自失而走」之後的生命寫照。季咸的「已滅矣，已失矣」，固是「無」；而列子的「自以為未始學而歸」，也是「無」，「無」是「行到水窮處，坐看雲起時」的生命轉機，因為人世間一切美好的「有」，都從生命主體之自我解消，也自我放下的「無」而來，列子打破了人與我，人與物的分別，無掉人為造作，而回歸素樸天真，「塊然獨以其形立」，似乎俗染塵囂，跟自己不相干，頗有遺世而獨立的氣概。

此一大段通過相命來說解人生。人的生命主體是無執著無分別的道心，此之謂「未始出吾宗」的生命本身。真人本不露相，問題在，人物活在人間，總得走出自己而當機示相，並融入現場，使得天下人可以通過現場識我的相，而展開人我間氣質的感應與生命的會通，此之謂達人心達人氣。有如演一場人生大戲，人人登台亮相，粉墨登場，然要有現場感與存在感，所謂當機或應機，就是入戲，自己扮演好那一機的角色，自己發揮自己那一機的功能，每一機的示相，就是那一機的命定。問題在，下一機又重開另一戲碼，演出另一角色，發揮另一功能，所以說生命本身是淵深莫測，「命」可由示相而識相，做出論斷，問題是，那僅是那一機所示之相的「命」，下一秒機一轉，所示之相不同，此相之命也就完全改觀，總說，「生命本身」是像深淵般蘊藏有無限的可能空間，端看那一機你如何走出來，又如何應機而定了。

## 第6章 照現人間眞相的用心若鏡

無為名尸，無為謀府；無為事任，無為知主。體盡無窮，而遊無朕；盡其所受乎天，而無見得，亦虛而已。至人之用心若鏡，不將不迎，應而不藏，故能勝物而不傷。

此主語省略，無以心為名之尸，無以心為謀之府，無以心為事之任，無以心為知之主。心是生命主體，不要自貶身價，流落人間，而為名之尸，謀之府，事之任與知之主。成玄英疏云：「尸，主也。」林雲銘云：「名尸，聲譽之歸。」以現代的用語來說，不要讓主體的心靈，成為「功名」的匯歸處，成為「謀略」的儲藏所，成為「任事」的司令部，與成為「心知」的基地台。

這四句話，可以有一邏輯理序，心知執著是為「知之主」，心知運用則為「事之任」，任事決斷是為「謀之府」，謀略功成則為「名之尸」。

生命主體的心靈，即〈養生主〉之「生主」，〈齊物論〉謂之「真君」。真君道心，無執著無分別，〈逍遙遊〉有云：「至人無己，神人無功，聖人無名。」無己即無為知之主，無功即無為謀之府與無為事之任，無名即無為名之尸。無以心為「知之主」，是無掉心知的執著，無以心為「謀之府」，是無掉權謀的算計，無以心為「事之任」，是無掉人為的造作，無以心為「名之尸」，是無掉名號的追逐。〈人間世〉有云：「德蕩乎名，知出乎爭。」「知」是心為「知之主」的執著，「名」是心為「名之尸」的排名，「爭」是心為「謀之府」與「事之任」的爭逐。「德」的天生本真，就在名號的爭逐，與權力的奔競中流蕩失落。故連續四個「無」字，是放下解消的工夫，無以心為謀之府，無以心為知之主，轉「謀府」為「靈府」，轉「知主」為「生主」，「府」是奧藏之所，可以有無限的包容，「主」是生命主體，可以「虛而待物」，擺脫功名事任的羈絆與負累。

「體盡無窮，而遊無朕」，成玄英疏云：「朕，迹也。」陳壽昌云：「體，悟也；朕，兆也。體之盡故無窮，遊於虛故無朕。」「體」是體現天道於生命自身，此從「無心」說「無窮」，從「無為」說「無朕」。心知執著則有定限有窮盡，人為造作則有跡象有朕兆，故心知無執著則無窮盡，人為不造作則無朕兆。

「盡其所受乎天，而無見得」，「盡其所受乎天」即「體盡無窮」；「無見得」即「遊無朕」。此言充盡的體現了天內在於人的本德天真，「無見得」是無德行的跡象可尋。此老子說不德有德，〈德充符〉說才全而德不形，解消了心知執著的價值標準，德行不會成為自家的負累，也不會壓迫身邊的親人朋友，德不形於外，而內斂涵藏，反而可以保有本德天真，此之謂「才全」。

總結一句，「亦虛而已」，「無」一路貫串下來，無心無知，無為無事，也無功無名，體盡的是無窮，所遊的是無朕，卻無見得，歸結於心靈的虛靜。虛而後能容，可以包容奧藏；虛靜如鏡，可以鏡照照現。故云：「至人之用心若鏡」，此「用心」承上之「虛」而來，實則是虛心若鏡，此老子云：「致虛極，守靜篤，萬物並作，吾以觀復。」（十六章）心致心的虛，心守心的靜，工夫在「心」上做，「並作」是天下人相互牽引而流落人間，「觀復」是在虛靜觀照中回歸自家的天真本德，故「虛」是心沒有執著沒有分別的虛靈，「靜」是心沒有期許沒有等待的平靜，鏡子「無」了自己，而「有」了天下，至人的心「虛而待物」，在「照」物中「生」物，在鏡照人間中生成天下。

「不將不迎」，成玄英疏云：「將，送也。夫物有來去，而鏡無迎送。」天下萬物在鏡子面前，一體無別。沒有誰是它要送走的，也沒有誰是它要迎接的。「應而不藏」，成玄英疏云：「來者即照，必不隱藏。」「應」是在感應中回應，物來即照，僅應物而不藏物，總還給你本來面貌，而不深藏於心，以免形成負累障隔，而干擾了自家虛靜空靈的觀照作用。且給出「故能勝物而不傷」的保證。「勝」可當「盡」

解，「物」指謂的是天下萬物。鏡子的妙用在不藏中常照，且在照物中生物，要看到天下人的真實美好，且是整體而全面的看到。問何以能夠？因為鏡子虛靈，沒有權威宰制，也沒有標準責求，萬物現身鏡子面前，不必壓抑隱藏，也不會委屈悲壯，而可以展示真實的自己，完整的自己。「不傷」說的是不會因諸多忌諱而有所遮蔽，不會有不被看到，未得賞識的遺憾。要「體盡無窮」，要「盡其所受乎天」，關鍵在「至人之用心若鏡」，讓天下每一個人的真實美好，在至人的鏡照中，完全充盡的展現，而沒有人承受被冷落被抹殺的傷痛。

郭象注云：「物來乃鑒，鑒不以心，故雖天下之廣，而無勞神之累。」此言鑒不以心，是心乃空靈，雖徧照天下，亦不成自家的累。成玄英疏云：「夫物有生滅，而鏡無隱顯，故常能照物，而物不能傷。」此言鏡無隱顯，而不藏於心，物有生滅，亦還它生滅，故不會成了自家的傷痛。兩家解，一者言「無勞神之累」，一者言「物不能傷」，皆重在至人用心的自我存全，然看上下語文脈絡，「至人用心」在無心無知，無為無事，「若鏡」在照現天下，故用心若鏡重在生成天下，而不在存全自身。

此老子有云：「聖人無常心，以百姓心為心。」（四十九章）聖人沒有自己要執持固著的心，而以天下百姓的心為心。又云：「常善救人，故無棄人；常善救物，故無棄物。」（二十七章）常善救人常善救物，是「勝物」，無棄人無棄物，是為「不傷」，以天下人自身本有的善，去救他自己，即用心若鏡以照現天下人的真實美好，每一個人皆被看到皆被照現是「盡物」，沒有人被遺忘，沒有物被拋棄，是為「不傷」，陳壽昌云：「應變萬物而不傷本體。」仍依循郭注成疏，以存全至人自身說不傷，而未盡〈應帝王〉當有之生成天下的意涵。

# 第7章 鑿破「現象自然」的渾沌而開顯「境界自然」的理境

南海之帝為儵，北海之帝為忽，中央之帝為渾沌。儵與忽時相與遇於渾沌之地，渾沌待之甚善。儵與忽謀報渾沌之德，曰：「人皆有七竅以視聽食息，此獨無有，嘗試鑿之。」日鑿一竅，七日而渾沌死。

成玄英疏云：「南海是顯明之方，故以儵為有；北海是幽闇之城，故以忽為無。中央既非北非南，故以渾沌為非無非有者也。」此說實不如簡文帝之所云：「儵忽取神速為名，渾沌以合和為貌。神速譬有為，合和譬無為。」以無為有為說渾沌與南北二帝的超越區分，遠比以「非無、非有」之於「或無、或有」，來得清晰貼切。

此言南海之帝與北海之帝，而以儵忽為名。呂惠卿云：「儵然而有，……忽然而無。」意謂帝位權力乃在倏忽之間，亟言其短暫，而難以長久。帝王家日理萬機，而瞬息萬變，權勢名位亦有如過眼雲煙，一去不回。中央之地，而以渾沌為名，意謂天地一體，而萬象未分，帝力何有於我。南北二帝，在「儵而來者忽而逝」間，得當機立斷，壓力疲累纏身，兩帝常在中央之地不期而遇，期盼渾沌未分可以給出休養生息的空間。

「渾沌待之甚善」，「善」在無心自然，故「待之甚善」，等同「無待」，二帝自己接待自己，而賓至如歸。不必拜會，不作簡報，沒有談判，也不結盟約，置身在心無何有，而身無所待的自在天地間，當真「體盡無窮，而遊無朕」。二帝感懷渾沌無心所給出的餘地閒情，而思有以報答。兩人你看我，我看你，心意相通而得一共識，每一個人天生都有眼耳鼻口等七竅，用以視聽食息，獨渾沌未有，就好意的要為渾沌老兄開起竅來，每天開一竅，七天開七竅，七竅開成而渾沌死了。渾沌已不再渾沌，意謂天生本真的一體無別，就此在人間失落。

宣穎云：「七日而渾沌死，莊子於此不勝大悲。」陳壽昌云：「內七篇以南冥北冥起，以南海北海止。鯤鵬物也，化則相生；渾沌帝也，鑿之乃死。」此言鯤鵬化則相生，大有問題。鯤化為鵬，寓意在生命乃由大而化的飛越，而不是鯤鵬間相互轉化。

再則，南海北海的帝業權位，因有心有為，而迫使自身困在短暫無常與疲累困頓間。渾沌看似無心無為，卻被禁閉在原始洪荒的蒼茫間。鑿破渾沌可能是從現象自然往上昇越的一大契機。有如鯤化為鵬，隨海運以怒飛，從北冥人間，而飛往南冥天池。此南冥說是天池，是終極的理想境，是為境界自然的理境開顯。

上一詮表，內七篇堪稱前後呼應，渾沌死了，乃由現象自然的北冥，經由主體生命的成長與飛越，自我轉化超離在倏忽的權勢名位之上，無己無功無名的飛往南冥天池，此為境界自然之最高理境的開顯。故渾沌之死，乃是開顯境界自然的生命飛越，又何須有莊子大悲的感懷？而當回歸人人應物無心，都成了無冕王的終篇主題，而為內七篇畫下完美的句點。

# 秋水第十七

## 【解題】

莊子三十三篇，除內七篇之外，尚有外十五篇與雜十一篇。內篇篇名即蘊藏且凸顯全篇的精義要旨，外、雜篇則以篇首兩、三字為名。如〈秋水〉篇以「秋水時至」開篇，〈天下〉篇則以「天下之治方術者多矣」明義，皆以篇首二字名篇；亦有以篇首三字為名者，如〈知北遊〉、〈庚桑楚〉等是。故外、雜篇從篇名分析不出藏在字裡行間的奧義妙理。僅能在讀透精熟之後，才能釐清其理路架構，再體會其深微旨趣。

〈秋水〉篇的理論體系，由兩大主體構成，一是河伯與海若的七則對話，二是六則寓言的印證。前者是理論哲學，後者則是應用哲學，前者立論，後者實證。

王船山云：「此篇因〈逍遙遊〉〈齊物論〉而衍之。蓋物論之興，始於小大之殊觀，……而有貴賤之分，……因而有然否是非之異，……因而有終始之規，……因而有悅生惡死之情，……因而有精粗之別，……因而有意言之繁。」船山從「小大之殊觀」，與〈逍遙遊〉之立生命之小大，與〈齊物論〉之破心知之小大，在價值取向上同歸一路，故判定因〈逍遙遊〉、〈齊物論〉而衍之，不過推衍過甚，嫌其煩瑣而已！

林雲銘云：「是篇大意，自內篇〈齊物論〉脫化出來。立解創闢，既踞絕頂山巔；運詞變化，復擅天然神斧，此千古有數文字，開後人無數法門。」此言自〈齊物論〉

脫化而出，較船山之說合理，因〈逍遙遊〉立生命之小大，與〈齊物論〉、〈秋水〉之破心知之小大，旨趣迴異，不可混同說解。

宣穎云：「假河伯海若問答，一層進似一層，如剝蕉心，不盡不止。」就因剝得太盡，少了含蓄深藏之妙。

方人傑云：「讀莊子〈秋水〉，真有潮海之勢，浩浩蕩蕩，不見水端。……能以雋思逸筆，寫深微之理；能以恆情俗態，作奇幻之文。其中位置天然，節奏妙合，從來文章之家，並未有此手筆。」此已將〈秋水〉推上前所未有的文學高峰。

劉鳳苞云：「〈秋水〉一篇，體大思精，文情恣肆。開端即借河伯海若一問一答，層層披剝，節節玲瓏。」甚至，金翰林學士馬定國留下這樣的詩句：「吾讀漆園書，〈秋水〉一篇足，安用十萬言，磊落載其腹。」似乎今古名家讀莊品評，均未有〈秋水〉何以列為外篇的深層省思，竟將〈秋水〉篇視為莊子全書的代表作。

故讀〈秋水〉篇，心中要有一個大問號，它既自〈逍遙遊〉、〈齊物論〉脫化而來，何以仍列為外篇？

第1章 河伯與海若的對話之一：

# 海若就大，河伯就小嗎？

秋水時至，百川灌河，涇流之大，兩涘渚崖之間，不辯牛馬。於是焉河伯欣然自喜，以天下之美為盡在己。順流而東行，至於北海，東面而視，不見水端，於是焉河伯始旋其面目，望洋向若而歎曰：「野語有之曰：『聞道百，以為莫己若者』，我之謂也。且夫我嘗聞少仲尼之聞，而輕伯夷之義者，始吾弗信；今我睹子之難窮也，吾非至子之門則殆矣，吾長見笑於大方之家。」北海若曰：「井鼃不可以語於海者，拘於虛也；夏蟲不可以語於冰者，篤於時也；曲士不可以語於道者，束於教也。今爾出於崖涘，觀於大海，乃知爾醜，爾將可與語大理矣。天下之水，莫大於海，萬川歸之，不知何時止而不盈；尾閭泄之，不知何時已而不虛；春秋不變，水旱不知。此其過江河之流，不可為量數。而吾未嘗以此自多者，自以比形於天地，而受氣於陰陽，吾在天地之間，猶小石小木之在大山也，方存乎見少，又奚以自多！計四海之在天地之間也，不似礨空之在大澤乎？計中國之在海內，不似稊米之在大倉乎？號物之數謂之萬，人處一焉；人卒九州，穀食之所生，舟車之所通，人處一焉；此其比萬物也，不似豪末之在於馬體乎？五帝之所連，三王之所爭，仁人之所憂，任士之所勞，盡此矣。伯夷辭之以為名，仲尼語之以為博，此其自多也，不似爾向之自多於水乎？」

「秋水時至，百川灌河，涇流之大，兩涘渚崖之間，不辯牛馬」，宣穎云：「水春生秋壯。」崔譔本「涇」作「徑」，云：「直度曰徑。」直度等同河寬，而河寬之大，在兩岸間，甚或水中沙洲與岸邊之間，彼此相望，而分辨不出是牛還是馬。此見秋水依時而至，百川灌入黃河的壯盛景況。「於是焉河伯欣然自喜，以天下之美為盡在己」，王引之云：「焉同乎，語氣詞。」此時河老大自覺得意而喜形於色，以為天下的美盡在自家的身上。「順流而東行，至於北海，東面而視，不見水端」，順流往東走，到了北海邊上，向東看過去，看不到水的邊際在那裡。「於是焉河伯始旋其面目，望洋向若而歎曰」，就在這個時刻，河伯才改變他得意的神情，王先謙云：「望洋，仰視貌，疊韻連緜詞。」王船山云：「海之神謂之若者，若有若無之謂。」此意謂仰視藏在沒有盡頭的海面之上的海神說：「野語有之曰：『聞道百，以為莫己若者』，我之謂也」，鄉土鄙俗之言有此一說，聞道滿百，就以為天下沒有人可以跟我相提並論的，說的正是我。「且夫我嘗聞少仲尼之聞，而輕伯夷之義者，始吾弗信；今我睹子之難窮也，吾非至子之門則殆矣，吾長見笑於大方之家」，「少」跟「輕」當動詞用，以仲尼之博學多聞為少，以伯夷之讓國義重為輕，甫聽聞有這等人，我完全不能接受，現在我親眼目睹閣下的無邊無際，使得我不得不信，我倘若沒有來到先生的門前，那就大事不妙了，會自大而不自知，一定會被普天之下的體道之士所嘲笑。老子云：「大方無隅。」（四十一章）「大方」指謂的是「道體」，故大方之家是把道體現在自家身上的人，道大人亦大之意。

「北海若曰：井鼃不可以語於海者，拘於虛也；夏蟲不可以語於冰者，篤於時也；曲士不可以語於道者，束於教也」，王引之云：「蠹，本作魚，後人改之也。」王念孫云：「虛與墟同，凡經傳言丘墟者，皆謂故所居之地。」井魚不知有大海的原因，就在為居處之地所拘限；《爾雅・釋詁》：「篤，固也。」夏蟲不知有冬冰的原因，就在為存活的季節所困住；一曲之士不知有大道的原因，就在被自家的教義所束縛。「今爾出於崖涘，觀於大海，乃知爾醜，爾將可與語大理矣」，現在你從河岸水流中走出來，直接與大海照面，於是發現了過往自以為大的淺薄，有此體悟，將可跟你論說大道之理了。

「天下之水，莫大於海，萬川歸之，不知何時止而不盈；尾閭泄之，不知何時已而不虛；春秋不變，水旱不知。此其過江河之流，不可為量數」，天下的水沒有比海洋更大的了，萬川皆匯歸，不知何時止卻不會盈滿；尾閭泄出海水，不知何時停卻不會流盡；不論春秋雨量有多有少，反正水位不變，也不管是否碰上水災旱災，也沒有差別。大海容量超過江河的水流之大，那是無可計數的。此言大海不盈不虛，如〈齊物論〉所云：「注焉而不滿，酌焉而不竭。」海若若有若無，超離在時間、空間與教義之上，此正是大道之理的所在。

「而吾未嘗以此自多者，自以比形於天地，而受氣於陰陽，吾在天地之間，猶小石小木之在大山也，方存乎見少，又奚以自多」，而我從未以數量之大自滿的原因，就在自以為寄形於天地間，稟受陰陽之氣，此身之立於天地，就像小石小木之在大山一般，「方」當「正」解，「存乎見」是存於心之所見，也就是自我評量的意思，意謂心裡正自覺渺小，又憑什麼可以自大自滿？

「計四海之在天地之間也，不似礨空之在大澤乎？計中國之在海內，不似稊米之在大倉乎」，「計」當「估量」解，估量四海之在天地間的分量，不是像極石上孔穴之在大水澤一樣的細微嗎？成玄英疏云：「中國，九州也。」此中國可能指謂的是中原諸國，也就是所謂的天下，再估量天下之在四海之內，不是很像稊稗小米之在於大穀倉一樣的微不足道嗎？

「號物之數謂之萬，人處一焉；人卒九州，穀食之所生，舟車之所通，人處一焉；此其比萬物也，不似豪末之在於馬體乎」，物之存在號稱萬之多，而人的存在僅為萬物之一，「卒」借為「萃」，當「聚集」解，另說，「卒」當「盡」解，二說相通。天下人聚集於九州，與天下人盡在九州，義同。此謂就穀糧所生與舟車所往的天下之大而言，人也僅能居處九州之一。這樣不是如同秋毫之末之在於馬體一樣的不成比例嗎？

「五帝之所連，三王之所爭，仁人之所憂，任士之所勞，盡此矣。伯夷辭之以為名，仲尼語之以為博，此其自多也，不似爾向之自多於水乎」，成玄英疏云：「五帝連接而揖讓。」王叔岷云：「連疑為『禪』之誤。」此謂人間天下，有五帝的接連禪讓，有三王朝代的興替，有仁人的憂天下，有豪傑志士的承擔重任，凡此皆同馬體之毫末般的微不足道。伯夷辭讓天下而得高義清名，仲尼論治天下而號稱博學多聞，此孟子論之為「聖之清」與「聖之時」的聖賢自許，不就像你以前的自以為多嗎？

這一大段，果真層層逼顯人存在於天地間的微不足道，大大失落了老子「道大，天大，地大，人亦大」之人跟天地一體皆大，與〈齊物論〉之說「人籟之真」與「地籟之和」就是天籟彰顯的存有大肯定，把人僅視為萬物之一，而失去萬物之靈的價值分位，以數量取代品質，將五帝三王仁人任士的聖賢理想與使命擔當，視同毫末，且質疑孔子之博學與伯夷之清名，如同河伯之自多，語出不敬，堪稱千古所未有，此所以〈秋水〉遠不如〈齊物論〉，而被列於外篇的關鍵所在。

## 第2章 河伯與海若的對話之二：

# 天地就大，毫末就小嗎？

河伯曰：「然則吾大天地而小豪末，可乎？」北海若曰：「否。夫物，量無窮，時無止，分無常，終始無故。是故大知觀於遠近，故小而不寡，大而不多，知量無窮；證曏今故，故遙而不悶，掇而不跂，知時無止；察乎盈虛，故得而不喜，失而不憂，知分之無常也；明乎坦塗，故生而不說，死而不禍，知終始之不可故也。計人之所知，不若其所不知；其生之時，不若未生之時；以其至小求窮其至大之域，是故迷亂而不能自得也。由此觀之，又何以知豪末之足以定至細之倪！又何以知天地之足以窮至大之域！」

河伯聽聞北海若之直以形體小大與數量多寡的小大之辨，此與〈逍遙遊〉之以修養工夫做為生命底據的小大之辨，層次不同，〈秋水〉從實然的現象說，而〈逍遙遊〉從生命的價值說。老子云：「道法自然。」（二十五章）此言道的本身就是它自己存在的理由；「然」從自己來，是道體的形上性格，故「自然」指謂的是境界的自然，而不是現象的自然，就像「復歸於嬰兒」（二十八章），說的是天真的嬰兒，而不是幼稚的嬰兒一樣。〈秋水〉卻從現象的層次論小大，故河伯也從實然的觀點，問道：既然如此，那我大天地而小毫末，可以嗎？

「北海若曰：否」，海若給出一個「否」的論定。依據不在物象本身之客觀存在的認知問題，而在主觀認識的相對性與局限性，由是造成客觀評量的不定性，海若就由此說天地不一定就大，而毫末不一定就小。

「夫物」說的是物的客觀存在，「量無窮，時無止，分無常，終始無故」，是說從主體認知的立場變換與觀點轉移，會造成物存在之客觀評量的複雜性與不穩定性。「量無窮」，不是指稱客觀存在之物的數量無窮，「時無止」也不是指稱客觀上時光的永不停留，「分無常」不是說存在物的本分無常，「終始無故」也不是歎惋物之存在的終始無固常，而是從主體的「觀於遠近」、「證曏今故」、「察乎盈虛」，與「明乎坦途」而說的。

「是故大知觀於遠近，故小而不寡，大而不多，知量無窮」，此從主體的回應說，大知是大有智慧的人，以遠近觀物，在對象定著之下，從遠處看則官覺印象是小，從近處看則官覺印象是大。此所以主體看是小的不一定是寡，看是大的也不一定是多。此言依據官覺印象的大小，所做出的多寡的評量論定，是靠不住的。如同「山近月遠覺月小，便道此山大於月，若人有眼大如天，還見山小月更闊」，由近處看山覺山大，從遠處觀月覺月小，故官覺印象的大，不一定是客觀存在的大，官覺印象的小，也不一定是客觀存在的小。「知量無窮」，「知」是由是可知，「量無窮」說的不是物象數量的無窮，而是觀點的不斷轉換，對物象的評量論定是可以有無窮盡的可能空間。此從主觀認識的相對性，說客觀評量的不定性。

「證曏今故，故遙而不悶，掇而不跂，知時無止」，郭象注云：「曏，明也。今故，猶古今。」此主語省略，仍為「大知」，「證曏今故」，是以古今的不同時間點來檢驗或證成，而在時間長流的無窮變換間，對物之存在的價值評量也是定不住的。「遙而不悶，掇而不跂」，「掇」當「拾取」解，「跂」是跂望。宣穎云：「不以遠不可致而悶，不以近可掇取而跂。」王先謙云：「望古雖遠，我自無悶，不必與古為徒也；近可掇取，我亦不跂而求之。」時間總在流轉來去，過往年代再久遠也無所眷戀，未來的歲月雖切近也無所跂望。「知時無止」，由是而有一論斷，「時無止」不是指謂時間無止無盡，而是說以古今驗的時間點是定不住的，對物的價值評量也就充滿了不定性。

「察乎盈虛，故得而不喜，失而不憂，知分之無常也」，「盈虛」指謂的是陰陽之氣的盈虛消長，如月滿月缺潮起潮落。人活在天地氣化的盈虛消長間，此之謂氣運。「得」固是偶然，「失」也是偶然，得失落在際遇不定中。故得到了名利權勢，沒有什麼好欣喜得意的，失去了也沒有什麼好憂傷失意的，得失被氣運牽動，有幸有不幸，「知分之無常」，就由此論定，人活一生的分量是沒有定常的。此所謂「分」，既非孟子從人人皆有仁義禮智之性說的「分定」，也不是莊子所說的「周與蝶則必有分」的本分。二者所說的「分」，都是天道內在於人的人性本善與天生本真，此乃人人皆有的分定有常。而〈秋水〉所說的「分」，指謂的不是德性的分定有常，而是福報的不定無常。此從氣之盈虛消長的流轉不定，說人活一生的分量也是定不住的。

「明乎坦塗，故生而不說，死而不禍，知終始之不可故也」，林希逸云：「明乎坦途者，猶曰識乎正道也。」「坦塗」依字面解，是平坦的道途，而道途的平坦不就現象自然說，而就主體生命說，無掉死生的執著與分別，心歸於虛靜明照，讓生死回歸氣之聚散，此從心無掛礙，放下平平說坦途，也就是可以坦然面對之意。〈養生主〉有云：「適來，夫子時也；適去，夫子順也。安時而處順，哀樂不能入也。」來去說的是生死，來時可能偶然，去時總是必然，故僅能面對不知何時來的偶然，又順應不知何時去的必然，而不讓哀樂之情闖入心中，以免干擾了生命的平靜。此即「生而不說，死而不禍」，「說」即「悅」，「生」是福之最大，「死」是禍之最大，「得」之最大是「生」，「失」之最大是「死」，得失僅是一時，尚且要不喜無憂，何況生死不可逆轉，更要不喜無禍，勘破生死大關，掃盡滿天陰霾，人生路上再無忐忑坎坷，眼前盡是朗朗乾坤，這就是從心境說的「明乎坦塗」。「知終始之不可故也」，「終始」就是死生，「故」當「固」解，由上可知，在氣聚氣散間，生死是無可固常的。

這一段說大知觀於遠近，驗以古今，察乎盈虛，明以終始，旨在打破大小、古今、得失、死生的執著分別，無小無大，無古無今，無得無失，無死無生，故由大小帶出來的多寡評量，由古今帶出來的悶跂心思，由得失引發的憂喜心結，由死生引發的悅禍壓力，也就可以一一解消了。此從心的虛靜明照說「大知」。

「計人之所知，不若其所不知；其生之時，不若未生之時」，郭象注云：「所知各有限也，生時各有年也。」此注未盡〈秋水〉本有之義。上下兩句當統合求解，上半句是論定，下半句是論據。「計」是計量，計量人之所知遠不如所不知的多，理由在人來到人世的時間遠不如人未到人世的時間久。此「不若」的判定，完全取決於數量，而與品質無關。所知有道心之知與成心之知的超越區分，而未生之時，在生命的感應與體悟之外，等同不可知，又怎能與此生百年做出比較論列？

「以其至小求窮其至大之域，是故迷亂而不能自得也」，以人之所知與所生之時的至小，期求窮盡所不知與未生之時的至大界域，不僅是數量上不成比例的不可能，且會帶來心知迷亂與生命不得安頓的後遺症。成玄英疏云：「以有限之小智，求無窮之大境，而無窮之境未周，有限之智已喪，是故終身迷亂，返本無由，喪己企物而不自得也。」此說精到，只是將「至小」解為「智也」，「至大」解為「境也」，已非原典純為數量對比的本有意涵。

此一析論，看似〈養生主〉之「吾生也有涯，而知也無涯。以有涯隨無涯，殆已」的翻版，「吾生也有涯」是「其生之時」，相對於「其未生之時」，是極其有限的；「知也無涯」是「其所不知」，相對於「其所知」，是近乎無限之大的；「以有涯隨無涯」，如同「以其至小求窮其至大之域」，而「殆已」就是「迷亂而不能自得」了。兩相對照，若合符節，實則義理上大有落差。因為「知也無涯」的「知」，不是客觀的認知，而是心知的執著，且「以有涯隨無涯，殆已」，重點不在事實上的不可能窮盡，而在價值上的不值得追尋。

「由此觀之，又何以知豪末之足以定至細之倪！又何以知天地之足以窮至大之域」，「何以知」，是「以何知」，憑藉什麼可以知毫末足以定住至細的界限端倪，而天地可以窮盡至大的界定範域呢？正面的說，是毫末定不住至細的端倪，天地也盡不了至大的界域。

〈齊物論〉有云：「其分也，成也；其成也，毀也。」分別心對心知而言是「成」，對生命而言是「毀」，由成了心知而毀了生命，來破解心知的執著。而〈秋水〉卻直接破解心知的執著，因為範圍既定不住，是非標準就成不了，不是帶來生命之毀的考量，而在心知之「其分也，成也」的本身，根本就成不了，因為，「分」落在「量無窮，時無止，分無常，終始無故」的境遇中，即使心知執著，也是在主觀認知的相對性與局限性之下，成不了。此打破了河伯自喜，與伯夷、仲尼自多的論據，「大」既成不了，還有「自多」的餘地嗎？

第3章

## 河伯與海若的對話之三：

# 至精就無形，至大就不可圍嗎？

河伯曰：「世之議者皆曰：『至精無形，至大不可圍。』是信情乎？」

北海若曰：「夫自細視大者不盡，自大視細者不明。夫精，小之微也；垺，大之殷也；故異便，此勢之有也。夫精粗者，期於有形者也；無形者，數之所不能分也；不可圍者，數之所不能窮也。可以言論者，物之粗也；可以意致者，物之精也；言之所不能論，意之所不能察致者，不期精粗焉。是故大人之行，不出乎害人，不多仁恩；動不為利，不賤門隸；貨財弗爭，不多辭讓；事焉不借人，不多食乎力，不賤貪污；行殊乎俗，不多辟異；為在從眾，不賤佞諂；世之爵祿不足以為勸，戮恥不足以為辱；知是非之不可為分，細大之不可為倪。聞曰：『道人不聞，至德不得，大人無己。』約，分之至也。」

「世之議者」，是當世好發議論的人，指謂的是名家者流。「皆曰」是皆如是說，一是「至精無形」，一是「至大不可圍」，河伯提問，「是信情乎」，此二說可以成立嗎？實情果真如此嗎？「至精無形」，意謂最精微的存在是沒有形狀的；「至大不可圍」，意謂最廣大的存在是沒有範圍的。依道家義理而言，「精」指謂的是「德」，「粗」指謂的是「物」，精象的「德」是道內在於人的天生本真，說是無形，在義理上是可以成立的。「至大」指謂的是「強為之名曰大」的「道」，道是終極的存在，超越在時空之上，說「不可圍」，亦可成立。然「世之議者」並非道家者流，故北海若的回答，是以名理破名理，將至細、至大當做視覺的對象來進行思考，而以官能的限制來檢視兩說成立否。

此從主體視角的定限來看，而不再是從觀點的轉移而言。「自細視大者不盡」，「細」指稱的是主體的視角，「大」說的是客觀的對象，「不盡」則是官覺的印象；反之，「自大視細者不明」亦然，「大」指稱的是主體的視角，「細」說的是客觀的對象，「不明」則是官覺的印象。「從小看大」是「看不盡」，「從大看小」是「看不明」，就從「看不盡」的主觀錯覺，而誤判它是「不可圍」，從「看不明」的主觀錯覺，而誤判它是「無形」。

實則，「夫精，小之微也」，至精是極小，問題是，再小也是小，小亦有形，怎能說是無形？「垺，大之殷也」，「殷」當「盛」解，至大是極大，問題是，再大也是大，是有形之大，怎能說是「不可圍」？「故異便，此勢之有也」，郭象注云：「大小異，所便不得同。」不知指謂的是至精至大的大小，還是自大視小與自小視大的大小視角而言？又云：「若無形而不可圍，則無此異便之勢也。」據此而言，指謂的不是至精至大的大小，而是自小視大與自大視小的視角大小，所謂異便就表現在自大視小的不明與自小視大的不盡上。而此異便的效應，乃自然本有之物勢。宣穎云：「一覺不可圍，是小者以大為不便，而自便其小；一覺無形，是大者以小為不便，而自便其大也。」此為小大之間相對的心理反應，與「勢之有」不相干。「故異便」，不論是自大視小，或自小視大，皆是遷就一時的方便，而有不明與不盡之不同的感官印象，此為物勢之本有。如老子云：「躁勝寒，靜勝熱。」（四十五章）躁動可以克服「寒冷」，清靜可以緩解「暑熱」，這就是自然物勢的異便。

「夫精粗者，期於有形者也」，舉凡物之存在，說精說粗，皆限於有形而言。「無形者，數之所不能分也；不可圍者，數之所不能窮也」，此為形式界定，「無形」是不可能量化處理（用數量來表現），也就是數量不可能再細分，「不可圍」，是數量所不能窮盡。問題在，至精再小，至大再大，皆屬有形，有形即數之所能分，也是數之所能盡。由是而言「至精無形，至大不可圍」之說，是不能成立的。這就是以名理破名理，而不是〈齊物論〉之以玄理破名理。

「可以言論者，物之粗也；可以意致者，物之精也」，「物之粗」指稱的是物之外表形象，「物之精」指稱的是物之精神內涵，「可以言論者」，是可以用言語來描述形容，「可以意致者」，是可以用心意來感應體會。「言之所不能論，意之所不能察致者」，馬敘倫云：「察，羨文。」是多出來的贅文。言論之所不能說解，心意之所不能體會的，不在有形精粗之列，而當屬物形之上的道體，只有道體是無形，又不可圍。此郭象注云：「唯無而已，何精粗之有哉！」成玄英疏云：「無形不可圍者，道也。」兩家堪稱獨具慧眼。

「是故大人之行，不出乎害人，不多仁恩」，此下一整段馬敘倫以為當刪，與上下文不相涉。若說上下文語氣不相類，文字風格大有不同，則可；若說不相涉，則不可。此百一十字，正以詭詞為用，破解語言說道的執著定限。「言之所不能論，意之所不能察致者，不期精粗焉」，既不能期求在物的有形精粗之中，則僅能超越在物形精粗之上。形上道體不可說，既無形又不可圍，人不能從耳目官覺去感知，僅能化解心知的執著定限，通過修養工夫，去體現道體的無限性。此即所謂的「大人之行」。「大人之行」就是「體道之行」，老子云：「古之善為士者。」（十五章），又云：「古之善為道者。」（六十五章）「善為士」者在「善為道」，這是「士志於道」的道家版。「志」是心之所往的方向貞定，儒家本在仁心自覺，而道家的「善」在無心自然。故「大人之行」，要超離在心知執著的價值二分之上。「不出乎害人」與「不多仁恩」共成一組而上下對顯，「不害人」是心中有仁，而「不多仁恩」是不仁，超離在仁恩之上，在正反辯證之上的「合」，就是大仁。「動不為利」與「不賤門隸」共成一組而上下對顯，雖是不為利所動，卻也不以守門僕役為賤。「貨財弗爭」與「不多辭讓」共成一組而上下對顯，不爭貨財，也不以辭讓為德。「事焉不借人，不多食乎力」與「不賤貪污」共成一組而上下對顯，「焉」猶「則」，任事則不借力於他人，不以自食其力為高，同時也不以貪污為賤。「行殊乎俗，不多辟異」與「為在從眾，不賤佞諂」共成一組而上下對顯，行為迥異於世俗，而不以自身之僻異為高，行為隨從世俗，而不以依附討好為可恥。「世之爵祿不足以為勸」與「戮恥不足以為辱」共成一組而上下對顯，世間爵位利祿不足以勸勉，而刑戮恥辱也不足以構成羞辱。

由是而觀，大人之行，超離在害與愛、利與賤、爭與讓、廉與貪、辟異與佞諂、勸勉與羞辱的價值二分之上，也就是船山所謂的「仁而非仁」、「義而非義」、「讓而非讓」、「廉而非廉」之意，順此思考還可以加上「異而非異」與「榮而非榮」兩句。故下文云：「知是非之不可為分，細大之不可為倪」，此破解是非與小大的執著分別，「是非」沒有一個可以評估而成為分判的標準，「小大」也沒有一個可以衡量而成為定論的尺度。

「聞曰」，是聽聞說，成玄英疏云：「寓諸他人，故稱聞曰。」想必是體道之士留下來的生命證言。「道人不聞，至德不得，大人無己」，不聞、不得、無己是化解的作用，道人、至德、大人則是作用的保存，道人超離人間的名聞，至德放下天下的事功，大人解消自我的執著，加上一個「不」或「無」，就是修養的工夫，此與〈大宗師〉所說之「外天下」、「外物」、「外生」的工夫序列，一一相應，也如同〈逍遙遊〉所說的「至人無己，神人無功，聖人無名」，只是上下理序顛倒而已！

最後，總結的說：「約，分之至也」，成玄英疏云：「約，依也；分，限也。夫大人利物，抑乃多塗，要功而言，莫先依分。」此「依分」說，不如郭象注所云：「約之以至其分，故冥也。夫唯極乎無形而不可圍者為然。」較能保有「約」之工夫義。「約」乃「為道日損」的「損」，心知之「損之又損」的工夫，可以開顯生命之「玄之又玄」的境界。此即老子所謂之「物或損之而益」（四十二章），「損」的是心知，「益」的是生命。宣穎云：「收斂分定到極處也。」又云：「分乃所性分定的分字，約即朱子所云自戒懼而約之的約字。」此先後引孟子與朱子的話語做比較說明，還不如引〈齊物論〉所說的「周與胡蝶，則必有分矣」，「分」指謂的是「生命本身」，「分之至」即生命本身之天真精純的極致朗現。陳壽昌云：「約分，將其真性中之分量，斂之又斂，以至無所謂聞，無所謂得，並無所謂己。俾天下若大若小之類，皆無可舉似，即所謂不期精粗也。而道之超乎形色者見矣。」此解「分」為「真性中之分量」，是十分精確的，惟「斂之又斂」的工夫，所對治的可不是「真性中之分量」，而是心知執著與人為造作的名聞、事功與我執，故當是真性的分量，在斂之又斂的工夫中朗現豁顯，不聞、不得與無己，即凸顯此義。而最大的洞見在「而道之超乎形色者見矣」，此可以回應「言之所不能論，意之所不能致」的「不期精粗」，惟在無形與不可圍的形上道體，故以「大人之行」的修養工夫，走向體現道體的超越之路。

## 第4章 河伯與海若的對話之四：

# 貴賤小大在何處透顯端倪？

河伯曰：「若物之外，若物之內，惡至而倪貴賤？惡至而倪小大？」

北海若曰：「以道觀之，物無貴賤；以物觀之，自貴而相賤；以俗觀之，貴賤不在己。以差觀之，因其所大而大之，則萬物莫不大；因其所小而小之，則萬物莫不小；知天地之為稊米也，知豪末之為丘山也，則差數覩矣。以功觀之，因其所有而有之，則萬物莫不有；因其所無而無之，則萬物莫不無；知東西之相反而不可以相無，則功分定矣。以趣觀之，因其所然而然之，則萬物莫不然；因其所非而非之，則萬物莫不非；知堯桀之自然而相非，則趣操覩矣。昔者堯舜讓而帝，之噲讓而絕；湯武爭而王，白公爭而滅。由此觀之，爭讓之禮，堯桀之行，貴賤有時，未可以為常也。梁麗可以衝城，而不可以窒穴，言殊器也；騏驥驊騮，一日而馳千里，捕鼠不如狸狌，言殊技也；鴟鵂夜撮蚤，察豪末，晝出瞋目而不見丘山，言殊性也。故曰，蓋師是而無非，師治而無亂乎？是未明天地之理，萬物之情者也。是猶師天而無地，師陰而無陽，其不可行明矣。然且語而不舍，非愚則誣也。帝王殊禪，三代殊繼。差其時，逆其俗者，謂之篡夫；當其時，順其俗者，謂之義之徒。默默乎河伯！女惡知貴賤之門，小大之家！」

第四則對話，河伯開啟了話頭：「若物之外，若物之內」，即不論物之外與物之內，從上文來看，「物之外」即物之粗，指謂言語可論的表象，「物之內」即物之精，指謂心意可以體會的內涵。道妙既不能落在「物之精粗」來詮釋理解，惟有以「大人之行」之超離人間相對的價值二分，以正反之辯證，來開顯「合」之形上理境。又怎麼還會有小大貴賤以執著分別呢？既言之不可論，意之不可致，又怎麼能透顯大小貴賤的端倪呢？陳壽昌云：「果不期精粗，則離形以觀物，又從何處區別其貴賤大小乎？」此解「惡至」為從何而至，「倪」為「區別」之義。

北海若答道：觀物之道，可有兩個不同的層次說，一是以道觀之的道心知之，二是以物觀之與以俗觀之的成心知之。「以道觀之，物無貴賤」，以無執著無分別的道心來觀照萬物，萬物皆回歸自身而無貴賤的分別。「以物觀之，自貴而相賤」，以物之執著自我為價值標準的觀點來看萬物，萬物皆高貴自身而以他人為低賤。「以俗觀之，貴賤不在己」，以世俗流行的觀點來看萬物，貴賤皆由外在且浮動的價值標準來判定，而失落了自身天生本真的高貴。

再就「以俗觀之」來看，又可細分為三，一是以差觀之，二是以功觀之，三是以趣操觀之。「以差觀之」有「小大之分」，「以功觀之」有「有無之分」，「以趣操觀之」有「然否之分」。此人間的價值二分，皆心知執著而有，本質上是相對而立，相因而成，互以對方為原因而成立。人間的紛擾就在老把本屬相對的對，推上絕對的位置，而自以為是惟一的對。「以差觀之，因其所大而大之，則萬物莫不大；因其所小而小之，則萬物莫不小」，「因」當「順任」解，順任萬物所執著的小大之分，而給出是「小」或「大」的判定，那麼要說「大」，萬物沒有不是「大」的，要說「小」，萬物也沒有不是「小」的。「知天地之為稊米也，知豪末之為丘山也」，由是可知，天地可以是像稊米般的小，而秋毫之末也可以像丘山般的大。此與〈齊物論〉所說「天下莫大於秋毫之末，而太山為小」，意涵等同，毫末可以是大，泰山也可以是小。「則差數覩矣」，王先謙本「覩」作「等」，打破差別的意涵似更顯豁，實則反與上下文的語氣不相應。意謂大小的差數能有多少區別也就可以想見了。

「以功觀之，因其所有而有之，則萬物莫不有；因其所無而無之，則萬物莫不無」，再以功能分量來看，順任萬物所認取的「有無之分」，而給出或「有」或「無」的判定，那麼要說「有」，萬物沒有不是「有」的，要說「無」，萬物也沒有不是「無」的。「知東西之相反而不可以相無」，由是可知，東西從相對而立來看似兩相對反，然從相因而成來看，卻不可以相無，因為少了對方，自身的存在也挺立不住。「則功分定矣」，物的功能分量就在相反而不可相無中確定。

「以趣觀之，因其所然而然之，則萬物莫不然；因其所非而非之，則萬物莫不非」，再以志趣操持來看，順任萬物所執定的然非之分，而給出或「然」或「非」的判別，那麼要說「然」，萬物沒有不是「然」的，要說「非」，萬物也沒有不是「非」的。「知堯桀之自然而相非」，「自然」是「然自己」，由是可知，堯桀皆自以為是，而互以對方為非。「則趣操覩矣」，人間所說的志趣操持能有多少意義，也就可以想見了。

以差觀之，破大小的執著分別，以功觀之，破有無的執著分別，以趣觀之，破然非的執著分別，不論大小的差數，有無的分量與然否的操持，堪稱白忙一場。此與〈齊物論〉之「可乎可，不可乎不可」與「然於然，不然於不然」的論述近似，惟〈齊物論〉終究回歸「物固有所然，物固有所可」的存在真實，與「無物不然，無物不可」的同體肯定。〈秋水〉卻僅能「破」，而無所「立」。就「堯桀之自然而相非」而言，亦與〈大宗師〉之「與其譽堯而非桀也，不如兩忘而化其道」的論調近似，惟〈大宗師〉旨在批判世俗人間以堯為善而以桀為惡的價值二分，會帶來「何以墮為桀，只為了想當堯」的負面效應，所以不如兩忘，化掉堯桀善惡的執著分別，而在道中相互放下，各自回歸生命本身的自在美好，此之謂「相忘於道術」。〈秋水〉僅破解自是而相非，而未有「化其道」的「道通為一」。此即〈秋水〉何以列為外篇的原因所在。

「昔者堯舜讓而帝，之噲讓而絕；湯武爭而王，白公爭而滅」，從前唐堯虞舜禪讓而稱帝，燕王噲讓位給燕相子之而身死國亡；商湯周武革命而王天下，楚平王孫勝封於白邑，起兵反而為葉公子高所滅。「由此觀之，爭讓之禮，堯桀之行，貴賤有時，未可以為常也」，成玄英疏云：「爭讓，文武也，堯桀，是非也。」此解不盡相應，看上下語文脈絡，意謂王位傳承的抗爭與禮讓，聖王堯讓位的美德與暴君桀被流放的惡行之間，結局貴賤不同，完全取決於時代氣運的流轉變化，此中並無定常的律則可說。

除了引據史實之外，此下再以殊器、殊技、殊性論證。「梁麗可以衝城，而不可以窒穴，言殊器也」，成玄英疏云：「梁，屋樑也；麗，屋棟也。衝，擊也；窒，塞也。」棟梁大木可用來衝開城門，卻因材大而不能用來堵塞洞穴，此說的是不同的器用。「騏驥驊騮，一日而馳千里，捕鼠不如狸狌，言殊技也」，成玄英疏云：「騏驥驊騮，並古之良馬也。捕，捉也；狸狌，野貓也。」此世上良馬，一日可以馳騁千里之遠，捕捉鼠類卻不如野貓或黃鼠狼，此說的是不同的本能。「鴟鵂夜撮蚤，察豪末，晝出瞋目而不見丘山，言殊性也」，王引之云：「鵂字，涉《釋文》內鴟鵂鶹而衍。」《淮南子・主術》亦云：「鴟夜撮蚤。」鴟是貓頭鷹，夜晚可以捉跳蚤，眼力明察秋毫，白天出來，卻睜大眼睛也看不到丘山的存在，此說的是不同的生性。

「故曰，蓋師是而無非，師治而無亂乎？是未明天地之理，萬物之情者也。是猶師天而無地，師陰而無陽，其不可行明矣」，「蓋」當「盍」，「何不」之意。「故曰」是世俗恆持此一觀點，何不僅師法人間的「是」，而不要落入人間的「非」，僅師法天下的「治」，而避開天下的「亂」呢？此一說辭，根本是不明天地生物的理則，與萬物存在的真實。「是猶」當「如同」解，如同僅師法「天」的無不遮覆，而不要「地」的無不乘載；僅保存「陰」柔的作用，而不要「陽」剛的功能一樣，「其不可行明矣」，有天而無地，有陰而無陽，是不可能生成，也不可能存全萬物的。這一悖離生成原理的不可行，是十分明確的。

問題在，上下兩命題的表述，是以「是猶」加以類比，而性質卻彼此迥異，故此說是不能成立的。因為天地陰陽乃自然造化的生成之理，而是非治亂卻屬人間天下的心知二分，此相對而立，相因而成的價值二分，是可以解消執著造作，而歸於皆是而無非，皆治而無亂的體道化境。〈秋水〉未加檢別，而以「是猶」貫串，將墮為價值相對主義的困境。

「然且語而不舍，非愚則誣也」，「然」承上文，「且」開下文，既知不可行，還說個不停，不是愚昧無知，就是欺世妄言。宣穎云：「愚者不知，誣則知而妄言。」此《韓非子・顯學》云：「無參驗而必之者，愚也；弗能必而據之者，誣也。」更精確的界定二者的意涵。「帝王殊禪，三代殊繼。差其時，逆其俗者，謂之簒夫；當其時，順其俗者，謂之義之徒」，五帝的禪讓，與三代的繼位，各有不同，不切合時代的脈動，而與世俗民情不相應，就被判為簒位奪權；反之，能切合時代的脈動，且與世俗民情相應，就被尊為仁心義士，故人間貴賤的價值論斷，不過是時運機遇的產物罷了。

最後做一總結，「默默乎河伯！女惡知貴賤之門，小大之家」，宣穎云：「貴賤之門，從無貴賤開也；小大之家，從無小大成也。雙收貴賤小大。」意謂本無貴賤小大，多言反增困擾，不如一體放下吧！海若告誡河伯，最好少發議論，你怎麼知道「貴賤」從何而來，「小大」又終歸何處呢？回歸道體，不就一體無別了嗎？

## 第5章 河伯與海若的對話之五：人間行走有什麼值得爲，有什麼不值得爲的？

河伯曰：「然則我何為乎，何不為乎？吾辭受趣舍，吾終奈何？」北海若曰：「以道觀之，何貴何賤，是謂反衍；無拘而志，與道大蹇。何少何多，是謂謝施；無一而行，與道參差。嚴乎若國之有君，其無私德；繇繇乎若祭之有社，其無私福；汎汎乎其若四方之無窮，其無所畛域。兼懷萬物，其孰承翼？是謂無方。萬物一齊，孰短孰長？道無終始，物有死生，不恃其成；一虛一滿，不位乎其形。年不可舉，時不可止；消息盈虛，終則有始。是所以語大義之方，論萬物之理也。物之生也，若驟若馳，無動而不變，無時而不移。何為乎，何不為乎？夫固將自化。」

海若破解了貴賤小大的分別，河伯心中浮現的困惑在，「然則」，「然」承上，「則」啟下，既無貴賤小大，那麼人間行走，「我何為乎，何不為乎」，有什麼值得我去做，又有什麼不值得我去做的，「吾辭受趣舍，吾終奈何」，沒有了價值標準，人生的為與不為之間，頓失依據，是推辭還是接受，是趨前還是舍離，我怎麼能做出決定呢？

北海若回答說，「以道觀之，何貴何賤，是謂反衍」，以道來看人生百態，又有什麼貴賤的分別呢？「反衍」，各家說解不一，又不切其意。「衍」，即〈齊物論〉所謂的「曼衍」，貴和賤在相反中曼衍，此為現象的描述，既以道觀之，則意謂在貴賤的曼衍中回歸道。此在義理詮釋上可與「何貴何賤」貫串。郭象注云：「貴賤之道，反覆相尋。」成玄英疏云：「反衍，猶反覆也。」兩家解僅得「衍」之「反覆」義，而失其「反」之「回歸」義，「以道觀之」之義反而落空。

「無拘而志，與道大蹇。何少何多，是謂謝施」，「而」當「爾」解，成玄英疏云：「而，汝也。」不要拘束你的心志。林希逸云：「蹇，違礙也。」自身悖離大道而滯礙了人間，「何少何多」，以道觀之，又有什麼多少的執著分別呢？「謝施」，成玄英疏云：「謝，代也；施，用也。……施用代謝，無常定也。」此在字面上求解，僅說施用代謝，故外加一句「無常定」，以盡其意。實則，「代謝」已涵有超離之意，意謂在多少的施用中，超離人間世俗的價值二分，而回歸道體的一體無別。「無一而行，與道參差」，「無」當「毋」解，成玄英疏云：「若執一而行，則與理不冥者也。」意謂不要執著多少貴賤的一偏而行，而與大道參差有隔，偏離在道之外。下文即在道的一體無別之下，連言無私德、無私福、無畛域、無方所。

「嚴乎若國之有君，其無私德」，一國有君做主，「嚴」指謂人間理序的客觀莊嚴，故云無私德。「繇繇乎若祭之有社，其無私福」，陳壽昌云：「繇繇，即悠悠也。」「社」指謂土神，此泛指神社，在神社祭拜，而福報有神做主，故顯現悠然自得的神情，是謂無私福。「汎汎乎其若四方之無窮，其無所畛域」，「汎汎」，成玄英疏云：「普徧之貌。」王先謙云：「如水之無畔岸。」陳壽昌云：「流通之意。」綜合各家之說，此謂道無所不在，若往四方延伸的無有限界，故云無所畛域。「兼懷萬物，其孰承翼」，同時包容萬物，又有誰獨能承受翼助？「無方」，一如老子所說的「大方無隅」（四十一章）與「大道氾兮，其可左右」（三十四章），大道徧在人間的每一角落，本來就沒有局限在特定的方所，問誰獨承翼助，意在言外的點出道的德澤廣被萬物，故謂無方。

「萬物一齊，孰短孰長」，萬物齊於一，「一」就是「道」，「齊於一」就是「以道觀之」，在道心的觀照之下，萬物歸於平齊，此平齊不在「物形」說，而在天真本德說，人人皆天真，物物皆自在。道心無執著分別，解消了短長的分異。「道無終始，物有死生，不恃其成」，道超越在時空之上，無始亦無終，而萬物卻屬有限的存在，在時間的流轉變化中，有生必有死。「不恃其成」，宣穎云：「有生死，則物之成不足恃。」意謂人生路上偶有所成，也不足恃。「一虛一滿，不位乎其形」，「位」當動詞用，當「定位」解。在氣化的盈虛消長間，人的存在分位是定不住的。「年不可舉，時不可止」，陳壽昌云：「已往之年莫再，故不可拾而舉。」過往的年歲不會再來，時間從不停下它前進的腳步。「消息盈虛，終則有始」，在陰陽之氣的盈虛消長間，「有」當「又」解，生命看似終結，實則又從頭再起。

「是所以語大義之方，論萬物之理也」，「大」指謂的是「道」，「是」意謂有此體悟理解，可以用來論說「大義之方」與「萬物之理」，「大義之方」說的是「道」做為萬物的價值源頭，「萬物之理」說的是「道」做為萬物的存在之理。問題在，「物之生也，若驟若馳，無動而不變，無時而不移」，萬物的存在有如在急驟的奔馳中，「無動而不變」，說的是空間的變化，「無時而不移」，說的是時間的遷移，有如「量無窮，時無止」，以遠近觀的空間點是定不住的，以古今驗的時間點也是定不住的，而以盈虛察的氣運機遇是在流轉變動中，故得與不得皆屬偶然，故又云：「分無常。」人生一時的「成」，也就不足恃了。

最後以「何為乎，何不為乎」，做出感歎式的總結，人生的一切盡在不定無常中，為與不為有何區別，又有何意義。此為生命逼出一條出路，那就是跳開為與不為的價值二分，人人回歸生命自身的真實美好，此之謂「夫固將自化」。「固」當「本來」解，老子云：「我無為而民自化。」（五十七章）也就是聖人無為，讓百姓回歸自生自化的無不為。「自化」就是從存在的條件串系中超離出來，而走向自在自得之路。〈逍遙遊〉有云：「彼且惡乎待哉？」「惡乎待」是「何乎待」，問的是那自家的生命還有什麼好等待的，意即「無待」，而「無待」就是「自化」最貼切的詮表。

## 第6章 河伯與海若的對話之六：

# 既固將自化，道又有什麼好可貴的呢？

河伯曰：「然則何貴於道邪？」北海若曰：「知道者，必達於理，達於理者，必明於權，明於權者，不以物害己。至德者，火弗能熱，水弗能溺，寒暑弗能害，禽獸弗能賊。非謂其薄之也，言察乎安危，寧於禍福，謹於去就，莫之能害也。故曰，天在內，人在外，德在乎天。知天人之行，本乎天，位乎得；蹢躅而屈伸，反要而語極。」

河伯聽聞物在氣化不定中，惟有「固將自化」，立即質疑說，人人自化，那又何貴於道呢？此暴露河伯猶未悟道，因為只有在道心的觀照之下，「自化」才成為可能，怎麼會問出「何貴於道」的笨問題呢？

北海若答道，「知道者，必達於理」，「知」是「體悟」，體悟天道的人，必通達於萬物的存在之理。此存在之理，顯發在天生本真的「德」。「達於理者，必明於權」，「權」是通權達變的應世智慧，「明」是心靈虛靜的觀照作用。「明」承上，也啟下，承上在照現天生本真的「德」，啟下在顯發通權達變的智慧。「明於權者，不以物害己」，「明」在「虛而待物」（〈人間世〉），不執著物，就可免於物累，所以說沒有物可以傷害自身。

「至德者，火弗能熱，水弗能溺，寒暑弗能害，禽獸弗能賊」，知道達理又明照權通的人，稱之為「至德者」。對人世間名利權勢的塵垢污染，已具免疫力，就以火不能灼熱他的心，水不能陷溺他的身來做譬喻，如〈人間世〉所說「朝受命而夕飲冰，我其內熱與」，心裡像火燒般的灼熱，即受到「朝受命」的壓力與傷害，故以「夕飲冰」來冷卻緩解。此名利權勢如水火與寒暑的兩極多變，而「禽獸」則意謂非理性的情緒反應，生命有如「獸死不擇音」般的變調走音。至德者解消心知執著的「名」，就可以避開人為造作的「刑」。

「非謂其薄之也，言察乎安危，寧於禍福，謹於去就，莫之能害也」，「薄」，林希逸當「迫」解，成玄英當「輕」解，因為看輕，所以迫切，故二說相通，意謂並不是人因看輕而迫近，「言察乎安危」，而是說要明察安危。「察」當扣緊「明」而言，因虛靜明照，則不會被禍福所絆住。「寧於禍福」，郭象注云：「安乎命之所遇。」

而成玄英疏云：「體窮通之有命，達禍福之無門。」命之所遇有困窮有通達，窮為禍，達為福，此為人間際遇的氣運之命，故從「有命」說「無門」，人無可奈何，故僅能隨遇而安。「謹於去就」，「明」重在解消心知的執著，「謹」重在化掉人為的造作，郭象注云：「審去就之非己。」成玄英疏云：「謹去就之無定。」「去就」是「進退」，因為「非己」所以「無定」，非己力所能操控扭轉，故世事難料，僅能敬「謹」以對，此「去就」牽動「禍福」跟「安危」，而去就之間的抉擇，根本在明於權。明於權則不以物害己，故謂寧於禍福。此郭注成疏過於消極，禍福非己而無定，那說「謹」就失去意義，而「寧」也只是無可奈何的認命而已。「明」之本在「虛」，心無執著無分別，可以靈活運轉，通權以達變，「謹」在「因」，順任世變而轉，而「寧」在超離人間禍福之上，就從「莫之能害也」說「寧」，「莫之能害」是「莫能害之」，沒有什麼可以傷害他。由是而言，「察」是無心，「察乎安危」是心無安危，「寧」是無知，「寧乎禍福」是心無禍福，「謹」是無為，「謹於去就」是心無去就。無心無知無為，就是「無所」，指謂的是心無執著，生命就沒有弱點，沒有可以被打敗的地方。所以人間的名利權勢，都不會成為他的壓力與傷痛。

「故曰，天在內，人在外」，「天在內」指謂的是天內在於人的本德天真，「人在外」指稱的是人物的天真投入複雜的人間。「德在乎天」，說的是「天在內」的本德，「知天人之行，本乎天，位乎得」，此「天在內，人在外」的統合，是為天人之行，從「天在內」的天真本德說「本乎天」，從「人在外」的人間定位說「位乎得」，而「本乎天」是存有論的自在，「位乎得」是工夫論的自得。既本乎天真，又位乎自得，此之謂「知天人之行」。

最後以「蹢躅而屈伸，反要而語極」做一總結，陳壽昌云：「蹢躅者，若卻若前，屈伸者，或隱或見。」至德之人，心無安危，不知禍福，去就順任於明權達理之下，生命樣態在若有還無之間，好像向後退卻，又好像往前推進；應世態度在若隱若現之間，好像隱退，又好像顯現。「反要」是回歸道之要，「語極」是論道之極，「反要」要「位乎得」，「位」是人間的自我定位，而定位在生命的自得，「語極」要「本乎天」，「語極」看似論道，實則說的是體道之行，「反要」在「復命」，「語極」在「歸根」（《老子・十六章》），回歸生命之本，而體現天道之極，就在天道的無心自然中，人人自在，也物物自得，天道的高貴，就在給出萬物自生自化的空間。

## 第7章 河伯與海若的對話之七：

# 天生人爲從何區隔？

曰：「何謂天？何謂人？」北海若曰：「牛馬四足是謂天；落馬首，穿牛鼻，是謂人。故曰，無以人滅天，無以故滅命，無以得徇名。謹守而勿失，是謂反其真。」

承上文本於天道，而位乎人得的「知天人之行」，故河伯再問：「何謂天？何謂人？」到底什麼是天，什麼是人，可否說得平實點，海若給出了貼近鄉土民間的回答，「牛馬四足是謂天；落馬首，穿牛鼻，是謂人。」此從天生自然說「天」，不論牛馬皆有四足，是天生自然的生理官能，「落」同「絡」，羈絡之意，把轡頭絡在馬首，繮繩穿過牛鼻，以控御牛馬的方向與速度，此從人為造作說「人」，人為引來扭曲，造作帶出宰制。宣穎云：「天，自然；人，造作。」即以天生自然說天，人為造作說人。

「故曰，無以人滅天，無以故滅命，無以得徇名」，「無」是人生價值抉擇的告誡語，不要以人為來傷害自然。「無以故滅命」，陳壽昌云：「有心曰故，命，天性也。」由有心而有為，有心而為，是謂造作，不要以造作來傷害天性。上下兩句，語式一致，義理等同，惟「天」指謂的是天生自然的天真本德，「命」指謂的是天生自然的形氣物欲，前者是「道生之，德畜之」的存在之理，後者是「物形之，勢成之」（《老子・五十一章》）的形構之理。「無以得殉名」，依上下文語式看，「得」與「人」、「故」對應，當為負面的意涵，有如人為與造作，當做「求得於外」解。「名」由「形」而來，指謂的是「形」的「實」，就生命而言，天真本德是惟一的真實，故意謂不要為了求取虛假的名號，而失落生命的真實。〈人間世〉有云：「德蕩乎名。」追逐外在的名號，反而失去內在本有的天真，亦如「至德不得」，不求得於外，而存全生命的至德。

總結三句話，「謹守而勿失，是謂反其真」，要無心無為的守住天生本真的德，不要在人為造作中失落生命的真實美好，「勿失」就在「反其真」，回歸人人天生本有的天真本德。

惟「無以得殉名」，宣穎云：「得，天德也。」不要以天德來換取虛名，此說亦可通，惟與上兩句語式不一致。成玄英疏亦云：「夫名之可殉者無涯，性之所得者有限，若以有限之得，殉無涯之名，則天理滅，而性命喪矣。」王先謙跟進，云：「勿以有限之得，殉無窮之名。」「得」不論解為天德，或性之所得，都不可以「有限」說，因為本德天真，乃屬於「質」之「在」與「不在」的問題，而不屬於「量」之多寡的有限問題。成疏看似承〈養生主〉「以有涯隨無涯，殆已」之說，實則，「有涯」指謂的是「吾生」百年的歲月，而不是性分所得的天真本德，故此解除了與上兩句語式不一之外，又多了理解上的偏差。

統合河老大與海龍王的七則對話，陳壽昌云：「七問七答，精義層出。語大者，入道之基；反真者，得道之效。徹始徹終，允為玄理中無上妙諦。」從首段的「可與語大理」，到末段的「反其真」，頭尾貫串，而相為呼應。

## 第8章 六則寓言的印證之一：

# 以衆小不勝而爲大勝的聖人

夔憐蚿，蚿憐蛇，蛇憐風，風憐目，目憐心。夔謂蚿曰：「吾以一足跉踔而行，予無如矣。今子之使萬足，獨奈何？」蚿曰：「不然。子不見夫唾者乎？噴則大者如珠，小者如霧，雜而下者不可勝數也。今予動吾天機，而不知其所以然。」蚿謂蛇曰：「吾以眾足行，而不及子之無足，何也？」蛇曰：「夫天機之所動，何可易邪？吾安用足哉！」蛇謂風曰：「予動吾脊脅而行，則有似也。今子蓬蓬然起於北海，蓬蓬然入於南海，而似無有，何也？」風曰：「然。予蓬蓬然起於北海，而入於南海也，然而指我則勝我，鰌我亦勝我。雖然，夫折大木，蜚大屋者，唯我能也，故以眾小不勝為大勝也。為大勝者，唯聖（ㄕㄥˋ）人（ㄖㄣˊ）能（ㄋㄥˊ）之（ㄓ）。」

成玄英疏云：「憐是愛尚之名，夔是一足之獸。……蚿，百足蟲也。」夔則以少欣羨多，故憐蚿；蚿則以有腳欣羨無足，故憐蛇；蛇則以有形欣羨無形，故憐風；風則以有聲欣羨無聲，故憐目；目以視野有限欣羨無所不在，故憐心。

「夔謂蚿曰：吾以一足趻踔而行，予無如矣。今子之使萬足，獨奈何」，成玄英疏云：「趻踔，跳躑也。」意謂我以一足跳躑顛跛前行，「予無如矣」，成玄英疏云：「天下簡易，無如我者。」此解與語文脈絡不合，當直接解為「我無可如何了」，意謂我天生本能僅得如此而已！現在你要用萬足前行，「獨奈何」，王引之云：「獨」當「將」解，意謂將如何統合萬足並進？「蚿曰：不然。子不見夫唾者乎？噴則大者如珠，小者如霧，雜而下者不可勝數也」，「不然」是並非如此，不是你所想的那個樣子，你沒見過打噴涕的情景嗎？噴出來的唾液大的凝結如玉，小的散開如霧，還有混雜瀉下的點滴，那是數不清的。「今予動吾天機，而不知其所以然」，現在我的萬足並行，就如同唾者噴出灑下一樣的天生自然，我也不知所以會如此的道理所在。

「蚿謂蛇曰：吾以眾足行，而不及子之無足，何也」，蚿對蛇說，我啟動萬足並行，卻趕不上你無足而行的快速，請問理由何在？「蛇曰：夫天機之所動，何可易邪？吾安用足哉」，蛇答道，此天機啟動，純任自然，怎能用萬足或無足的有形因素來衡量呢？「何可易邪」，「易」當「取代」解，我純任天機，又何需用腳來取代前行呢？

「蛇謂風曰：予動吾脊脅而行，則有似也」，蛇對風問道，我扭動我背脊腰脅的力道前行，而這是有形而可見的，「似」是「形似」。「今子蓬蓬然起於北海，蓬蓬然入於南海，而似無有，何也」，現在你聲勢浩大的從北海飛起，又聲勢浩大的衝入南海，「而似無有」，而無形相可見，請問何以能夠？「風曰：然。予蓬蓬然起於北海，而入於南海也，然而指我則勝我，鰌我亦勝我。雖然，夫折大木，蜚大屋者，唯我能也」，風回答道，確實如此，我風聲隆隆而聲勢浩大的從北海飛起，而飛入南海。不過，只要有人用手指向我，就可以插入風中，郭嵩燾云：「指者，手嚮之，鰌者，足蹴之。」有人用腳踢向我，就可以穿透風中，看起來人人手舞足蹈都可以勝過我。雖然如此，可以折斷大樹，「蜚」通「飛」，颳走大屋的，卻只有我做得到。

「故以眾小不勝為大勝也。為大勝者，唯聖人能之」，所以我是用諸多小處的不求勝，而生成我不求勝所給出來之大勝的空間。〈人間世〉有云：「予求無所可用久矣，幾死，乃今得之，為予大用。」「以眾小不勝」即「予求無所可用」，「為大勝」即「為予大用」，「求」是修養工夫，解消心知執著的「有用之用」，而從「用」的束縛綁住中釋放出來，而回歸生命本身的「無用之用」。此〈人間世〉云：「人皆知有用之用，而莫知無用之用也。」故「以眾小不勝」，乃心知的化解作用，「為大勝者」，則為作用的保存。「唯聖人能之」，「能之」是「以眾小不勝」的修養工夫，而證成「為大勝者」的生成原理。

宣穎云：「此段發無以人滅天意也。」又云：「夔有用足之勞，蚿無用足之勞，蚿所以勝也；蚿有足之用，蛇無足之用，蛇所以勝也；蛇有體之運，風無體之運，風所以勝也。惟無體，故似為小勝，而實成大勝。蓋至於風，而形迹盡矣，目與心之運，雖更神，然當身可自喻之，故省文也。」此說精采。風形迹已盡，「目」已無形迹可運，卻可直接看到，眼神閃現，天地盡在其中，惟「心」的本身一如道體，每一當下以自身的「虛」，包容萬物，也照現萬物。故雖省文，而義理蘊涵其間。此船山亦云：「目居逸而速於風，心居隱而靈於目。」「逸」與「隱」正是道家「無」的形上智慧，在人間的彰顯。

第9章

六則寓言的印證之二：

# 知窮之有命通之有時的聖人之勇

孔子遊於匡，宋人圍之數帀，而弦歌不惙。子路入見，曰：「何夫子之娛也？」孔子曰：「來！吾語女。我諱窮久矣而不免，命也；求通久矣而不得，時也。當堯舜而天下無窮人，非知得也；當桀紂而天下無通人，非知失也；時勢適然。夫水行不避蛟龍者，漁父之勇也；陸行不避兕虎者，獵夫之勇也；白刃交於前，視死若生者，烈士之勇也；知窮之有命，知通之有時，臨大難而不懼者，聖人之勇也。由處矣，吾命有所制矣。」無幾何，將甲者進，辭曰：「以為陽虎也，故圍之；今非也，請辭而退。」

此段說的是《論語・子罕》「子畏於匡」的故事，只是未有現場情節的鋪陳，且所說的理念也大異其趣。曰：「文王既沒，文不在茲乎？天之將喪斯文也，後死者不得與於斯文也；天之未喪斯文也，匡人其如予何！」此孔子自我表白，面對匡人包圍的突發事件，自身能不憂不懼的理由，就在三代以來之人文傳統終將永傳的信念。他說道，文王離開了人世間，人文傳統就會在斯土消失了嗎？假如上天真的想要讓此一人文傳統不傳的話，那麼後來者的我，就不可能有機會參與此人文傳統的承續；今我已參與且擔負了此一人文傳統的承續，可見上天是不會讓此一人文傳統在人間消失的，今天就算處在匡人的重重包圍之下，又怎麼能傷害我呢？此一天命在我的信念，下傳孟子則是「天之將降大任於是人也，必先苦其心志，勞其筋骨，餓其體膚，空乏其身，行拂亂其所為，所以動心忍性，增益其所不能。……然後知生於憂患，死於安樂也。」（〈告子上〉）此為天將降大任的自我期許與自我錘鍊。

〈秋水〉詮釋孔子，大不如內篇。如〈大宗師〉說孔子與子貢在遊方之內與方之外的對話。子貢問：「然則夫子何方之依？」孔子答道：「丘，天之戮民也；雖然，吾與女共之。」此謂我孔丘是天生勞累人，儘管人間多塵垢污染，我們師生兩個還是共處方之內的人文世界吧！另〈德充符〉有謂：「天刑之，安可解！」「天刑之」就是「天之戮民」；安可解是解不開，又何須解！就留在人間世承擔人道關懷與社會責任吧！故〈秋水〉這一段的詮表，反而貼近《論語》所說的「道之將行也與，命也；

道之將廢也與，命也」（〈憲問〉），與「不知命，無以為君子」（〈堯曰〉）的感懷。

「孔子遊於匡，宋人圍之數帀，而弦歌不惙」，孔子從魯適衛，遊於匡地。司馬彪云：「宋當作衛。」衛人誤以為孔子為陽虎而圍之；「圍之數帀」，是重重包圍了好幾圈，卻仍然講學不輟。「子路入見，曰：何夫子之娛也」，子路看孔子未作反應，入門問道，這是什麼時候了，怎麼夫子還沉浸在講學論道的愉悅中呢？此頗見責難之意，事態緊急，處境堪慮，「娛」藏有不識時務不知死活的諷刺之意。「孔子曰：來！吾語女。我諱窮久矣而不免，命也；求通久矣而不得，時也」，孔子答道，來，你不要急，我好好跟你說個道理。成玄英疏云：「諱，忌也，拒也；窮，否塞也；達，泰達也。……我忌於窮困，而不獲免者，豈非天命也；求通亦久，而不能得者，不遇明時也。」此解下半句對，上半句則誤。「命」是氣命，而不是理命，「命」與「時」在這一語文脈絡中，皆指謂時代的氣運，此為普偏性的共命，而不是殊異性的殊命，是人物活在人間的無可奈何。因為，「窮」是道不行於世，賢者未被賞識起用，「達」是道行於世，賢者受禮敬重用，故窮達指涉的是知識分子有無行道人間的機遇，此與「天命」不相干。「當堯舜而天下無窮人，非知得也；當桀紂而天下無通人，非知失也；時勢適然」，當堯舜之時，天下沒有困於「窮」而不被賞識起用之人；當桀紂之時，天下沒有通於「達」而受禮敬重用之人，此中「得」與「失」之間，與主體的才智高下，完全不相干。而是時勢的偶然決定的。「適然」意謂僅是一時的偶然。

「夫水行不避蛟龍者，漁父之勇也；陸行不避兕虎者，獵夫之勇也；白刃交於前，視死若生者，烈士之勇也；知窮之有命，知通之有時，臨大難而不懼者，聖人之勇也」，身為漁夫，水行終日，那是避不開蛟龍從水中飛躍而起的可能傷害，而這是漁夫所當面對承擔的「勇」；身為獵人，深入山林，那是避不開猛獸利爪的可能揮擊，而這是獵人所當面對承擔的「勇」；刀鋒在面前交錯飛舞，仍得直道而行，把生命置之度外，那是身為烈士所要面對承擔的「勇」；有了困於「窮」或通於「達」皆離不開時運氣命的體認，面臨重大危難而能不心生恐懼的，那是聖人所要面對承擔的「勇」。道家的「勇」，是「慈故能勇」而「勇於不敢」（七十三章）之「不敢為天下先」（六十七章）的「勇」，本於母慈無心，守柔居弱，而以包容生成為德。

「由處矣，吾命有所制矣」，「處」是閒處、安處之意，子路你放下心吧，反正心急也無濟於事，「制」當「制約」解，身為儒者的命，總是離不開也逃不掉在人間行走隨時可能發生的意外事件，我們就面對承擔吧！成玄英疏云：「我稟天命，自有涯分，豈由人事所能制哉！」陳壽昌云：「其謂命有所制者，非制於天，實制於己也。至人事之窮達，則皆視若浮雲，而以無心付之耳！」兩說可以會通，「稟天命，自有涯分」，即「非制於天，實制於己」之「性分」，故「吾命有所制」，「制」當「定分」解，此即孟子「分定故也」之意。

「無幾何，將甲者進，辭曰：以為陽虎也，故圍之；今非也，請辭而退」，沒過多久，帶兵者進入，「辭曰」，做一番解釋，也等同告罪，誤以為是陽虎，才有這樣的包圍行動，今知看錯而誤判，「請辭」可不是請容許我們告辭，而是請接受我們的解釋，就退兵解圍了。

宣穎云：「此段發無以故滅命意也。」

第10章

六則寓言的印證之三：

## 埳井之鼃的困窮與東海之鱉的大樂

公孫龍問於魏牟曰：「龍少學先王之道，長而明仁義之行；合同異，離堅白，然不然，可不可；困百家之知，窮眾口之辯；吾自以為至達已。今吾聞莊子之言，汒焉異之。不知論之不及與，知之弗若與？今吾無所開吾喙，敢問其方。」公子牟隱机大息，仰天而笑曰：「子獨不聞夫埳井之鼃乎？謂東海之鱉曰：『吾樂與！吾跳梁乎井幹之上，入休乎缺甃之崖；赴水則接腋持頤，蹶泥則沒足滅跗；還虷蟹與科斗，莫吾能若也。且夫擅一壑之水，而跨跱埳井之樂，此亦至矣，夫子奚不時來入觀乎！』東海之鱉左足未入，而右膝已縶矣。於是逡巡而卻，告之海曰：『夫千里之遠，不足以舉其大；千仞之高，不足以極其深。禹之時十年九潦，而水弗為加益；湯之時八年七旱，而崖不為加損。夫不為頃久推移，不以多少進退者，此亦東海之大樂也。』於是埳井之鼃聞之，適適然驚，規規然自失也。且夫知，不知是非之竟，而猶欲觀於莊子之言，是猶使蚉負山，商蚷馳河也，必不勝任矣。且夫知，不知論極妙之言，而自適一時之利者，是非埳井之鼃與？且彼方跐黃泉而登大皇，無南無北，奭然四解，淪於不測；無西無東，始於玄冥，反於大通。子乃規規然而求之以察，索之以辯，是直用管闚天，用錐指地也，不亦小乎！子往矣！且子獨不聞夫壽陵餘子之學行於邯鄲與？未得國能，又失其故行矣，直匍匐而歸耳。今子不去，將忘子之故，失子之業。」公孫龍口呿而不合，舌舉而不下，乃逸而走。

埳井之鼃與東海之鼈的對話，正是河伯與北海若之間對話的濃縮版。

公孫龍是名家人物，與惠施齊名，請問魏公子牟說，我年少時聽聞先王的治道，隨年歲的增長，而能理解仁義的德行。「合同異，離堅白」，本是名家兩大派別不同的思理，惠施「合同異」，否定了同異的確定性，公孫龍「離堅白」，肯定堅白各有獨立的存在性，前者合同異以為一，故萬物可以畢同，也可以畢異。後者離堅白以為二，故堅白石可以是二。此籠統言之，將合同異亦歸於公孫龍，在莊子書中二者常混而不分。如〈齊物論〉說「惠子之據梧也，……故以堅白之昧終」，「據梧」即「日以其知與人之辯」(〈天下〉)，終其身困在離堅白的昏昧中。〈德充符〉說惠施「天選子之形，子以堅白鳴」，亦屬籠統言之之辭。

「然不然，可不可」，此與〈齊物論〉所言之「可乎可」、「然於然」大有不同，〈齊物論〉「可」與「然」的價值判斷來自合乎「可」與「然」的價值標準，而「可」與「然」的價值標準，卻來自心知的執著，本質上是主觀的偏見。此則言「然」天下人之「不然」，而「可」天下人之「不可」，天下萬物有同有異，我偏說畢同畢異，堅白石顯然相盈為一，我偏析離為二。「困百家之知，窮眾口之辯」，就以此「合」與「離」之悖離經驗常識，窮困天下百家的知解，與天下才士的口辯，「吾自以為至達已」，自我評量在知解與辯才上已到了極高的境地了。

「今吾聞莊子之言，汒焉異之。不知論之不及與，知之弗若與？今吾無所開吾喙，敢問其方」，現在我聽聞了莊子的言說，「汒」當是「茫」，卻因驚異而茫然自失，不知是我的理論深度不足，還是我的智慧高度欠缺，現在我面對莊子，已經不知要如何開口說話了，請容許我請教到底是何等道行，會把我逼到如此的困境。實則，既不是理論辯才與才智知解的不如，而是道之體悟的不及。

「公子牟隱机大息，仰天而笑曰：子獨不聞夫埳井之鼃乎？謂東海之鼈曰：吾樂與！吾跳梁乎井幹之上，入休乎缺甃之崖」，公子牟靠著茶几，深深歎了一口氣，面向上天笑著說，你難道沒聽說在坎井中的青蛙嗎？對東海的海鼈說，我好快樂，郭象注本「吾」作「出」，與下文之「入」相對，成玄英疏云：「我出則跳躑井欄之上，入則休息乎破磚之涯。」「幹」今作「榦」，井垣之意，「甃」，成玄英疏云：「井中累磚也。」故「缺甃之崖」是磚缺處其形若崖。「赴水則接掖持頤，蹶泥則沒足滅跗」，成玄英疏云：「游泳則接腋持頤，蹶泥則滅趺沒足。」跳入水中，水太淺，承托著兩腋與臉頰，說是赴水等同蹶泥，軀體仆倒在泥地裡，腳板腳趾都沒入泥中。「還虷蟹與科斗，莫吾能若也」，「還」讀為「旋」，當「顧視」解，回顧井水中的赤蟲與蝌蚪，沒有能像我這般的自得其樂。

「且夫擅一壑之水，而跨跱埳井之樂，此亦至矣，夫子奚不時來入觀乎」，成玄英疏云：「擅，專也；跱，安也。蛙呼鼈為夫子，言：我獨專一壑之水，而安埳井之樂，天下至足，莫甚於斯。處所雖陋，可以游涉，夫子何不暫時降步，入觀下邑乎！」這是井蛙對海鼈的自喜誇耀之辭。「跨」當「據」解，「跱」同「峙」，當「住」解，故跨跱有如盤據。言自身專擅獨享此一方之水，而橫跨據有此一井之樂，先生何不時來參訪觀賞呢？

「東海之鼈左足未入，而右膝已縶矣。於是逡巡而卻」，在盛情邀約之下，東海之鼈乘興而來，左腳猶未踏入，而右腳已被絆住。成玄英疏云：「縶，拘也。」又云：「逡巡，從容也。」此說不貼切，當是徘徊在進不了又退不出的兩難中，反而是落在進也不是退也不是的困境。「告之海曰：夫千里之遠，不足以舉其大；千仞之高，不足以極其深。禹之時十年九潦，而水弗為加益；湯之時八年七旱，而崖不為加損」，就在身陷淺井困境之時，告訴埳井之蛙大海的樣態，千里的遠不足以盡舉它的大，千仞的高不足極盡它的深度，夏禹的時代十年中有九年發生水患，而海水並沒有為此加深；商湯的時代八年中有七年發生旱災，而涯岸水位並沒有為此降低淺露。「夫不為頃久推移，不以多少進退者，此亦東海之大樂也」，不會為了水旱的時間長短而有推移變化，也不會因為降雨水量的多少而讓水位漲落，這也是身處東海的大樂。「於是埳井之鼃聞之，適適然驚，規規然自失也」，成玄英疏云：「適適，驚怖之容；規規，自失之貌。」埳井之蛙於是時聽聞了這一席話，露出了驚恐的神情，心中除了大受震撼之外，且多了一分失落感，不知要何以自處。

「且夫知，不知是非之竟，而猶欲觀於莊子之言，是猶使蚉負山，商蚷馳河也，必不勝任矣。且夫知，不知論極妙之言，而自適一時之利者，是非埳井之鼃與」，「且夫」，是進而言之，「知」當「才智」解，「不知」當「不足以知」解，意謂才智不足以知是非的究竟，「而」當「卻」講，「猶欲」是「還想」，「觀於莊子之言」，「觀」不當「觀照」解，而是比高下之意，還想對莊子的玄理做出評比，此等同要蚊蝱背負大山，要馬蚿蟲馳騁河海一般，那必定是承擔不起的重任。再說，才智不足以理解深論道妙的玄理，「自適」是自以為得意，「利」是言辭的犀利，意謂只在一時困百家窮眾口的言辭犀利上，自以為得其所哉，「是」指謂的是這樣的生命意態，不就是埳井之蛙的寫照嗎？

「且彼方跐黃泉而登大皇，無南無北，奭然四解，淪於不測；無西無東，始於玄冥，反於大通」，林希逸云：「跐，蹈也。」成玄英疏云：「大皇，天也。」且莊子方將上窮碧落下黃泉，已無南北之分。宣穎云：「奭猶釋。」林希逸云：「四解，四達也。」陳壽昌云：「釋然達於四方，而入於不測之地，豈分南北。」「淪」另本作「淪」，當「浸漬透入」解，此在自我解消中釋放天下，有如道臨現人間，所以說入於深不可測的生命理境。「無西無東」，郭象本作「無東無西」，據王念孫之說改，與「反於大通」為韻。陳壽昌云：「立於無極之先，反而歸於大通之道，豈分西東。」「玄冥」是道體根源之地，萬物皆從玄冥的生成原理來，又回歸到道通為一的一體無別之境。

「子乃規規然而求之以察，索之以辯，是直用管闚天，用錐指地也，不亦小乎」，「乃」當「竟」解，成玄英疏云：「規規，經營之貌。」先生竟然還在「察察為明」上用心，還在「口舌之利」上逞能，「是直」，是此簡直就像用竹管看天，用尖錐量地一般的狹隘自限，「不亦小乎」，意謂心知執著分別，生命就此失落了自在的空間。

「子往矣！且子獨不聞夫壽陵餘子之學行於邯鄲與？未得國能，而失其故行矣，直匍匐而歸耳」，成玄英疏云：「弱齡未壯，謂之餘子。」先生你就去吧，你難道沒有聽聞燕邑壽陵的少年，遠行到趙都邯鄲學習行走步法，未料，未得趙國的獨步妙法，反而失去了自家本來的步調，僅落得用雙手撐地爬行歸來的困窘。「今子不去，將忘子之故，失子之業。公孫龍口呿而不合，舌舉而不下，乃逸而走」，今先生不離開，將如同壽陵少年般，忘掉了自家本來的名理思路，失去了你困百家窮眾口的辯才智能。成玄英疏云：「呿，開也；逸，奔也。」公孫龍嘴巴張得大大的而合不起來，舌頭也舉得高高的而放不下來，想說話又一句也說不出來，當下快速走離。

公孫龍的「乃逸而走」，有如《論語》楚狂接輿歌而過孔子，諷勸孔子停下周遊列國的腳步，未料，孔子下，欲與之言，接輿卻趨而避之的場景。何以接輿要走離現場，可以合理的推測他擔心自己會被孔子的人格感化了，或言語說服了，而動搖了隱者退出人間的抉擇。公子牟要公孫龍儘快離去，否則，學莊不成，反而失落了自身的藝業與光采。以今天兩岸中國尋求現代化的進程而言，全盤西化不成，反而痛失了千年文化傳統，不如尋求自我轉化的道路，從孔孟人文化成的道德理想，經老莊「聖人無常心」的解消，而有「以百姓心為心」的民主涵養，再落實在荀韓客觀體制的法治規範。當前所謂台灣奇蹟與中國崛起，此奇蹟與崛起，就在文化心靈的自我轉化與開創，而非亦步亦趨的向西方學步，就算充分現代化，而自家文化傳統卻在當代失落了，那有什麼奇蹟可說，有什麼崛起可言。

這一段寓言故事，宣穎云：「一發無以得殉名意也。公孫龍棄在我之德，而殉智辯之名，故不免自失於莊子也。」此言無以內在之德，殉外在之名，與「無以得殉名」之本有意涵恰恰相反，依三句一體連貫的合理解釋，當做「不要為了心知執著的往外求得，反而失落了生命本身的內在真實。」正可與「無以人滅天，無以故滅命」前後呼應。

## 第11章 六則寓言的印證之四：

# 寧生而曳尾於塗中的存在抉擇

莊子釣於濮水，楚王使大夫二人往先焉，曰：「願以竟內累矣！」莊子持竿不顧，曰：「吾聞楚有神龜，死已三千歲矣，王巾笥而藏之廟堂之上。此龜者，寧其死為留骨而貴乎？寧其生而曳尾於塗中乎？」二大夫曰：「寧生而曳尾塗中。」莊子曰：「往矣！吾將曳尾於塗中。」

莊子垂釣於濮水之上，楚王任使兩位大夫前來。司馬彪云：「楚王，威王也；先，謂宣其言也。」高亨云：「先借為詵，詵即聘義。」《史記・老子韓非列傳》有云：「威王聞莊周賢，使使厚幣聘之，計以為相。」此「詵」即「聘問」之意。楚王想借重莊周，任使使者以厚禮聘請，「問」有不知意下如何的期待之意。曰：「願以竟內累矣！」「竟內」是境內，說：楚王願以一國之事煩勞先生，也就是「計以為相」

之意。

莊子手持釣竿，也不回頭看，就說：我聽聞楚國有一隻神龜，已死了三千年了。「王巾笥而藏之廟堂之上」，成玄英疏云：「盛之以笥，覆之以巾。」陳壽昌云：「笥，藏衣之器。」君王用巾笥珍藏在宗廟之上，問卜以決斷國之大事。「此龜者」，就這隻神龜本身而言，「寧其死為留骨而貴乎？寧其生而曳尾於塗中乎」，牠是寧願死去只為了留下龜殼而顯貴在廟堂之上呢？還是寧願活著而快意的搖曳尾巴在泥地上爬行呢？此是二者選一的存在抉擇，故以「寧」來表達其願望。

兩位大夫回應說，寧願活著在泥地裡自在爬行。莊子最後說出自己預留的答案，回去吧！我將是搖曳尾巴在泥地裡爬行的那隻龜。

〈老子韓非列傳〉又云：「我寧遊戲污瀆之中自快，無為有國者所羈。」「污瀆」即是泥地，自快是快意自得，而不被一國之君所羈絆。〈逍遙遊〉云：「至人無己，神人無功，聖人無名。」不要功名利祿，帝力於我何有，不過源頭在放下自己，不執著自身，無須以功名來榮耀自己，也無須以利祿來富麗自己，這就是「彼且惡乎待哉」的「無待」，像他這樣的人還有什麼好等待的，原來這一段說的是莊子無待逍遙而快意自得的故事。

莊子身處戰國亂世，還保有一個容許知識分子快意自得的空間，算是莊子的幸運。與莊子齊名的孟子，也一樣的縱橫在列國之間，可以批判梁惠王的好利，譏刺齊宣王之求大欲，且直對權勢說出「望之不似人君」的重話。就因為列國分裂，爭相禮敬賢士，才有諸子百家爭鳴齊放的空間。所以那是一個危機的時代，也是一個希望的時代，看似黑暗，實則涵藏光明，老子所說「明道若昧」的意涵在此。問題在，「若昧」是道家自我隱藏的修身工夫，光明的大道藏身在看起來像昏昧的人生智慧中。莊子垂釣於濮水，正是「若昧」的自我解消，而給出「曳尾」的自在空間。

宣穎云：「此段二發無以得殉名意也。」不為奔競功名爭逐利祿，而失去生命本身的自在空間。

第12章 六則寓言的印證之五：

# 得腐鼠而嚇鵷鶵的惠施

惠子相梁，莊子往見之。或謂惠子曰：「莊子來，欲代子相。」於是惠子恐，搜於國中三日三夜。莊子往見之，曰：「南方有鳥，其名鵷鶵，子知之乎？夫鵷鶵，發於南海而飛於北海，非梧桐不止，非練實不食，非醴泉不飲。於是鴟得腐鼠，鵷鶵過之，仰而視之曰：『嚇！』今子欲以子之梁國而嚇我邪？」

惠施登上梁國相位。莊子前來看這位仕途得意的好友。「或」當「有人」解，就有人來示警說，莊子此番前來，意圖取代你的相位。惠施聽了這一番話，大為恐慌，就下令搜查莊子行蹤三天三夜之久。沒有多久，莊子突然現身在惠施面前。劈口就說：南方有一種名叫鵷鶵的鳳鳥，你知道嗎？那鵷鶵從南海起飛，而飛向北海，一路上不是梧桐樹不棲息，不是潔白竹實不食，不是甘甜醴泉不飲。就在此時，有一隻地面上的鴟鳥口咬腐鼠，看到鵷鶵飛過，就仰頭向上緊張兮兮的對著鳳鳥，「嚇」的叫了一聲，警告人家別來搶我的美食。現在你老兄下令搜城，也是「嚇」我一聲別來搶閣下的高位嗎？

這是好朋友之間的戲謔之辭，說莊子前來搶權位，而惠施竟下令搜捕，是絕對不可能發生的事。〈徐無鬼〉說莊子過惠施之墓，懷想昔日兩人對話，有如鼻端上抹上了薄如蠅翼的白泥，而請對方揮動柴刀，白泥盡去鼻端無傷，自家猶屹立如山而面不改色。惠子死後，就不再有可以揮刀消去的白泥之「質」了。「吾無與言之矣」，一生頓失什麼話都可以說，而不傷感情的朋友了。當然寓言可以是遊戲文字，重在深藏其間的哲理，莊子視權位如腐鼠，未免太過，不過也顯發其什麼話都可說的真性情。可惜的是，未留給惠施發言的空間，就算不傷感情，也可以說兩句譏刺莊子的話吧！

宣穎云：「三發無以得殉名意也。」不要為了求得於外，而失去了內在本真的德。〈天下〉篇評惠施「弱於德，強於物」，即逐物不反而失落天真。以「合同異」之說，曉天下之辯者，且徧為萬物說，所謂「強於物」，即在卒以善辯聞名，此正是〈人間世〉「德蕩乎名，知出乎爭」的最佳寫照。難怪〈天下〉篇給出了「悲夫」之無限惋惜的論定語。

## 第13章 六則寓言的印證之六：

# 請循其本而知之濠上的魚樂之辯

莊子與惠子遊於濠梁之上。莊子曰：「儵魚出游從容，是魚樂也。」惠子曰：「子非魚，安知魚之樂？」莊子曰：「子非我，安知我不知魚之樂？」惠子曰：「我非子，固不知子矣；子固非魚也，子之不知魚之樂，全矣。」莊子曰：「請循其本。子曰『女安知魚樂』云者，既已知吾知之而問我，我知之濠上也。」

此段說是魚樂之辯，實則是莊子玄理與惠施名理之學術進路的對話。儘管惠施「氾愛萬物，天地一體」（〈天下〉）的名理，貼近莊子之「天地與我並生，萬物與我為一」（〈齊物論〉）的玄理，不過，道家玄理由主體生命的修證體悟而開顯，名家名理乃就物性同異皆屬相對而證成。

莊子與惠施一起遊於濠水之上的石橋。成玄英疏云：「鯈魚，白魚也。從容，放逸之貌也。」莊子說道，白魚在水中從容出遊，這是魚的快樂。問題在，「樂」是自家生命的內在感受，故惠施立即發難問道，閣下不是魚，怎麼會知道魚在這一存在情境之下是快樂的？莊子看好友挑起話題，也就好玩式的回應，那先生也不是我，怎麼會知道我不知魚是快樂的？看來是以子之矛，攻子之盾，自身可以立於不敗之地。未料，莊子無意間以惠施名理的立場來回應，而失去了自家玄理的本有分位。惠施何等敏銳，怎會放過這一可以痛宰好友的機緣，當然大逞機鋒的說道，我不是你，本來就不能知你；而你本來也不是魚，那你不能知魚是快樂的，也就不容置疑了。「全矣」是百分百的必然。一場辯論倘若到此終結，惠施還是惠施，而莊子卻不再是莊子了。

成玄英疏云：「若以我非魚，不得知魚；子既非我，何得知我？若子非我，尚得知我，我雖非魚，何妨知魚，反而質之，令其無難也。」此為莊子設想之辭，其中「若子非我，尚得知我」一句，給出了可以翻轉論辯情勢的立基點，所以莊子就從惠施的名理言說中跳脫出來，而回到自家玄理的生命進路，說道：「請循其本」，請回到當初我說魚是快樂的存在情境，「子曰『女安知魚樂』云者，既已知吾知之而問我」，意謂當閣下問出「你怎麼會知魚是快樂的」的這句話時，就已然知道「我可以知」才問我的，否則，你質疑我的話，豈非全成了廢話！好，你既問我怎麼可能知，那我現在就直截了當的告訴你，「我知之濠上也」，本來如此簡單，我就站在這濠水石橋上知道的。「知之濠上」是斬截的真切語，我就是知道，不必給出任何證明，因為證道是自證自了，不足為外人道。我憑什麼能知？憑我從「知」進到「不知」的修養，憑我「物化」的工夫，「物化」即解消自我而化入對方，解消自我是消，化入對方是融，物化消融即物我兩忘而情景交融，在「離形去知」之下「同於大通」，是謂「坐忘」（〈大宗師〉），道在當下現前，一切已在這裡，所以一切可以放下。且在「無聽之以心」之下「聽之以氣」，是為「心齋」（〈人間世〉），無掉心知的執著與障隔，而釋放了被心知禁制，被物欲封閉的生命之氣，而「遊乎天地之一氣」（〈大宗師〉），此從「無聽之以心」說「達人心」，從「而聽之以氣」說「達人氣」，不在對方的心之外，也不在對方的氣之外，我樂魚亦樂，魚樂我亦樂，此知是「不知」之知，是生命實感，而不必經由官覺印象與知識概念做為媒介的存在之知，所以說「我知之濠上也」，我就是站在這裡知道的。魚之樂就在「相忘於江湖」中透顯，人之樂也在「相忘於道術」中朗現。

宣穎云：「此段發反其真意，反真則真在我，安往而不與物同樂乎，其寓意俱在若即若離間。」「反其真」則人為真人，「有真人而後有真知」，既知天之所為，又知人之所為，知天知人，通過「本德」之真，而「道通為一」，在道心一體無別之下，人可知我，我可知人，抑且人可知魚，而魚可知我。船山云：「困於小大、貴賤、然非之辯者，彼我固不相知。……人自立於濠上，魚自樂於水中，以不相涉而始知之。人自樂於陸，魚自樂於水，天也。……惠可以知莊，莊可以知魚，此天之不隱於人之心者，萬化通一之本也。」所謂「不相涉而始知之」，是「虛而待物」，「待」不是「對待」，而是「觀照」，「不相涉」是拉開距離，「知之」是照現了他的本來面貌，「天之不隱於人之心者」，就是虛靜觀照的道心，在道心的朗現之下，惠施可以知莊，莊可以知魚，而萬化也可以通而為一。

劉鳳苞云：「內篇莊化為蝶，蝶化為莊，可以悟「齊物」之旨；外篇子亦知我，我亦知魚，可以得反真之義：均屬上乘慧業，不能有二之文。」此說甚有見地，堪稱英雄所見略同。

# 天下第三十三

【解題】

此篇列在〈雜篇〉，且為最後一篇。外、雜篇皆以篇首兩、三字為篇名，以「秋水時至，百川灌河」開篇，故名「秋水」，以「天下之治方術者多矣」開篇，故名「天下」。

〈天下〉篇縱論天下思想，評述諸子百家，堪稱學術思想史上的開山之作。不論理路格局與文采氣勢，比諸〈齊物論〉，不僅毫不遜色，且建構了超越〈內篇〉之神明聖王統貫為一的道術觀，以釐定天下百家的分位，並給出價值的評量。此已從「物論」平齊，進至「天下」一家。越過了〈內篇〉道通為一的思想體系，故雖列在最後一篇，也不能說是《莊子》的後序。

王船山云：「系此於篇終者，與孟子七篇末舉狂狷、鄉愿之異，而歷數先聖以來至於己之淵源，及史遷序列九家之說略同，古人撰述之體然也。」又云：「或疑此篇非莊子之自作，然其浩博貫綜，而微言深至，故非莊子莫能為也。」此認定〈天下〉篇為莊子後序，且出自莊子的手筆。徐復觀云：「從天下篇的文體看，它與莊子內七篇最為接近。」故直承船山之說，也做出「天下篇乃出於莊子之手」的判定。胡適則判定「是一篇絕妙的後序，卻決不是莊子自作的」；唐君毅則認為「天下篇統論古今之道術位莊子為各家之學之最高者，蓋非必莊子所著，當是道家之徒緣道家思想之線索，而更開闊其心胸，以概括古今道術而綜貫論之之文」。此論定不是莊子所著，而是出乎後起門徒之手筆。勞思光以為莊子書成後，門人作〈天下〉篇附之，不是莊子自作，而出於門徒之手，年代在莊子之後不久，因莊子評論各家，未及莊子後之家派。因其本為最後一篇，外、雜篇之後起之雜著，紛紛插入其間，而排列在〈天下〉篇之前。

梁啟超進一步說，「天下篇不獨以年代之古見貴而已，尤有兩大特色，一曰保存佚說最多，二曰批評最精到也最公平。」實則保存佚說，僅是為後世留下可引據析論的史料而已，而批評精到所透顯的慧解洞見，則來自其全體大用上下內外的價值體系，以做為其評論百家的理論根據，這才是〈天下〉篇精神命脈之所在。

〈天下〉篇所建構之獨步千古，藉以評量天下百家的理論體系，既超越〈內篇〉之上，當然不會是莊子自作，可能是出自莊子學派後起之秀的手筆，如同孔孟儒學之後；有《大學》、《中庸》、《易傳》之承先啟後，並回應老莊之質疑問難的巨著，那老莊道家之後，豈能獨無可與相提並論之菁英繼起！

# 第1章 神明聖王統貫爲一的道術觀

## 一、神降明出聖生王成原本是一

天下之治方術者多矣，皆以其有為不可加矣。古之所謂道術者，果惡乎在？曰：「無乎不在。」曰：「神何由降？明何由出？聖有所生，王有所成，皆原於一。」

天下百家間大多僅治一方之術，成玄英疏云：「方，道也。」此說離譜。與下文之「天下多得一察焉以自好」，而謂之為「一曲之士」；與「各為其所欲焉以自為方」，而歎之為「悲夫」的觀點，完全牴觸，且悖離了〈天下〉篇所要建構之全體大用的道術觀。王船山云：「治方術者，各以其悅者為是，而必裂矣。」陳壽昌云：「方術亦在道中，特局於一方，不可以道名耳。」二說較貼切。且「皆以其有為不可加矣」，郭象注誤斷為「皆以其有為，不可加矣」，「有」即各家所執持之局限於一方之術的理論觀點。「為不可加」，是自以為已登完美之境，而了無缺憾。實則，方術與道術，乃超越的區分，有下之術而無上之道，或有外之術而無內之道，有一方之術而無全體大用之道，是為方術。

此如同《荀子・解蔽》之所云：「凡人之患，蔽於一曲，而闇於大理。」此為一曲所蔽，而不明大理，就是方術。一曲之士，即「皆以其有，為不可加」，在彰顯自我的同時，也自我遮蔽，就此失落了道術的全體大用。

在點出了天下僅治方術的病痛之後，藉設問自答，以揭示全體大用的道術觀。問說：自古相傳的道術，到底存在於何方？答道：無所不在。「曰」是再深進一層的詮表，「神何由降？明何由出？聖有所生，王有所成」，這四句話當一體求解，此非問神從何而降，明從何而出的問題，而是神降於何處，而明出於何處的問題，答案就在「聖有所生，王有所成」，意謂神降而聖生，明出而王成。

人間天下的生成原理，在內聖的人格修養，與外王的治道志業，而聖生王成，卻由神降明出而來。神降，生而為聖，明出，成而為王。「皆原於一」，此意謂上之神明與下之聖王，或內之神聖與外之明王，上下內外總體是一。「原」可當「根源」解，宣穎云：「一者道之根也。」即持此說；亦可作「原本」解，從「神降聖生，明出王成」的義理架構來看，解為根源於一，恐失其義。因為神明就是天道的神體明用，說根源於一，反成多餘。當解為「原本是一」，神明聖王與神聖明王之上下內外總體是一，正回應了道術無所不在的自我說解。

此不再是〈齊物論〉所謂的「道通為一」，由道體的價值根源合理的解釋萬物的存在，並保證萬物的一體和諧；而是神明聖王全體大用的統體是一，此超越了內七篇既有的詮釋系統，而建構了獨步千古統貫百家的價值體系。

## 二、天人、聖人、君子、百官的統體是一

不離於宗，謂之天人；不離於精，謂之神人；不離於真，謂之至人。以天為宗，以德為本，以道為門，兆於變化，謂之聖人。以仁為恩，以義為理，以禮為行，以樂為和，薰然慈仁，謂之君子。以法為分，以名為表，以參為驗，以稽為決，其數一二三四是也，百官以此相齒。以事為常，以衣食為主，蕃息畜藏，老弱孤寡為意，皆有以養，民之理也。

「不離於宗」，「宗」是宗主，指謂的是天道本身。「精」與「真」，依老子云：「窈兮冥兮，其中有精；其精甚真，其中有信。」（二十一章）「精」指謂的是道內在於萬物的本德天真。此存有論之「道生之，德畜之」（五十一章）的「德」，仍是無形的，故以「其精甚真」，來說它雖無形不可見，卻是真實的存在。且再以「其中有信」，來驗證其存在的真實性。「信」則有形可見。此「窈兮冥兮，其中有精」，可與「惚兮恍兮，其中有象」相對應，故精、象位階等同，而「其精甚真，其中有信」，亦可與「恍兮惚兮，其中有物」相對應，故信、物位階亦等同，而信物連稱。若據老子之存有論的觀念來鑑定，說「不離於真」，不如說「不離於象」，因為精、象位階等同，而「真」只是形容「精」之雖無形而可見。此「不離於精」與「不離於真」，可能從「其精甚真」一語而來。

此三句連言，重在「不離」，不離於「神」體的位置。老子有云：「常德不離，復歸於嬰兒。」（二十八章）此所謂「不離」，意謂守在道根德本之所，與天道同其長久，故云：「不失其所者久。」（三十三章）「不離於宗」，等同〈應帝王〉所說的「未始出吾宗」，「不離」就是「未始出」。故以「天人」、「神人」、「至人」稱之。

「以天為宗，以德為本，以道為門」，已走離道根德本之所，說「以天為宗」，已在天之外，「以德為本」，已在德之外，「以道為門」，已在道之外，三者已走離「神」體，而出於「明」用的位置。「明」是神體外現的光照，「兆於變化」，即智光明照，一眼看到時代將變而未變的兆端，由「知幾其神」到「見幾而作」（《易・繫辭傳》），以化解問題於無形，老子有云：「為之於未有，治之於未亂。」（六十四章）正是聖人在天下動變的關鍵時刻，得以扭轉時局的高明智慧。此為走離神體，發為明用的聖人。此「不離」的天人、至人、神人，居於上之神的位置，說的是莊子之學；「兆於變化」的聖人，居於上之明的位置，說的是老子之學。莊子的思想，將「明」用消融在「神」體中，解消「明」的光采，而融入「德」的生命流行中，朗現為至人、神人、聖人、真人的生命人格。說「有真人而後有真知」，真人知天之所為，又知人之所為，故「真知」在「知天」，是謂「不離」。

老子的思想，則以「無」之「明」，以照現「有」之「德」，明用已走離神體，而顯發光照，照現「天門開闔」的治亂兆端，明出而王成，而有「治之於未亂」的智光妙用。

「以仁為恩，以義為理，以禮為行，以樂為和，薰然慈仁，謂之君子」，此說的是儒家之學，仁義君子，居於內之聖的位置。「仁」在心的不安處呈現，由不安而求安，是為道德的依據，故一者云：「天生德於予。」二者云：「仁者安仁。」而仁者愛人，恩從愛來，給出心頭的溫暖與生命的潤澤，恩德就在愛的流露與感應間，活出美好人生。此之謂「以仁為恩」。而愛總在人與人之間展開，愛要合理，理就在雙方的認同與接受，而這一是否合理的價值標準與價值判斷，就是義。既是人間正義，也是天下公義。此之謂「以義為理」。

「以仁為恩，以義為理」，屬於內聖修養，而「以禮為行，以樂為和」，則屬於外王教化。通過「義」之合理的價值判斷，再制禮作樂，以架構出情意交流與理想會通的管道，「禮」是行為模式，「樂」在陶冶性情。孔子云：「禮之用，和為貴，先王之道，斯為美。」禮主敬，別上下之分，樂主和，通上下之情，先王之道就在禮行而樂和之中，堪稱完美。「薰然慈仁」，仁心流露總是如母慈般的溫柔撫慰，「薰然」描述的是有如夏日和風般薰陶涵化，而化成君子的生命人格。

「以法為分，以名為表，以參為驗，以稽為決」，此說的是法家之學，百官養民，居於下之王的位置。這四句話，是法家思想的綱維，「以法為分」，是以「法」為定分，以「名」為量表，「法」是體制法條，定出每一個人的分位，「名」即由法定而來的職責。故前者是價值的依據，後者是價值的評量。

「以參為驗，以稽為決」，不在「法」之體制的界域說，而在「術」之運用的層面說。韓非子法中心思想，以法為體，以術為用，即體起用在「循名而責實」，「名分」由「法制」來，依「職」之名以求「責」之實，此責求事功之術用，本在法定之體制。「參」是眾端參觀，把來自各方之訊息與觀點，放在一起參照驗證，即可顯現事實真相。「以稽為決」，「稽」是「稽考」，「決」是「決斷」，驗證就是稽考，根據驗證稽考所得之事實真相，而做出政策的決斷。「其數一二三四是也」，政策既經決斷，付諸實施自有其定數，「數」是理序，有如一二三四的序列，清晰而嚴謹。「百官以此相齒」，「齒」也是「序列」，百官各有分位職責，依序列而分層負責，與分工合作。「以事為常」，「事」是眾人之事，也就是民生日常之事，「以衣食為主」，民生日常即以衣食為主，「蕃息畜藏為意」，依陶鴻慶之說改，「蕃息」是生養孳息，「畜藏」是儲存蓄藏，不論是農作畜牧，都要生息，也都得蓄藏。「老弱孤寡為意，皆有以養」，年老稚弱、孤苦無依的人，皆得到收容養護，「民之理也」，此即執政治民之理。此可圖示如下：

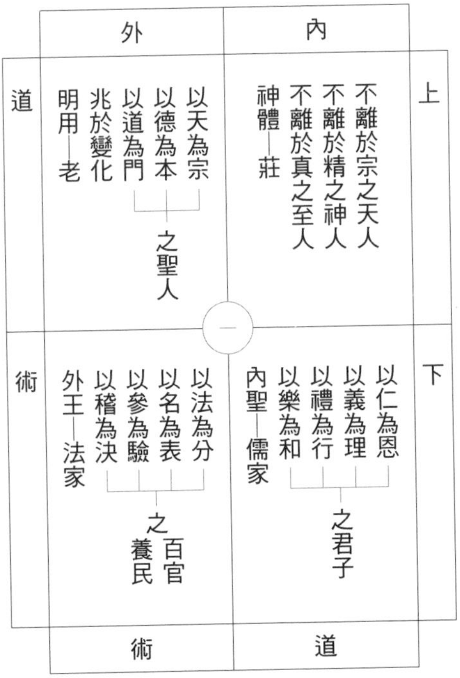

〈天下〉篇建構了上下內外、神明聖王之全體大用原本是一的道術觀，此超越了〈內篇〉之「道通為一」的思想體系，並將莊學之不離，老學之兆於變化，儒家之仁義禮樂，與法家之法名參稽，分別安放在上下之層次與內外之界域的上之神、上之明，與內之聖、外之王的位置，而上下內外、神明聖王總體是一，道體術用總體是一，並據此道術總體是一，以評述道術已被百家所裂解的諸子思想。

## 三、古之道術的流傳稱道

古之人其備乎！配神明，醇天地，育萬物，和天下，澤及百姓。明於本數，係於末度，六通四辟，小大精粗，其運無乎不在。其明而在數度者，舊法世傳之史尚多有之。其在於詩書禮樂者，鄒魯之士搢紳先生多能明之。詩以道志，書以道事，禮以道行，樂以道和，易以道陰陽，春秋以道名分。其數散於天下而設於中國者，百家之學時或稱而道之。

自古以來的道術傳承，都是完備的吧！「配神明」，成玄英疏云：「配，合也。」是合於神體明用，「醇天地」，章炳麟云：「醇，借為準。」即以天地為準則。「育萬物，和天下」，生育萬物，也和成天下。「澤及百姓」，恩澤徧及百姓。「配神明，醇天地」，是「明於本數」，「育萬物，和天下」是「係於末度」。「明於本數」是「明出」，「係於末度」是「王成」，明出王成也就澤及百姓。「本數」是「道」，「末度」是「術」，此方位上涵蓋上下四方，皆通達透闢，故云：「六通四辟。」不論是天下與自我的小大之分，還是心與物的精粗之別，「其運無乎不在」，上言道術無乎不在，重在道體，此言「其運無乎不在」，重在術用，故「運」是道體術用的徧在運轉。

此「其運無乎不在」，是神體透顯的明光下照，徧照天下，以運轉成用。此其流傳有三大管道：其一在「其明而在數度者」，此明光下照而顯發在本數末度的道體術用，「舊法世傳之史尚多有之」，在承傳舊法的史官身上，還保留許多；其二在「其在於詩書禮樂者，鄒魯之士搢紳先生多能明之」，此專指孔孟鄒魯的儒家門徒，與「學而優則仕」的搢紳先生，多能由上之「明出」而往下之「王成」走，成玄英疏云：「搢，笏也，亦插也；紳，大帶也，先生，儒士也。」「搢紳」是將笏板插在官服的腰帶上，而「王成」則落在古之道術詩書禮樂之典籍的傳承與運用。

「詩以道志，書以道事，禮以道行，樂以道和，易以道陰陽，春秋以道名分」，詩以言人之心志，書以載王政之事，禮以齊天下之行，樂以和性命之情，易以達陰陽之變，春秋以定君臣之分。馬敘倫云：「詩以道志以下六句，疑古注文，傳寫誤為正文。」六經之說，起於兩漢，此說可以成立。因為上已明言「其在於詩書禮樂者」，已指謂傳統典籍的傳承，自不必再數說其所道者何。

其三在「其數散於天下而設於中國者，百家之學時或稱而道之」，史官身上的舊法世傳，本數末度尚兼而有之；孔孟儒學的鄒魯之士，傳承的是興發心志的理想，與治理天下的事證，還有立之於禮，成之以樂的教化，此本數末度皆保存在典籍文獻中。此外，百家之學偶有引據稱道的學術思想，其本數之道已散落天下，而末度之術卻還施設在中原諸國的行政上。

## 四、今之道術的流落裂解

天下大亂，賢聖不明，道德不一，天下多得一察焉以自好。譬如耳目鼻口，皆有所明，不能相通。猶百家眾技也，皆有所長，時有所用。雖然，不該不徧，一曲之士也。判天地之美，析萬物之理，察古人之全，寡能備於天地之美，稱神明之容。是故內聖外王之道，闇而不明，鬱而不發，天下之人各為其所欲焉以自為方。悲夫，百家往而不反，必不合矣！後世之學者，不幸不見天地之純，古人之大體，道術將為天下裂。

就因為本數之道已散開，而僅落在末度之術的施設，原本是一的道體術用，離析裂解，聖賢哲人發不出光照，道德的價值體系錯亂，天下各家大多只得道術的一偏之見，而自以為得意。此正如荀子所謂的「諸侯異政，百家異說」，異政異說，故謂賢聖不明，道德不一，天下理序因而大亂。王念孫云：「郭象斷『天下多得一』為句，釋文曰：得一，偏得一術。案『天下多得一察焉以自好』，當作一句讀。」此說甚是。就好像耳目鼻口的官覺，皆有所明之能，卻不能交感互通。也如同百家眾技，皆有專擅之長，也可以發揮各自的功能。

「雖然，不該不偏，一曲之士也」，雖然如此，「不該」是不完備，「不偏」是不普遍，所謂「一曲之士」，就在「得一察焉以自好」，「察」是彰顯，「曲」為遮蔽，彰顯的同時是遮蔽，而未有上下內外統貫為一的全體大用。「判天地之美，析萬物之理，察古人之全」，錢穆云：「此察字，與上文之判、析同義。」高亨亦云：「判、析、察，皆割裂之義。」此謂分判天地的精純之美，剖析萬物的存在之理，裂解古人的全體之用。「寡能備於天地之美，稱神明之容」，「備」當「完備」解，「稱」當「合」解，意謂很少能夠完備的照現天地的大美，與體現神降明出之生成天下的全體大用。

「是故內聖外王之道，闇而不明，鬱而不發」，內聖外王之道，鬱結於內，而不顯發於外，更先在的省思當在「闇而不明」。意謂上明下王之道，涵藏於上，而不光照於下，以是之故，內聖外王之道，也就「鬱而不發」。宣穎云：「內聖即神，外王即明也。」此說有洞見，不過當更完整的說，內聖由神降而生，外王由明出而成。明不出則王不成，是謂「闇而不明」。「天下之人各為其所欲焉以自為方」，「欲」當「意欲」解，「方」當「方術」解，天下眾人各依自身的意向，而自以為已得道術之一方。「悲夫」，是極為可悲的現象，「百家往而不反」，天下百家各往一方之術競走，而不知回歸道體術用，「必不合矣」，一定不符合道術的全體大用。「後世之學者，不幸不見天地之純，古人之大體」，後起一代的學者，何其不幸再也看不到天地的精純，與古人的全體大用，「道術將為天下裂」，自古以來的道術傳統，眼看就要被天下百家的「以自為方」與「往而不反」所裂解了。

# 第2章 以繩墨自矯，備世之急的墨翟、禽滑釐

## 一、墨子非樂、節用、非鬥的思想大要

不侈於後世，不靡於萬物，不暉於數度，以繩墨自矯而備世之急。古之道術有在於是者，墨翟禽滑釐聞其風而說之。為之大過，已之大順。作為非樂，命之曰節用；生不歌，死無服。墨子氾愛兼利而非鬥，其道不怒；又好學而博，不異，不與先王同。毀古之禮樂：黃帝有咸池，堯有大章，舜有大韶，禹有大夏，湯有大濩，文王有辟雍之樂，武王周公作武。古之喪禮，貴賤有儀，上下有等，天子棺槨七重，諸侯五重，大夫三重，士再重。今墨子獨生不歌，死不服，桐棺三寸而無槨，以為法式。

各家思想，皆直對世道人心發言，故總要對後世負責。「不侈於後世」，宣穎云：「不示奢侈。」即不給出奢侈的形象；「不靡於萬物」，宣穎云：「不事靡費。」即不虛耗萬物的資源；「不暉於數度」，宣穎云：「不務光華。」即不在本數末度的治道上顯現光采，而走出一條「以繩墨自矯而備世之急」的救世之路。「繩墨」是工匠依規矩之方圓，繪圖以施工的墨盤準繩，「自矯」是處世做人重在自我約束，而全幅生命在搶救世人的急難。「古之道術有在於是者」，自古以來有這一方面的道術傳統。「墨翟禽滑釐聞其風而說之」，墨翟、禽滑釐聽聞這一道術的學術風向，而生悅服之心，開出墨家學派。

「為之大過，已之大順」，「順」另本作「循」，成玄英疏云：「循，順也。」上下兩「大」字唸「太」。陳壽昌云：「已，止也；大順猶太甚也。」意謂為別人做得太多，為自己做得太少。「作為非樂，命之曰節用」，「非」是持否定態度的不以為然，相對於儒家的禮治樂教，墨子站在平民立場，反對「禮不下庶人」的禮樂傳統。禮樂對庶人而言，是奢侈靡費，「命之曰」即「名之曰」，形名相對，「名」指涉「實」，意謂非樂的意涵就在節用，非樂以節用，平民才有存活的空間。其直接表現就在「生不歌，死無服」，生不歌是非樂，死無服即節用，活著的時候沒有歡笑，死去的時候沒有陪葬。

「墨子氾愛兼利而非鬥」，墨子的中心思想在「兼相愛而交相利」，「氾愛」即兼相愛，「兼利」即交相利。工匠者流以繩墨規矩做為自家的招牌，雖本為農工商之一，卻自我期許為士；而士志於道，道在「兼以易別」。儒家的仁愛，是有分別的愛，墨家的兼愛，是無等差的愛，故以儒士為別士，而自許為兼士。從兼愛交利的立場，列國間該當「非鬥」，反對以戰爭來解決問題。故「備世之急」，首重「非鬥」，而其可能之道端在「不怒」，心存兼愛，不氣苦不悲憤，解消委屈感，就不會把自己逼向悲壯決絕之路。「又好學而博」，墨者集團來自民間底層，各有專技藝業，出頭天的唯一出路，就在好學多聞。「不異」，是不立異以為高，「不與先王同」，也不認同先王治道。「毀古之禮樂」，先王治道離不開禮樂傳統，孔子說：「周因於殷禮，……殷因於夏禮。」夏周商三代，且可上溯堯舜，以至於黃帝，雖有損益，仍相因傳承，故毀棄自古以來的禮樂傳統，包括黃帝之時的咸池，唐堯之時的大章，虞舜之時的大韶，夏禹之時的大夏，商湯之時的大濩，文王之時的辟雍，武王周公的武，凡此樂章皆涵蘊王朝治道的精神與氣象。

而禮樂不可分，自古相傳的喪禮，依身分的貴賤，而有厚薄的差別，天子的外棺有七重，諸侯五重，大夫三重，士再重。「今墨子獨生不歌，死不服，桐棺三寸而無槨，以為法式」，墨者獨超離在這一禮樂傳統之外，既「作為非樂」，再「毀古之禮樂」，生者無歌之歡樂，死者無服之陪葬，什麼都沒有的來，又什麼都沒有的去，僅三寸薄棺藏身下葬，而沒有外棺的護持，就以此做為墨者立身處世的行為模式。

## 二、反天下之心，去王遠矣的墨家悲歌

以此教人，恐不愛人；以此自行，固不愛己。未敗墨子道，雖然，歌而非歌，哭而非哭，樂而非樂，是果類乎？其生也勤，其死也薄，其道大觳；使人憂，使人悲，其行難為也，恐其不可以為聖人之道，反天下之心，天下不堪。墨子雖獨能任，奈天下何！離於天下，其去王也遠矣。

---

上一段重在現象的描述，這一段則重在價值的評量。「以此教人，恐不愛人；以此自行，固不愛己」，「此」指稱的是「生不歌，死無服」之「已之太甚」的行為模式，以此來教導徒眾，說是兼愛實則不愛人，以此責求自身，本來就不愛己。「未敗

墨子道」，阮毓崧云：「因尚能躬行所言，故其道未遽敗壞。」儘管不愛人，亦不愛己，然墨者仍以繩墨自矯，而備世之急，其道一時還未敗壞。

「雖然，歌而非歌，哭而非哭，樂而非樂」，墨子道雖然一時未敗，不過，當歌而以歌為非，當哭而以哭為非，當樂而以樂為非，或許英雄無淚，然過於矯情，情意凍結而沒有出路，「是果類乎」，「是」是「此」，「類」當「近」解，這樣果真近於人情之常嗎？「其生也勤，其死也薄」，生時勤苦勞累，死時草草薄葬，德行與福報不成比例。「其道大觳」，「其道」是指墨家「為之太過，已之太甚」的立身處世之道，「大」讀為「太」，郭嵩燾云：「觳，薄也，……郭象注：觳，無潤也，解似迂曲。」實則郭象注的「無潤」說，解為生命乾枯，而少有情意的潤澤，比直接說為對待自己過於刻薄，更貼合墨子道。「使人憂，使人悲」，似乎存活一生的內涵，僅有憂愁跟悲苦。「其行難為也，恐其不可以為聖人之道」，這樣的人生行誼，讓人承受不了，也擔當不了，「恐」表擔心，「不可以為」是「不可以之而為」，「之」指謂的是「使人憂，使人悲」的人生苦行，既安頓不了天下人的生命，當然成不了內聖又兼及外王的聖人之道。

「反天下之心，天下不堪。墨子雖獨能任，奈天下何！離於天下，其去王也遠矣」，「反」是悖離，悖離了天下人的心，天下人承受不了，墨子自身雖獨能承擔大任，又奈天下人心何。你做得到，但天下人做不到啊；人民感受如此，你又能對他們怎麼樣呢？墨子道跟天下人拉開了距離，甚至與天下人的感受背道而馳，「其」是語氣詞，當「將會」或「可能」解，可能跟備世之急的救人初衷，越離越遠了。墨家的精采熱力在外王，卻「去王遠矣」，此為墨家與儒家同稱「世之顯學」，卻難以傳諸久遠的癥結所在。

此一評論，極為貼切，墨家站在平民立場，反貴族禮樂奢靡，卻節用非樂過甚，歌而非歌，哭而非哭，是則人已非人，怎麼救得了勞苦大眾呢？

## 三、墨家學派的源流

墨子稱道曰：「昔者禹之湮洪水，決江河而通四夷九州也，名山三百，支川三千，小者無數。禹親自操橐耜而九雜天下之川；腓無胈，脛無毛，沐甚雨，櫛疾風，置萬國，禹大聖也，而形勞天下也如此。」使後世之墨者，多以裘褐為衣，以跂蹻為服，日夜不休，以自苦為極，曰：「不能如此，非禹之道也，不足為墨。」相里勤之弟子五侯之徒，南方之墨者苦獲、已齒、鄧陵子之屬，俱誦墨經，而倍譎不同，相謂別墨；以堅白同異之辯相訾，以觭偶不仵之辭相應；以巨子為聖人，皆願為之尸，冀得為其後世，至今不決。

「墨子稱道曰」，墨子自稱其道說，此等同現身說法，說自己家派的思想，源自大禹治水的精神。「湮洪水，決江河而通四夷九州也」，「湮」當「塞」解，洪水氾濫，一者築堤防洪，二者開決河道，讓水流往四方邊陲與中國九州。「名山三百，支川三千」，「名山」另本作「名川」，俞樾云：「名山當作名川，字之誤也。」此謂大川三百，支川三千，「小者無數」是小溝渠多到數不完。「禹親自操橐耜」，成玄英疏云：「橐，盛土器也；耜，掘土具也。」築堤要填土，開決要掘土，禹親自帶頭施工，「而九雜天下之川」，宣穎云：「九，通糾，糾雜使之縱橫相入也。」船山云：「九雜，糾合錯雜。」此謂糾集而雜入，使氾濫洪水匯集而歸於大川。「腓無胈，脛無毛」，治水是長年累月奔走於途，過於勞累而欠缺休息，以致腿長不出肉，而小腿也長不出毛。此即孟子所說之「摩頂放踵，利天下為之」，「放」當「至」解，從頭頂到腳踵皆因工作過勞而磨損。「沐甚雨，櫛疾風」，在大雨中沐浴，在強風中梳髮，有如「墨突不得黔」之意，墨者的煙囪從來都沒有時間可以冒出黑煙。「置萬國，禹大聖也」，此「國」指謂的是可以落腳安居的城邦市鎮，安置萬民以成眾多之國，讓天下人民不致漂泊流落之意，此成就了大聖人的外王志業。「而形勞天下也如此」，為了平治天下竟是如此的辛苦勞累。

「使後世之墨者，多以裘褐為衣，以跂蹻為服」，使後世承繼此精神而興起的墨家徒眾，大多身穿獸皮與粗布的衣裳，腳著木屐草鞋，塑造了墨家集團簡樸的形象。「日夜不休，以自苦為極」，「極」是充盡的表現，此一理想追尋的極致，就在日夜不停息的要為天下人受苦，來自我責求，此為墨者行誼最感動人的精神所在。「曰：不能如此，非禹之道也，不足為墨」，彼此共勉宣示，倘若做不到這一境地，不算是大禹的傳承者，沒有資格說自己是墨者。

「相里勤之弟子五侯之徒，南方之墨者苦獲、已齒、鄧陵子之屬」，陳壽昌云：「相里勤亦學墨而為師於世者，且弟子皆為五國諸侯之徒，言從學者眾也。」《韓非子・顯學》云：「自墨子之死也，有相里氏之墨，有相夫氏之墨，有鄧陵氏之墨。」兩文對看，若「五侯之徒」，說的是相里勤之弟子，那麼南方之墨者的苦獲、已齒，可能就是相夫氏之墨。「俱誦墨經，而倍譎不同」，不論是三大派或兩大派，俱誦讀《墨經》，《墨經》指稱的是〈經〉上下，〈經說〉上下與〈大取〉、〈小取〉等六篇，其成書年代，勞思光判定在莊子之後，〈天下〉篇之前。故不可能是墨子自身的作品，卻一定在三大流派之先就已成書。否則不可能形成「倍譎不同，相謂別墨」之爭。勞思光云：「倍即違背之意，譎即異，倍譎不同，言互相違異也。」意謂在《墨經》的解讀上，理解分歧，而引發爭論。「相謂別墨」，即互相指責對方非正統，而是別支。「以堅白同異之辯相訾」，成玄英疏云：「訾，毀也。」今詆毀之意，亦可當「責難」解，此堅白同異之辯，正是名家「離堅白」與「合同異」的兩大名理思辯，《墨經》（胡適謂之為《墨辯》者）有「盈堅白」與「別同異」之堅白不相外與同異交得之回應，而墨家三流派就此兩大論題進行辯論，而相互攻訐。「以觭偶不仵之辭相應」，奚侗云：「觭借為奇，仵借為伍。」奇偶相對，「伍」當「同」解，而「仵」當「合」解，船山云：「觭偶即奇偶，不仵，所答非所問也。」意即用奇偶相對本就不合的言辭相為對答。同異相對，而堅白不合，兩句上下呼應。

「以巨子為聖人，皆願為之尸，冀得為其後世，至今不決」，「巨子」，另本作「鉅子」，是墨家領袖的稱號。墨家主「尚同」說，又主「尚賢」說，從尚賢說尚同，以德行做根柢，以救下同於上之可能誤導徒眾的弊病。鉅子是身分地位，聖人則是德行品格。「以巨子為聖人」，故墨家徒眾把領袖看做是聖人般的尊崇。「皆願為之尸」，「尸」當「主」解，皆願尊奉他為「主」導的精神領袖，「冀得為其後世」，滿心盼望能將此一傳承留給後世，「至今不決」，船山云：「決，猶斷也。」言三派相謂別墨，而以正統自居，爭論至今不休，「不決」是「未定」之意。

## 四、墨家行誼的價值論定

墨翟禽滑釐之意則是，其行則非也。將使後世之墨者，必自苦以腓無胈脛無毛，相進而已矣。亂之上也，治之下也。雖然，墨子真天下之好也。將求之不得也，雖枯槁不舍也。才士也夫！

此對墨家行誼，做一價值的論定。「墨翟禽滑釐之意則是，其行則非也」，意謂兩人以汜愛非鬥、節用非樂來為天下平民爭取存活空間的用心，是值得肯定的；而「其生也勤，其死也薄」的「其行難為」，則悖離了人情之常。「非」在「反天下之心，天下不堪」。「將使後世之墨者，必自苦以腓無胈脛無毛，相進而已矣」，將會迫使後起的墨家徒眾，以自苦為極，「極」是最高的理想，「自苦」在腓無胈、脛無毛，「相進」在「極」的無限嚮往與追尋。宣穎解「進」為「尚」，阮毓崧則解為「競」，徒眾間競以受苦為高，看誰受的苦比較多，來相互競爭，而不以智慧來開展，或以修養來扭轉，此已然走向惡性競爭了，還遺忘了兼相愛、交相利的本懷初衷。

「亂之上也，治之下也」，宣穎云：「亂天下之罪多，治天下之功少。」此近乎《韓非子．五蠹》「俠以武亂禁」的說法。高亨云：「在亂世，其人為上品，其道為上乘；在治世，其人為下品，其道為下乘。」墨家集團躍身戰國時代的歷史舞台，既身處亂世，果如高亨所說，其道為上乘，其人為上品，何以謂其意則是，其行則非？「雖然，墨子真天下之好也」，「雖然」，承上啟下語，雖然是亂之上而治之下，亂天下多而治天下少，在「其行則非」的評價之下，仍給出「其意則是」的肯定，真正是求之於當世，卻不可得的大好人。

「雖枯槁不舍也」，「枯槁」是生命乾枯而欠缺潤澤，沒有自身的前景，沒有家室的溫暖，沒有人間的美好，也沒有天國的終極安頓，堪稱孑然一身，一無所有。生命乾枯，卻枯槁不舍，不舍是永不放棄，此俠義道俠客行，看似浪漫的情懷，實則乃生命的悲歌。一無牽掛，徹底放下，可以是理想主義者，也可能是虛無主義者。而與現實決裂，有毀壞的衝動，義無反顧，而慷慨悲歌，衝決既有體制，又有流血的傾向，此理想與浪漫的結合，而成烈士的性格，生命力暴衝而出，沒有迂迴，也沒有曲折。故曰：亂之上，治之下也。「才士也夫」，以〈大宗師〉所說之「聖人之道」與「聖人之才」的二分而言，墨子有聖人之才，而無聖人之道，「其去王遠矣」，雖打開了「天下之言，不歸楊，則歸墨」的格局，闖出一片天，卻僅給出「才士也夫」的評價，是一位能承擔人間苦難而值得尊敬的豪傑志士。

墨子言天意天志，為人格主宰之天，天為神體，一者未內在而為聖，二者又未外發而為王，「神」不降故無「聖」，「明」不出故無「王」，僅有「神」之獨體，而未明光下照，內聖外王之道，在闇而不明之下，也就鬱而不發了。

# 第3章 願天下之安寧以活民命的宋鈃、尹文

## 一、在墨家懷抱與道家心境之間的宋尹學派

不累於俗，不飾於物，不苟於人，不忮於眾，願天下之安寧以活民命，人我之養畢足而止，以此白心。古之道術有在於是者，宋鈃尹文聞其風而說之。作為華山之冠以自表，接萬物以別宥為始；語心之容，命之曰心之行，以聏合驩，以調海內，請欲置之以為主。見侮不辱，救民之鬥，禁攻寢兵，救世之戰。以此周行天下，上說下教，雖天下不取，強聒而不舍者也，故曰上下見厭而強見也。

「不累於俗」，不為世俗所牽累；「不飾於物」，不以外物來美飾自己；「不苟於

人」，不苟合於人，另章太炎云：「苟者，苛之誤，下言苛察，一本做苛，亦其例也。」此解作不苛察於人；「不忮於眾」，王先謙云：「無所忌害。」不忌害於人，此為道家無心無知的心境。

「願天下之安寧以活民命，人我之養畢足而止」，願天下可以安定，人民可以存活，日用所需止於人我皆足，此為墨家非鬥節用的懷抱。「以此白心」，《管子四篇》被認為是宋尹學派的作品，其中有〈白心〉篇，就以此做為心事願景的告白。《荀子．非十二子》墨宋並稱，宋尹學派的救世之鬥，是墨家的懷抱，而「語心之容」則是道家的心靈。自古道術的流傳，有這一流風餘韻，宋鈃、尹文聽聞此一學術風向而心悅景從。「作為華山之冠以自表」，即以華山之上下均平為意象，做為冠冕，以自我表白家派的學風走向。「接萬物以別宥為始」，《荀子．非十二子》說墨宋「大儉約而僈差等」，意謂尚儉約而無差等，故「別宥」，意近「僈差等」的抹掉差別。成玄英疏云：「宥，界域也；始，本也。」《說文》云：「別，分解也。」故「別宥」即解消分別之意。另說，「宥」借為「囿」，奚侗云：「分解其心之所囿。」則「別囿」意同荀子之解蔽，即接萬物以去蔽為本。較貼合上下語文脈絡的詮解，「別」當差別解，「宥」當寬容解，「別宥」即「差別中的寬容」，正與下文「語心之容」語氣貫串，而義理亦相應。「語心之容，命之曰心之行」，船山云：「心以有容為主，所行一如其心，所謂實能容之也。」王先謙云：「即名此容受，而為心行。」「命之曰」

即「名之曰」，名以指實，就心的容受說心的作用功能。

宋鈃、尹文承墨家「兼以易別」的餘緒，卻因天下不堪而其行難為，轉而以道家虛而能容的心，給出差別中的寬容。以道家之「虛」，取代墨者之「兼」。「以胹合驩，以調海內」，船山云：「胹音而，熟煮也。合海內之驩，如烹調五味，令其融和。」高亨云：「胹，柔也，驩借為歡。」心虛能容，無執著分別，以柔弱的姿態，調和四海之內的理序和諧。「請欲置之以為主」，梁啟超謂「請欲」為「情欲」，「置之」為「寡之」，下文已有「情欲寡淺」之說，何須在此強調。故「請欲」是請容許我們，「置之」即尊奉之意，「之」指涉的是以「心之容」為「心之行」的作用，「以為主」，推尊它做為家派思想的基調主軸。

「見侮不辱，救民之鬥，禁攻寢兵，救世之戰」，成玄英疏云：「寢，息也。」所謂救民之鬥與救世之戰，重心就在禁攻寢兵，此承墨家氾愛非鬥之說。然墨者以生命熱血去承擔，宋鈃、尹文卻落在「心之容」的「見侮」而不以之為辱上。《荀子・正論》云：「人皆見侮為辱，故鬥也；明見侮之不辱，則不鬥矣。」後起之墨者，在「天下不堪」而「其行難為」之下，將墨家救世志業的生命承擔，一轉而為道家人生智慧的心知化解，只要我將被欺侮的屈辱，在心的認知上加上一個「不」字，讓屈辱感在心中消除，那我就不會也不必去討回公道，找回尊嚴了。那不就氾愛非鬥了嗎？不就禁攻寢兵了嗎？不就救民之鬥，也救世之戰了嗎？故從墨子年代至後起《墨經》的發展，實是墨家生命的萎縮，從生命承擔往心知化解的路上走。問題在，道家通過「致虛極，守靜篤」的工夫修養，解消心知的執著與人為的造作，而回歸天生本真的一體和諧；宋鈃、尹文卻通過名學的處理，直接將「辱」轉為「不辱」，有如重新編辭典下定義般，在我的辭典中，「侮」的定義是「不辱」，此荀子判之為「惑於用名以亂名」，因為「侮」之「名」所涵蘊之「實」就是「辱」，故「見侮不辱」之說，不是心知的化解，未有主體生命的超拔昇越，而是心知拒絕承認之無奈的容受。

「以此周行天下，上說下教」，以此一主軸基調，偏行天下，對上試圖說服君王，對下亟盼教導人民，國與國之間禁攻寢兵，人與人之間見侮而不以為辱。「雖天下不取，強聒而不舍者也」，雖然天下人根本不認同，也不願接受，依舊在天下人的身邊，聒噪不停說個不休。「故曰上下見厭而強見也」，所以天下人皆如是說，從君上到下民都深感厭煩，他們還在強迫性的宣揚自家的理念，這一強聒不舍的行誼，自有其救世的堅持，奈何天下不堪，不免從厭煩轉為厭棄。

## 二、在墨家承擔天下與道家修養自我間兩頭落空

雖然，其為人太多，其自為太少；曰：「請欲固置五升之飯足矣。」

先生恐不得飽，弟子雖飢，不忘天下，日夜不休，曰：「我必得活哉！」圖傲乎救世之士哉！曰：「君子不為苛察，不以身假物。」以為無益於天下者，明之不如已也，以禁攻寢兵為外，以情欲寡淺為內，其小大精粗，其行適至是而止。

「雖然」，是承上啟下的轉折語，他們如此的堅持不舍，畢竟「其為人太多，其自為太少」，為人與自為相對，為天下人做得太多，為自身做得太少，即墨家之「為之大過，已之大順（甚）」。「曰：請欲固置五升之飯足矣」，「請欲」是向天下人做出宣告，請容許我們這樣的使命擔當，章太炎云：「固，借為姑。」每天只要給我們五升的飯食也就夠了，「先生恐不得飽，弟子雖飢，不忘天下」，五升之飯，先生不敢吃飽，弟子雖挨餓，也不會忘了救天下的使命。「日夜不休，曰：『我必得活哉！』圖傲乎救世之士哉」，日夜不得休息，「曰」是對自己承諾，我一定要活下去，錢穆云：「圖，計擬之詞。」宣穎云：「圖欲以活民命，傲彼救世之士耳。」此一意志的堅持，意圖讓普天之下號稱救世的志士感到羞愧。「傲」是傲視群倫的自我期許。

「曰：君子不為苛察，不以身假物」，阮毓崧云：「不苛求以矜明察。」他們又宣稱，君子不做苛察天下人的事，來凸顯自身的精明，也不會為了富麗自身，而假借外物，耗損社會的資源。「以為無益於天下者，明之不如已也」，凡無益於天下人的事，「明之」是曉喻天下，「不如已」，「已」當「止」解，不如停息下來，以免帶來不必要的紛擾。

「以禁攻寢兵為外，以情欲寡淺為內」，這兩句話是宋尹學派思想的總綱，外求禁攻寢兵，內求情欲寡淺，宣穎云：「外以此救世，內以此克己。」「見侮不辱」與「情欲寡淺」，是宋鈃、尹文學派的理論基石。《荀子・解蔽》說「宋子蔽於欲而不知得」，〈天論〉篇說「宋子有見於少而無見於多」，意謂人之情本欲多，而言欲寡，故〈正名〉篇判之為「惑於用實以亂名」。宋鈃、尹文即以「見侮不辱」說禁攻寢兵，以「情欲寡淺」說「人我之養，畢足而止」。人間有名利權勢的複雜性，人物有形氣物欲的有限性，總得以修養工夫來化解或超越，孟子云：「養心莫善於寡欲。」老子云：「常使民無知無欲。」（三章）「寡欲」是人格修養，「使民無知無欲」是聖人無心無為的政治智慧，而不是以「心之容」，來接受「見侮」之為「不辱」，來承認「人之情」本「欲寡」，既無工夫修養做為根柢，兩大理論基石等同空論。且會引生委屈難堪，與壓抑鬱結的後遺症，根本沒有解決問題。

「其小大精粗，其行適至是而止」，以寥寥三、兩語來做出總結，似嫌草率，僅言不論是天下的大，還是自身的小，也不論心知的精，還是形氣的粗，這一學派的言行也僅能到此為止，再無其他可稱道的了。船山云：「適至是而止，亦其尤陋也，蓋鄉愿之狡者。」說他們鄙陋，還算公允，說鄉愿之狡，則未免太過了。

〈逍遙遊〉說宋榮子「定乎內外之分，辯乎榮辱之境」，此從內外的定分，說榮辱的分界，有求於外則引來屈辱，回歸自身則保有榮耀。問題在，宋榮子可以無求於外，卻困守於內，可以無功無名，卻苦苦守住一個不被束縛也不免乾枯的「己」，故所保住的榮耀，也只是空洞而沒有內涵的榮耀。此重在說他的道家性格，而〈天下〉篇與《荀子・非十二子》則重在說他的墨家性格，他把墨家的天下，還歸道家的自我來尋求解決之道，且不以道家心知化解的修養工夫，而經由名學來處理。「見侮」而不以之為「辱」，「情」本「欲多」，而說服自己轉之為「欲寡」，搖擺在墨家懷抱與道家心境之間，而兩頭落空，既救不了天下，也成不了自我。逼迫自己的心，去接受「見侮」之為「不辱」，承認「情」之為「欲寡」；而告訴自己「情欲寡淺」可以救民之鬥，「見侮不辱」又可以救世之戰，「其行適至是而止」，不免自以為是，也自以為榮耀了。

從全體大用的道術觀來看，既無神體，亦無明用，神無由降而聖不生，明無由出而王不成，故宋鈃、尹文學派，可以說是無神而無明，無聖故無王，正是治一方之術而自以為「不可加」的代表。

第4章

# 於物無擇與之俱往的田駢、慎到

## 一、田駢、慎到「道則無遺」的思想學風

公而不黨，易而無私，決然無主，趣物而不兩，不顧於慮，不謀於知，於物無擇，與之俱往。古之道術有在於是者，彭蒙田駢慎到聞其風而說之。齊萬物以為首，曰：「天能覆之而不能載之，地能載之而不能覆之，大道能包之而不能辯之。」知萬物皆有所可，有所不可，故曰：「選則不偏，教則不至，道則無遺者矣。」

「公而不黨」，大公而不結黨，「易而無私」，平易而無私心，「決然無主」，決去牽累而無所執著，「趣物而不兩」，「趣」即「趨」，順任物勢而行，卻不去主導。

不黨在無私，不兩在無主，沒有自家的心知執著，也就可以隨物而轉了。「不顧於慮，不謀於知」，此如〈應帝王〉之「無為謀府，無為知主」，慮擇起於憂疑顧盼，心思在於權謀算計，既無私無主，也就無庸顧慮，也無所圖謀了。「於物無擇」就是「決然無主」，「與之俱往」就是「趣物而不兩」，既與物同行，當然就不會擇取不同的走向。自古以來的道術流傳，有在這一面向的，彭蒙、田駢、慎到聽聞這一學風走向，而心悅興起。彭蒙，齊之隱士，田駢之師，遊於稷下；田駢，齊國人，遊稷下，《漢書・藝文志》列道家，《呂覽・不二》謂陳駢貴齊，陳駢即田駢；慎到，趙人，《漢書・藝文志》列法家，先於申韓。三者較顯道家性格，而法家形名皆原於道德之意，故轉向法家。道家人為不可靠，自然之道才可靠，法家天生人性不可靠，人為法制才可靠。

「齊萬物以為首」，這一學派以齊平萬物為首要關懷。「曰：天能覆之而不能載之，地能載之而不能覆之」，上天遮覆萬物，卻不能乘載，大地乘載萬物，卻不能遮覆，天地代表道的生成作用，卻不能相互取代。「大道能包之而不能辯之」，大道能在包容萬物中生成萬物，卻不能辨別萬物的不同。此如同《荀子・禮論》所說的「天能生物，不能辨物也；地能載人，不能治人也。」天地各有所能，卻不能辨別萬物，也就不能治理天下。荀子的哲學在「天地生之」之外，更強調的是「聖人成之」的「人有其治」，而道家性格的田駢、慎到，在天覆地載之上，更看重的是「大道包之」。宋鈃、尹文「作為華山之冠以自表」之均平萬物的理論根據，在人心的包容；而田駢、慎到「齊萬物以為首」之平齊萬物的價值依據，卻在大道的包容。

「知萬物皆有所可，有所不可」，此與〈齊物論〉所說的「可乎可，不可乎不可」的觀點，迥然不同。〈齊物論〉說的是：做出認可的價值判斷，是因為合於「可」的價值標準，做出不認可的價值判斷，是因為不合於「可」的價值標準。此「可」的價值標準，是心知的執著，也不免是主觀的偏見。而「知萬物皆有所可，有所不可」，跟天地各有所能，也有所不能一樣，是天生本有的功能作用。「知」當「體認」解，有此體認，「故曰」，就可以如斯說，「選則不偏，教則不至」，一有挑選剔除，就難以普偏，一經教導引領，就難以致極。因為心知介入，選則有心，教則有為，萬物失落其自身的天生本真，反而陷入「可乎可，不可乎不可」之心知執著與人為造作的困局中。「道則無遺者矣」，大道無心不選，又無為不教，放開萬物，讓萬物自在自得，反而可以普偏且致極的包容萬物，就在包容萬物中生成萬物，有如老子所云：「淵兮似萬物之宗。」（四章）深淵可以在包容萬物中生養萬物一般。

## 二、慎到棄知去己而塊不失道的死人之理

是故慎到棄知去己而緣不得已，泠汰於物以為道理，曰：「知不知，將薄知而後鄰傷之者也。」謑髁無任而笑天下之尚賢也，縱脫無行而非天下之大聖，椎拍輐斷，與物宛轉，舍是與非，苟可以免，不師知慮，不知前後，魏然而已矣。推而後行，曳而後往，若飄風之還，若羽之旋，若磨石之隧，全而無非，動靜無過，未嘗有罪。是何故？夫無知之物，無建己之患，無用知之累，動靜不離於理，是以終身無譽。故曰：「至於若無知之物而已，無用賢聖，夫塊不失道。」豪傑相與笑之曰：「慎到之道，非生人之行而至死人之理，適得怪焉。」

---

慎到是由道入法的轉關人物，猶如荀子是由儒入法的轉關人物。在兩人的思想體系，儒道兩家的天道，轉成現象自然之天，而失去其形而上的超越性格，故價值源頭不在天道，也不在人性，轉而落在外在的禮與法，去建構價值規範與行為模式。惟荀子是儒家的人為之禮，慎到則是道家的自然之勢。

《荀子・非十二子》偏重慎到的法家性格，《莊子・天下》則偏重慎到的道家性格。郭象注成玄英疏均以其法家性格，來注疏其道家性格的辭句，故大多不相應。

慎到「棄知去己」，形似老子之「絕聖棄智」、「絕仁棄義」（十九章），與莊子之「離形去知」〈大宗師〉，問題在，老莊是致虛守靜與心齋坐忘的修養，由化解的作用，而作用的保存聖智仁義，且證成「同於大通」的生命理境。慎到的棄知去己，卻不是心知的化解與真我的體現，而是心知與自我的絕棄。少了修養工夫的化解作用，就保存不了天真本德的價值美好，僅能無奈的「緣不得已」，「緣」當「順任」解，「不得已」，「已」當「止」解，指謂的是自然的物勢。老子云：「道生之，德畜之，物形之，勢成之。」（五十一章）道生德畜是超越在物形之上的存在之理，物形勢成是囿於物形之中的形構之理。慎到失落道德的形上根源，而僅存物勢的現象自然，「不得已」是人不能讓它停下來，像四季運行，晝夜交替，正如《荀子・天論》所說的「天行有常，不為堯存，不為桀亡」，天道運行有它自己的常軌，不因為人的德行而改變，人生最大的不得已，就在時光飛逝，而青春不再。失落了存在之理的價值天地，人生僅剩下形構之理的成器而已；「泠汰於物以為道理」，「泠」是「輕妙」，「汰」則「超離」，超離物象物欲的牽引負累，生命就可以輕妙自得了。

「曰：知不知，將薄知而後鄰傷之者也」，此「不知」不是超越在「知」之上的「不知」，不是解消「知」的執著，而僅是與「知」相對的「不知」而已。人間因執著分別而有「有知」與「無知」的二分，將迫使生命承受「心知」所帶來的壓迫與傷害。「薄」當「迫」解，「鄰」當「近」解，孫詒讓云：「鄰，當讀為磷，磷傷猶言毀傷也。」亦可以順通。「謑髁無任而笑天下之尚賢也」，成玄英疏云：「謑髁，不正貌，隨物順情。」宣穎云：「蓋圓轉不任職事也。」沒有方方正正的承擔職責，也就可以圓轉適意的放下自得了，反而嘲笑天下人以賢能為上的價值觀念。老子也說「不尚賢」（三章），是君上不去崇尚賢德的名號，以免百姓去爭逐空虛的名號，慎到嘲弄的卻是賢能賢德的價值觀。「縱脫無行而非天下之大聖」，陳壽昌云：「縱放脫略，不事行檢。」放縱自身從體制規格中脫離出來，對自身言行無所檢束，反而非難天下人以聖為大的價值觀念。此不僅失落了道德的價值根源，且顛覆了道德的價值標準，不是解消，而是反對。

「椎拍輐斷，與物宛轉」，陳壽昌云：「椎則善推，拍則應節，輐去圭角，斷去牽滯，所以與物宛轉也。」此承宣穎解，將首句「椎以自柔」，改為「椎則善推」，椎拍輐斷四字，皆當動詞用，成玄英疏云：「宛轉，變化也。」故「與物宛轉」，是隨順物勢而與之俱往，正是「緣不得已」之意。「舍是與非，苟可以免」，舍去是非的執著分別，只求免於承擔的牽累。「不師知慮，不知前後，魏然而已矣」，不以知慮為師，即不以心知慮擇做為言行的依據，也就沒有先後理序的排列，「魏」通「巍」，「巍然」是「獨立」貌，不為人世間的萬象流轉所牽動或搖擺。「推而後行，曳而後往」，推動始前行，拉曳而後往，而推動拉曳者，非自然物勢莫屬。故下文云：「若飄風之還，若羽之旋，若磨石之隧」，成玄英疏云：「隧，轉也。」像迴旋來去的飄風，像在空中飛舞的羽毛，像前後轉動的磨石，純任自然物勢的不得已，而未藏有自家的意欲動向。「全而無非，動靜無過，未嘗有罪」，存全自身，不落入人間是非圈中，故不論動靜，都沒有過錯，從來沒有人可以罪責自己。

「是何故？夫無知之物，無建己之患，無用知之累」，何以能夠無罪可責？理由在，做為一個無心知之執著分別的存在，生命中就不會有建構自己一生願景的憂患，也不會有運用心知慮擇去跟天下人奔競爭逐的牽累。「動靜不離於理」，此「理」非應然的存在之理，而是實然的形構之理，「是以終身無譽」，因此終身沒有榮耀，也相對的沒有過錯。「故曰：至於若無知之物而已，無用賢聖」，所以說要做到徹徹底底的抽離自己的情意與理想，僅維繫形氣生命的存在而已！如是而言，賢能聖德皆成多餘，「夫塊不失道」，郭象注云：「欲令去知如土塊也。」無知之物甚至如土塊一般，然此中仍有道在，有如〈知北遊〉所說之「道在螻蟻，道在稊稗，道在瓦甓，道在屎溺」的「每下愈況」，越卑微之地越顯現道的高貴。宋榮子不要外在的功名，而只要自身的榮耀；告子不要內在的心知，而只要守住形軀生命的自然之氣；慎到進一步連生命之氣也不要了，因為生命之氣有感覺，會覺得痛，而要像土塊一般的沒有感覺，不痛也就得救了。「豪傑相與笑之曰：慎到之道，非生人之行而至死人之理，適得怪焉」，天下豪傑志士聽聞此一「塊不失道」的論調，就一起嘲笑說，慎到的道，不是活出人生的美好，而是壓抑窒息了生命價值的可能空間，僅是驚世駭俗的一大怪事而已！

## 三、彭蒙、田駢、慎到所謂的道不是道

田駢亦然，學於彭蒙，得不教焉，彭蒙之師曰：「古之道人，至於莫之是莫之非而已矣。其風窢然，惡可而言？」常反人，不見觀，而不免於鯇斷。其所謂道非道，而所言之韙不免於非。彭蒙田駢慎到不知道。雖然，概乎皆嘗有聞者也。

「田駢亦然」，說田駢也是如此，與慎到是同一學派的人物，「學於彭蒙，得不教焉」，他就學於彭蒙，學得不言之教的道理。因為「教則不至」，所以要回歸「道則無遺」的不言之教。「彭蒙之師曰：古之道人，至於莫之是莫之非而已矣」，彭蒙的

老師如是說，自古以來的修道人，要修到沒有可以是，沒有可以非的境地，泯除是非，就可以平齊萬物了。「其風窢然，惡可而言」，成玄英疏云：「窢然，迅速貌。……風教窢然，隨時過去，何可留其聖迹，執而言之也。」風教一時，在時光遷流間無可停留，怎能據而言之呢？另林雲銘作「寂」解，馬敘倫說借為「洫」，《說文》：「洫，靜也。」意謂風教寂靜無聲，怎可據而立論呢？

「常反人，不見觀」，常與世俗人情之好論是非相反，陳壽昌云：「不聚人之觀聽。」不引來眾人之關注重視。高亨云：「觀，疑借為歡。不見歡，謂不悅於人也。」意即不討人歡喜。「而不免於鯇斷」，「鯇斷」即「輐斷」，輐去圭角而斷去牽制，一如棄知去己，為了與物宛轉，而舍去了自己的才氣與性格。「其所謂道非道，而所言之韙不免於非」，他們所說的道，根本不是道，僅是死人之理，而非生人之行，雖說大道包之，若無修養工夫，以開顯大道，說大道無限的包容，也只是空論而已。所認定的道既不是道，而所論的「是」，也不免於「非」了。「莫之是莫之非」之價值認定的本身，就是不合理的「非」了。「不知道」是說這三位思想家對「道」根本未有親切的體會，也未體現道的理境。「雖然，概乎皆嘗有聞者也」，概略說來，他們對「道」確有某些程度的體認。

因為「不知道」的斷語，似乎不留餘地空間，故以「雖然，概嘗有聞」來修補過於嚴苛的論定。慎到可是法家三派中「勢治派」的代表人物，他「勢因於自然」的觀點，將道家智慧消化導入在政治權勢的規範與運作上，理當還給他一個公道，給出他在學術思想的一席之地。

總而言之，「其所謂道非道」，是無神體，「不知道」是無明用，「棄知去己」是無聖，「塊不失道」則是無王。船山云：「此亦略似莊子，而無所懷，無所照，蓋浮屠之所謂枯木禪矣。」看其人生觀點，形似莊子，實則，「無所懷」是無神體，「無所照」是無明用，神不降而聖不生，明不出而王不成，好像什麼都可以不要，什麼都不放在心上，頗見禪意，而其內涵卻乾枯無物。

# 第5章 以有積爲不足澹然獨與神明居的關尹、老聃

## 一、道家空虛不毀萬物的生成原理

以本為精，以物為粗，以有積為不足，澹然獨與神明居。古之道術有在於是者，關尹老聃聞其風而說之。建之以常無有，主之以太一，以濡弱謙下為表，以空虛不毀萬物為實。

「以本為精，以物為粗」，成玄英疏云：「道為精，……物為粗。」精粗相對，「本」當與「末」相對，依「以德為本」來看，「本」指謂的就是天真本「德」，「物」指謂的是形氣物欲。「精」從「窈兮冥兮，其中有精」，與「惚兮恍兮，其中有象」來看，指謂的是雖「有」而尚未成形的生命精象，「粗」從「其精甚真，其中有信」，與「恍兮惚兮，其中有物」（《老子・二十一章》）來看，指謂的是有形而可驗證的生

命粗迹。

「以有積為不足，澹然獨與神明居」，老子有云：「聖人不積，既以為人己愈有。」（八十一章）「積」是積存蓄藏之意，「不積」是無掉想去積存名、蓄藏貨的心知，相對的，「有積」是有心想去積存名、蓄藏貨的意念萌動。此「有積」正反映生命本身的匱乏虛欠，故云：把「有積」的執著與造作，看做是生命的虛欠不足。聖人生成百姓，「既」當「盡」解，傾盡自家所有而為天下人，天下人的「有」等同自身的「有」，故云「己愈有」。「聖人不積，既以為人己愈有」是正面的論說，「以有積為不足」則是反面的陳述。既認定「有積」為「不足」，當然往「知足之足，常足矣」（四十六章）的路上走，能真切體認生命自身本來就完足的「足」，才是永遠的「足」，既足於生命自身的天真本德，也就可以「澹然獨與神明居」了。「澹然」相對於名利心權力欲而言，老子云：「道之出口，淡乎其無味。」（三十五章）看淡世俗人間的名利權勢，而往修道的路上走，此即「獨與神明居」，「獨」是外天下、外物、外生之後的真我朗現，名利權勢，甚至生死，一切放下，存在時空盡是「仰天地之悠悠」，與神體明用同在同行。

自古以來的道術流傳，有在這一面向的，關尹、老聃聽聞此一學風而心悅興起。「建之以常無有」，「建」是理論建構，「常無有」有二解，一為常、無、有三大獨立理念，二為常無與常有，二說均可成立。「常」是「常道」、「常名」之常，與「知常曰明」（十六章）、「知和曰常」（五十五章）之常，「常」指謂的是「道體」的恆常作用。「無」與「有」，用來描述道體的存在性格，「無，名天地之始；有，名萬物之母。」（一章）因為道體是「無」，超越在萬物之上，可以做為天地萬物的根源之始；同時道體也是「有」，內在於萬物之中，可以做為天地萬物的生成之母，此為道體的兩面向。「天下萬物生於有，有生於無。」（四十章）天下萬物生於「道體」的「有」，而「道體」的「有」，生於「道體」的「無」。此說的是道體的雙重性。此外，「常」分別與「無」、「有」連結，「故常無，欲以觀其妙；常有，欲以觀其徼。」（一章）此言從道體的常無，可以觀照其始物之妙，從道體的常有，可以觀照其終物之徼。此謂道體是恆常之無，也是恆常之有。上述二說，並存於《道德經》的詮釋系統中。

「主之以太一」，即以「太一」為主，「一」指謂的是「道」，「道生一」（《老子・四十二章》）是道體的「無」生道體的「有」，亦即「有」生於「無」之意。「太」用來形容「道」的唯一之「極」。

「以濡弱謙下為表，以空虛不毀萬物為實」，表與實相對，「表」是外表姿態，「實」是實質內涵。高亨云：「濡，借為嬬，《說文》：嬬，弱也。」老子云：「柔弱者生之徒。」（七十六章）又云：「弱者，道之用。」（四十章）柔弱是柔和虛弱，「謙下」是自處卑下，此處下居弱的表象姿態貼近「道」的體現，看似空虛而一無所有，實則，虛弱是心知的化解，而化解的作用就在保存萬物本有的美好，「空虛」是「無」，「不毀萬物」是「有」，「空虛不毀萬物」是「有生於無」的生成原理。宣穎云：「空虛即不毀矣。」空虛即無心無為，無掉心知的執著，也解消人為的造作，則放開萬物，讓萬物自生自長，也放開百姓，讓百姓自在自得。故表象在「濡弱謙下」，實質在「不毀萬物」。

## 二、關尹其動若水其靜如鏡的價值取向

關尹曰：「在己無居，形物自著。其動若水，其靜若鏡，其應若響。芴乎若亡，寂乎若清，同焉者和，得焉者失。未嘗先人而常隨人。」

---

「關尹曰」，函谷關之令尹，名喜，《漢書・藝文志》列道家，有《關尹子》九篇。宣穎云：「世傳關尹係老聃弟子，今莊子不見此說，且敘之於老聃之上，豈傳者未必然乎？」此質疑關尹為老聃弟子之說，且關尹名列老聃之上，似乎年代在老聃之先。故先論關尹的思想。

「在己無居，形物自著。其動若水，其靜若鏡」，此從「其動若水」說「在己無居」，再從「其靜若鏡」說「形物自著」。水流動不息，來說生命主體的靈動，「無居」是無執著無滯陷；而心虛靜如鏡，鏡照觀物，「著」是照現，意謂萬物在鏡子面前朗現他自己，有如「萬物靜觀皆自得」的詩句，我靜觀，物自得，我無心，物自著。

「其應若響」，成玄英疏云：「動若水流，靜如懸鏡，其逗機也似響應聲，動靜無心，神用故速。」陳壽昌云：「若響之應聲，其應無心。」如響之隨聲而起，意謂應物無心，即〈德充符〉所說的「和而不唱」，只是應和而不主唱。「芴乎若亡」，成玄英疏云：「芴，忽也；亡，無也。」船山云：「與惚通。」陳壽昌云：「恍忽之際，若亡而實存。」此亦空虛不毀萬物之意，空虛即若亡，不毀萬物即實存。「寂乎若清」，《呂氏春秋．不二》云：「關尹貴清。」生命的「清」明，由心的虛靜而來，所以說：「寂乎若清。陳壽昌云：「虛寂無物，若清而實神。」由神體發為明用，就生命言清虛，就道體言神明。在主體的虛寂清明間，湧現靈感創意。

「同焉者和」，陳壽昌云：「與物同塵，和其光也。」混同自己於塵土，消融自己的光芒，即可融入，而有一體的和諧。「得焉者失」，想得到，卻反而失去。此老子云：「為者敗之，執者失之。」（二十九章）為者想求成，卻可能落敗；執者想求得，卻可能失去。又云：「是以聖人無為故無敗，無執故無失。」（六十四章）根本之道在無為與無執，不求成就不會落敗，不求得就不會失去。甚至可以依「多藏必厚亡」（四十四章）解為：想往外求得的本身，就是生命價值的重大失落。「未嘗先人而常隨人」，道家思想守柔居弱，處下不爭，所以說：「不敢為天下先。」（六十七章）卻有「後其身而身先」（七章）的妙用，與「欲先民，必以身後之」（六十六章）的自覺，所以說未嘗搶在天下人之先，而常隨在天下人之後。

## 三、老聃無藏有餘可謂至極的生命大智慧

老聃曰：「知其雄，守其雌，為天下谿；知其白，守其辱，為天下谷。」人皆取先，己獨取後，曰受天下之垢；人皆取實，己獨取虛，無藏也故有餘，巋然而有餘。其行身也，徐而不費，無為也而笑巧；人皆求福，己獨曲全，曰苟免於咎。以深為根，以約為紀，曰堅則毀矣，銳則挫矣。常寬容於物，不削於人，可謂至極。關尹老聃乎！古之博大真人哉！

「老聃曰」，引據《老子・二十八章》開宗明義的前兩句，「知其雄，守其雌，為天下谿；知其白，守其辱，為天下谷」，卻未完整徵引，而省略了「為天下谿，常德不離，復歸於嬰兒」，與「為天下谷，常德乃足，復歸於樸」之兩句的後半段。依老子「有生於無」的生成原理，「知其雄」的「有」，生於「守其雌」的「無」，「知其白」的「有」，生於「守其辱」的「無」。「雄」與「白」代表正面開創的理想，「雌」與「辱」代表負面化解的智慧，想要開創英雄志業嗎？得守住清靜無為，想要朗現正大光明嗎？得守住幽谷昏闇。「白」是光明，「辱」讀為黷，昏暗之意，二者正相對。王弼本誤以為「白」當與「黑」對，「辱」當與「榮」對，故增添了「守其黑，為天下式；為天下式，常德不忒，復歸於無極；知其榮」之一大段語氣用語與上下文不類的二十三個字。今據〈天下〉篇所引述，即可校勘論定。「為天下谿」與「為天下谷」，谿谷虛靜能容，虛則無心，靜則無為，可以不離自身之常德，因為常德本身就已然完足，如此，人物可以復歸於嬰兒的天真，人間也可以復歸於鄉土之素樸。

「人皆取先，己獨取後，曰受天下之垢」，天下人熙熙攘攘，尚賢名貴貨利，未料，甚愛名而大費身，多藏貨而厚亡身，故體悟道的人生取向，不在搶先，而在取後，老子云：「受國之垢，是謂社稷主；受國不祥，是謂天下王。」（七十八章）意謂聖人要承受一國的污垢與不祥，才足以成為社稷之主與天下之王。此處所說「受天下之垢」，一者云處於下流或守在後頭，總要承受天下人所積存的塵垢污染，二者云還得承受來自天下人之「頑似鄙」的貶抑譏刺。

「人皆取實，己獨取虛，無藏也故有餘」，天下人皆認取實利，我獨取虛用，老子云：「有之以為利，無之以為用。」（十一章）以「有之」為「利」，以「無之」為「用」，「有之以為利」是「知其雄」，「無之以為用」是「守其雌」，「知其雄」的「有」，生於「守其雌」的「無」，故「有之之利」，亦生於「無之之用」，更簡易的說，想「有之」嗎？請先「無之」。此將「有生於無」的生成原理，落實人間，而拆成兩句，讓天下人能有貼切的體會。天下人皆取實利，而不知「實利」從「虛用」來。「無藏也故有餘」，「無藏」就是「取虛」，老子云：「聖人不積，既以為人己愈有。」（八十一章）「不積」即是「無藏」，而「己愈有」就是「有餘」。問題在，既「不積」，怎能「己愈有」，既「無藏」，又怎能「有餘」？故所謂的「己愈有」與「有餘」，指涉的不是物質性的數量，而是精神性的品質。聖人為天下人傾盡自家所有，看似「無」了，然天下人的「有」，不就是聖人的「有」嗎？聖人生百姓，百姓皆有，不就等同聖人的「己愈有」嗎？「有餘」指謂的是生命本身的自我完足，我什麼都有了，我什麼都可以不要，此所以雖「無藏」，卻「有餘」。老子又云：「知足者富。」（三十三章）一個體悟自我完足的人，才是真正的富有。「歸然而有餘」，李勉云：「係解釋上句之注辭，誤入正文。」少了此五個字，正好與上一小段三三成句，而形成對稱。宣穎云：「歸然，充足貌。而有餘，故疊一句，甚言之。」此謂顯發一個什麼都有的巍然氣象。

「其行身也，徐而不費，無為也而笑巧」，「行身」是立身處世行走人間，陳壽昌云：「從容而少事。」老子云：「孰能濁以靜之徐清，孰能安以動之徐生。」（十五章）此「徐」乃無心從容，自然生成之意，「少費」即「治人事天，莫若嗇」（五十九章）之「嗇」，是內斂涵藏之意。「甚愛必大費」（四十四章），「甚愛」是由「執著」而癡迷熱狂，「大費」是耗損生命。「無為也而笑巧」，「無為」是無心而為，智巧轉成多餘，形同餘食贅行，反而引生反感與對抗。老子云：「絕巧棄利」，不執著利，就不用造作巧，而回歸素樸天真，故謂「盜賊無有」（十九章）。

「人皆求福，己獨曲全，曰苟免於咎」，天下人皆直接求取福報，卻不知福報從德行來，老子云：「曲則全。」（二十二章）「曲」是心知的化解作用，「全」則是作用的保存，此為放下的成全，看似委屈，實為讓開一步的智慧。故「曲全」是由德行修養而帶來的福報。「曰苟免於咎」，老子云：「咎莫大於欲得。」（四十六章），「欲得」的意志堅持，從「可欲」的心知執著來，故「不見可欲」（三章），就可以免於「欲得」的罪咎了。「苟」當「只求」解，實則藏有「虛其心」而不現「可欲」，「弱其志」而不求「欲得」的人生智慧。

「以深為根，以約為紀，曰堅則毀矣，銳則挫矣」，此一語式，如同「以德為本，以道為門」，「以深為根」即「以德為本」，「以約為紀」即「以道為門」。深根在德本，約紀在道門。老子云：「深根固柢，長生久視之道。」（五十九章），又云：「執古之道，以御今之有：能知古始，是謂道紀。」（十四章）前者重在道體本身的生成原理，後者重在執古御今的無為治道。「曰堅則毀矣，銳則挫矣」，老子云：「揣而銳之，不可長保。」（九章）錘打而使其銳利，難以長久保住。又云：「堅強者死之徒」（七十六章）與「強梁者不得其死」（四十二章）。銳利堅強的衝刺，其後果在「勇於敢則殺」（七十三章），強梁是如梁之強，不論是棟梁，還是橋梁，乘載重負，雖可撐持一時，終將「物壯則老」而「不道早已」（三十章），求壯反而走向衰老。此謂堅強終究毀壞，銳利不免挫折。老子說我有三寶，「一曰慈」是「以深為根」，「二曰儉」在「以約為紀」，「三曰不敢為天下先」理由在「堅則毀矣，銳則挫矣」。母慈無心，是生命的根本與價值的依據，儉約用廣，是處世的門道與應變的智慧，「不敢為天下先」，避開了堅毀銳挫的傷痛，且從「慈故能勇」而來的「勇於不敢則活」，可以活出天下百姓，此之謂「故能成器長」。眾器之長，本在原木之「樸」，百官之長，本在生成之「道」，此印證了「以德為本，以道為門」的理路說解。

「常寬容於物，不削於人，可謂至極」，老子云：「道者萬物之奧。」（六十二章）

道體沖虛，是「無」，而奧藏萬物，則是「有」，奧藏是無限的包容，此在包容萬物中生成萬物的作用，就是有無玄妙的生成原理。「常寬容於物」，意謂永遠的給出無限寬廣的空間，讓萬物自生自長，也自在自得。「不削於人」，老子云：「善者吾善之，不善者吾亦善之，德善；信者吾信之，不信者吾亦信之，德信。」（四十九章）無掉心知執著的主觀偏見，不把「善」與「信」的價值標準定在自身，也不責求天下人要合乎我執定的價值標準。所謂不善不信者，只是跟我們不同的善不同的信，吾亦善之信之，是把善跟信還給天下人的自身，這就是人人本有的德善，人人本有的德信。又云：「常善救人，故無棄人；常善救物，故無棄物。」（二十七章）以人人本有的常善，去救天下人，以物物本有的常善，去救天下萬物，那是人人皆善，人人得救，物物皆善，物物得救，沒有人被遺忘，沒有物被拋棄，這才是「常寬容於物，不削於人」的真正意涵。就因為人人皆善皆信，人人皆得救，人人皆生成，實現了生成萬物生成百姓的終極理想，故云「可謂至極」，此是「止於至善」的道家版，兩大教千古並行，也同步開顯了終極的理境。此一系列的以「人皆」與「己獨」的對顯筆法，似師承《老子・二十章》之「眾人」與「我獨」的書寫策略。

「關尹老聃乎！古之博大真人哉」，這是最後的評價論定，說關尹、老聃這兩位大思想家，可以說是自古以來的博大真人。

老子「澹然獨與神明居」，說他淡出俗染塵囂，朗現真我，而與神體同在，與明用同行，「建之以常無有」，建構了他「道法自然」的理論體系，此為神體；「以空虛不毀萬物」，來生成萬物，是為明用。體現神體謂之真人，生發明用，是謂博大。

老子的思想，在神明聖王上下內外的道術觀中，列在「兆於變化」之上明的位置，而「明」從「神」來，故云有神而有明，然未有仁義禮樂的人文教化，也未有法名參稽的百官養民，故云無聖亦無王。老子有其無為而治的政治智慧，與致虛守靜的精神涵養，皆屬明光的直接下照，仍在「兆於變化」的虛用，而未能落實人文化成的內聖修養，與法制術用的百官養民，故既生不出內聖，也就成不了外王。

看〈天下〉篇評述老子，著墨在應世的智慧，而未彰顯其有無玄妙的形上原理，似乎深厚與開闊兩皆不足。

## 第6章 萬物畢羅莫足以歸的莊周

### 一、表達形式與價值取向

芴漠無形，變化無常，死與生與，天地竝與，神明往與！芒乎何之，忽乎何適，萬物畢羅，莫足以歸。古之道術有在於是者，莊周聞其風而說之。以謬悠之說，荒唐之言，無端崖之辭，時恣縱而不儻，不以觭見之也。以天下為沉濁，不可與莊語，以卮言為曼衍，以重言為真，以寓言為廣。

「芴漠」另本作「寂寞」，寂寞本清靜無聲，無聲無形說的是道體的本身，「變化無常，死與生與」，說的是天地萬象在時間流轉中的存在樣態，最大的變化無常，就在生死。「天地竝與，神明往與」，亦即「與天地並」，「與神明往」，與天地同在，與神明同行。天地生成萬物，神明是神體明用。「芒乎何之，忽乎何適」，「芒乎」是空間的茫昧不明，「忽乎」是時間的飄忽不定，「何之」、「何適」的「之」跟「適」，皆當「往」解，在天地茫茫、四無依傍間，問人生要往何處去？「萬物畢羅，莫足以歸」，意謂即使萬物盡網羅其中，也不值得做為生命的依歸之所。

自古以來的道術流傳，有顯發在這一面向的，莊周聽聞此一學術風向，也就心悅興起。「以謬悠之說，荒唐之言，無端崖之辭」，成玄英疏云：「謬，虛也。」是不實之意，悠則悠遠，此言天地悠遠而超乎人世經驗之外；「荒唐之言」，宣穎以「放曠」解，王先謙云：「荒，大也；唐，空也。」亦放大空曠之意，此言超離人間禮制之外，即〈大宗師〉所說的「方之外」；「無端崖之辭」，陳壽昌云：「端，起處；崖，止處。」王先謙云：「無端可尋，無崖可見。」此言無邊無崖的想像空間，這三句說的是莊子獨特的表達形式。

「時恣縱而不儻，不以觭見之也」，「恣」是任意，「縱」是放開，「不儻」，王叔岷作「黨」，成玄英疏云：「不偏黨。」陳壽昌云：「儻，苟也。」無所偏黨與不苟同世俗，兩解相近。另說，「儻」有忽然而至之義，此謂雖放言高論，並非忽如其來之辭。「不以觭見之也」，成玄英疏云：「觭，不偶也。」宣穎云：「觭，一端也，不以一端自見也。」是「見」讀為「現」，不以一端之見自現於人間。

「以天下為沉濁，不可與莊語」，以為天下百家皆陷落在世情混濁間，不可用過於莊重的語辭來進行對話，因為斬截界定的語氣，難以有退讓或模糊的空間。故轉而「以卮言為曼衍，以重言為真，以寓言為廣」，此〈寓言〉篇有云：「寓言十九，重言十七，卮言日出，和以天倪。」此言莊子書以寓言書寫的比例有十分之九，而在寓言的故事情節與人物對話中，請出重量級人物來擔綱的比例有十分之七，且不論是寓言，還是重言，皆是卮言。「日出」即天天出現，「卮言」是有如漏斗般直流而下無所曲折迂迴的天真話語。〈人間世〉所說的「與天為徒」就是「卮言日出」，「與人為徒」就是「寓言十九」，而「與古為徒」就是「重言十七」。「卮言」童言無忌，率直天真，人家不會計較，故「卮言」可以曼衍無盡；「重言」藉古聖先賢之口，可以說出內心想說的話，而不會引來罪責；「寓言」依想像編排故事，也就可以廣為運用，而不受引據是否符合史實的限制了。

## 二、工夫境界及其評價

獨與天地精神往來而不敖倪於萬物，不譴是非，以與世俗處。其書雖瓌瑋而連犿無傷也，其辭雖參差而諔詭可觀。彼其充實不可以已，上與造物者遊，而下與外死生無終始者為友。其於本也，弘大而辟，深閎而肆；其於宗也，可謂調適而上遂矣。雖然，其應於化而解於物也，其理不竭，其來不蛻，芒乎昧乎，未之盡者。

「獨與天地精神往來而不敖倪於萬物」，「獨」是真人人格的朗現，〈大宗師〉有云，在外天下、外物、外生之後，一者排除天下權勢與人間名利的牽引，二者擺脫形氣物欲的封閉，三者解消生死的執著與分別的禁制，那生命本身的真實自我就可以完全朗現，此之謂「見獨」。有真人而後有真知，真人真知在知天之所為，又知人之所為。知天之所為，是「獨與天地精神往來」，知人之所為則「不敖倪於萬物」。知天之所為在「天而生」的生成作用，此即所謂的天地精神。故「獨與天地精神往來」，即「天地竝與，神明往與」的跟天地並行，跟神明同往。知人之所為在「以其知之所知，以養其知之所不知」，從心的「知」養到「不知」，「不知」是解消知，也超離知，解消心知的執著與分別，也就「不敖倪於萬物」了。陳壽昌云：「敖倪，猶傲睨。」上下兩句如同〈齊物論〉所說的「天地與我並生，萬物與我為一」，與天地並生，即與天地精神往來，與萬物為一，也就不傲睨於萬物了。「不譴是非，以與世俗處」，陳壽昌云：「譴，責也，和光同塵，故相忘於是非。」既與天地精神往來，即超離在人間相對二分的是非之上。不傲睨於萬物，才可以解消自我，而融入世俗之中。

「其書雖瓌瑋而連犿無傷也」，陳壽昌云：「瓌瑋，奇特之狀；連犿，相從之貌，其書雖若驚世駭俗，而卻善體物情，連環宛轉，與物相從而不違。是以雖瓌瑋而無傷也。」此解精到，「瓌瑋」是瑰麗奇偉，「連犿」是連環宛轉，瓌瑋壓迫人，宛轉則隨順人，何以能並存，關鍵在「善體物情」。另說「犿」作「獾」，借為「歡」，連歡是情意交感而生命會通，〈人間世〉所謂的「達人心」、「達人氣」，既與他的心同在，與他的氣同行，也就情意連歡，而生命無傷了。「其辭雖參差而諔詭可觀」，成玄英疏云：「或虛或實，不一其言也；諔詭，猶滑稽也。」陳壽昌云：「其辭旨抑揚縱奪，參差不一，而滑稽詭譎之中，卻有可深思而得之理。」「參差」即涵有「不一」之意，說「或虛或實」，實則以虛顯實，謬悠、荒唐、無端崖是「虛」，卻深藏「不可與莊語」的真實意涵，故在看似滑稽而詭譎的言辭間，大有可觀的義理在。

「彼其充實不可以已」，「充實」是「充而實之」，「已」當「止」解，孟子亦有「充實之謂美」之說。故「充實」是工夫論的字眼，而修養工夫是生命惟一的保證，所以是不可以片刻停下來的。存有論的「德性」，雖天生本有，卻有待工夫論的「德行」，來「充而實之」，通過內在的存養，且進一步往外擴充，由德性而德行，德的美善內涵才得以實現。就莊子而言，〈逍遙遊〉的「大鵬怒飛」，由小而大的成長與由大而化的飛越，說的就是「彼其充實」，而飛向九萬里的高空，且從北冥人間飛往南冥天池，此之謂「不可以已」。

「上與造物者遊，而下與外死生無終始者為友」，造物者是現象自然之天的陰陽氣化，從氣之聚散說生死，一者體認此生就在「通天下一氣耳」的自然造化中，也就可以有「外死生，無終始」的體悟，「終始」指謂的就是「死生」，「外」就是「無」，解消生死的執著與分別。就〈大宗師〉而言，生死有如出入境，從此身出境，而往彼身入境，故不說「死」，而說「化」。有此大徹大悟，生命自我就可以「遊乎天地之一氣」，上與造物者同遊，而下與人間看開生死的人做朋友。

「其於本也，弘大而辟，深閎而肆」，「本」指謂的是「不離於精」、「不離於真」而「以德為本」的天真本德，此天生本真的德，弘大而透闢，精深而縱放，弘大是生命的厚度，精深是生命的深度，「弘大而辟」是大而無大之相，「深閎而肆」是深而無深之相，化掉了弘大相與深閎相，而不會成為自身的負累與天下人的壓迫，有如大鵬鳥的「大而化之」，轉化蛻變，奮起而飛，故雖弘大而透闢自在，雖深閎而縱放自得。

「其於宗也，可謂調適而上遂矣」，「宗」指謂的是「不離於宗」而「以天為宗」的天道，宣穎云：「稠，當作調；遂，達也。」陳壽昌云：「調御閒適，放於自然也。」

此一如孔子所說的「下學而上達，知我者其天乎」，透過調適之下學的工夫，而上達於天道的理境。故調適而上遂，「調」是主體的化解，「適」是存在情境的融入，「上遂」則是體現了天道的玄理妙境。

「雖然，其應於化而解於物也」，雖說已上達天道的玄妙理境，然行道人間，仍得「應於化而解於物」，順應物化而解開物累。陳壽昌云：「應自然之大化，以解萬物之懸結。」此解貼切而精到。順應陰陽氣化的流行，解開心知執著物象而成物累的倒懸心結。

「其理不竭，其來不蛻，芒乎昧乎，未之盡者」，此〈天下〉篇說莊子，有如顏回之說孔子，云：「仰之彌高，鑽之彌堅，瞻之在前，忽焉在後，夫子循循然善誘人，博我以文，約我以禮，欲罷不能。既竭吾才，如有所立卓爾。雖欲從之，末由也已！」「其理不竭」，言體悟天道玄理的永難竭盡，有如「仰之彌高，鑽之彌堅」的艱難，「其來不蛻」，言在生命的來去流轉間未見其蛻化之迹，有如「瞻之在前，忽焉在後」的不可捉摸；「芒乎昧乎」，即「芒乎何之，忽乎何適」，空間茫昧，時間飄忽，故有不知何去何從之感。成玄英疏云：「芒昧，猶窈冥也。」既窈冥深遠，又芒昧恍惚，故謂：「未之盡者。」「未之盡」意即「未盡之」，未能窮盡之意，此即「雖欲從之，末由也已」的猶有憾焉。

此給出莊子最高的肯定，從來沒有人可以像莊子這樣體現道體的玄理妙蘊，此即

〈應帝王〉所說的「體盡無窮，而遊無朕」，「未之盡者」即「體盡無窮」，「芒乎昧乎」即「而遊無朕」。

莊子的思想，在神明聖王上下內外的道術體系中，居於上之神的位置，因為「不離於宗」，未走離神體而發不出明用，是謂有神而無明，神降而聖生，明不出而王不成，故謂有聖卻無王。唐君毅云：「超越在天地變易，一身生死之外之上，以接天地精神，以成其至人、神人、聖人、天人、真人之人格。」亦涵此義。

# 第7章 在道術之外，逐物而不反的惠施、公孫龍

## 一、以歷物八事觀於天下的惠施

惠施多方，其書五車，其道舛駁，其言也不中。厤物之意，曰：「至大無外，謂之大一；至小無內，謂之小一。無厚，不可積也，其大千里。天與地卑，山與澤平。日方中方睨，物方生方死。大同而與小同異，此之謂小同異；萬物畢同畢異，此之謂大同異。南方無窮而有窮，今日適越而昔來，連環可解也。我知天下之中央，燕之北越之南是也。氾愛萬物，天地一體也。」惠施以此為大，觀於天下而曉辯者。

此所謂「歷物十事」，其中「南方無窮而有窮，今日適越而昔來，連環可解也」，馮友蘭分為三，牟宗三以為「歷物之意，無單辭成一事，三句當合成一事」，故為「歷物八事」。

「惠施多方，其書五車，其道舛駁，其言也不中」，成玄英疏云：「舛，差殊也；駁，雜揉也。既多方術，書有五車，道理殊雜而不純，言辭雖辯而無當也。」惠施是莊子的至交好友，〈徐無鬼〉記載莊子懷念惠施的話語：「自夫子之死也，吾無以為質矣，吾無與言之矣。」此無質之憾，與失去知音之痛，溢於言表。〈內篇〉記載了諸多兩人在有用無用，有情無情的對話，雖不相應，卻激出智慧的火花，發人深省。此與孟子跟告子在性善與無善無不善、義內與義外之間的激辯，大異其趣。莊惠之會多了一分幽默感的包容，孟告之辯卻滿是無情的批判。此為千年傳統學人對話的兩大典型。「厤物之意」，是觀察天地也徧歷萬物，自家心中給出的說解。「曰」底下就是八大論題：

其一，「至大無外，謂之大一；至小無內，謂之小一」，此以「無外」界定「至大」，以「無內」界定「至小」，為純形式的界定，不涉及實質的內涵。「無外」是沒有任何存在是在它之外的，所以說它是「至大」；「無內」是沒有任何存在是在它之內的，所以說它是「至小」。牟宗三說是至大之整一與至小之整一，此為邏輯之規定，不涉及經驗實在。

其二，「無厚，不可積也，其大千里」，「無厚」是有寬度而沒有厚度，牟宗三說「無厚」即「不可積」，有厚之體不能由無厚之面而積成。因為此無厚而不可積之面，為純形式之模型，此模型之面無定量定質，而有厚之面則有定量定質。故「其大千里」乃虛說其無可限量。

其三，「天與地卑，山與澤平」，牟宗三解為依主觀標準比較而得之高低上下之差別相，乃是虛概念，是關係詞。若標準不立，比較不成，其關係亦消失，故謂上天與下地一樣的低，山峯跟水澤一樣的平。

其四，「日方中方睨，物方生方死」，成玄英疏云：「睨，側視也。」另方勇說，「睨」當「傾斜」解，義較順通。宣穎云：「昃由中來，是方中方昃也，昃則可睨，故曰方睨也。」「昃」是日頭往西偏斜，故「睨」即是「昃」。牟宗三解為一切存在在變中成為過程，並無「是」可言，此從「至變」明差別相之不能立，一切是而不是，日剛中即剛剛不中，物剛生即剛剛不生，「方」有如現在進行式，日在「中」的同時也「往西偏斜」，物在「生」的同時也走向「死」。

其五，「大同而與小同異，此之謂小同異；萬物畢同畢異，此之謂大同異」，牟宗三解為大同與小同的分別，是由相對的比較而來，此為涉及程度不同的小同異；萬物畢同畢異，從差別相或殊異性而言是絕對的異，從普偏性而言是絕對的同，此為不涉及程度不同的畢同畢異。

其六，「南方無窮而有窮，今日適越而昔來，連環可解也」，前兩句表面上看來，皆屬自相矛盾之辭，既言無窮又說有窮，今日甫適越而昔日已至，根本不可理解，此乃直線思考所致。若以曲線思考，則不矛盾。因為地球為一圓球，向南直走，隨圓形而又轉回，故云無窮而有窮，此顯然有一圓形的洞見。

「今日適越而昔來」，牟宗三以為是一錯覺，因為今日適越，向南或向北走，雖可隨圓形而又轉回，然時間是不可逆轉的，並不能隨空間之圓而顛倒時序。惠施說此句時，心中似有一朦朧的直覺，認為時間序列亦可如空間回轉，所以也認為「連環可解」。成玄英疏云：「夫環之相貫，貫於空處，不貫於環也。是以兩環貫空，不相涉入，各自通轉，故可解者也。」牟宗三以為，連環非指一實事實物言，如指實事實物而云可解，則是事實問題，而不是名理問題。「其書雖瓌瑋而連犿無傷也」，「連犿」當連環解，依圓形思考而可以解開前頭兩句表面之矛盾，故謂連環宛轉而可以通解。通解即涵人我不對抗不決裂之義，故云連環宛轉而無傷，以圓形思考的智慧，來化解人我之間的心結困境，如成疏所云：兩環貫空，各自通轉。

其七，「我知天下之中央，燕之北越之南是也」，燕本在天下之北，而越本在天下之南，今往燕之北與越之南走，乃背反而馳，若直線思考則越離越遠，怎能是天下之中央，故當從圓形的宇宙來思考，往燕之北與越之南走，雙方繞回來亦可在天下之中央會合。牟宗三以為這也是連環可解的思理。

其八，「氾愛萬物，天地一體也」，此語本身不是名理，似乎依合同異以為一的思路，所獲致的總結。而落在人生的境遇，既天地是一體，則氾愛萬物，等同必然之結論。如同墨家既以兼易別，既打破人我之分，則兼相愛才屬合理。

「惠施以此為大，觀於天下而曉辯者」，惠施即以此「歷物之意」為「大」以展示自家歷物之觀解，成玄英疏云：「自以為最。」阮毓崧云：「自以為於天下之理，獨見其大。」「大」一者指謂天下之大，二者指謂自家「合同異」的觀解之大。總結「天地一體，氾愛萬物」，可與孟子之「上下與天地同流」，與莊子之「天地與我並生，萬物與我為一」的理境與氣魄媲美。問題在，孟莊是通過修養工夫所開顯的理境，孟子養氣之性理，莊子聽之以氣之玄理，與惠施歷物之意的名理，完全屬於不同的層次。

「而曉辯者」，成玄英疏云：「觀照天下，曉示辯人也。」此「觀」，不能解為道家虛靜明照的「觀照」義，而僅能解為涵有賣弄炫耀之意涵的「展示」義，「曉」當「曉喻」解，教導天下的辯者，當有如是之氣魄與觀解，此凸顯出惠施身為名家開創者的分位。

## 二、天下辯者相與樂之的二十一條

天下之辯者相與樂之。「卵有毛。雞三足。郢有天下。犬可以為羊。馬有卵。丁子有尾。火不熱。山出口。輪不輾地。目不見。指不至，至不絕。龜長於蛇。矩不方，規不可以為圓。鑿不圍枘。飛鳥之景，未嘗動也。鏃矢之疾，而有不行不止之時。狗非犬。黃馬驪牛三。白狗黑。孤駒未嘗有母。一尺之捶，日取其半，萬世不竭。」辯者以此與惠施相應，終身無窮。

---

惠施曉喻辯者，而辯者也「相與樂之」的隨之而起，此「樂之」即以此為樂，知之不如好之，而好之不如樂之，故「樂之」有全幅生命盡在於此的成就感，有如「古之道術有在於是者」，只是惠施在道術傳統之外，僅是名家名理之多方，「相與樂之」即「聞其風而說之」，成玄英疏云：「域中辯士樂而學之也」，此說少了一點生命的熱度。

依馮友蘭的說法，將辯者二十一條分為兩組：

## 第一組：「合同異」組八條

其一「卵有毛」，此屬經驗命題，只要不矛盾即可能。然牟宗三斷定為不可解之怪說，不表「合同異」之名理。

其二「郢有天下」，「郢」僅為楚之國都，而言「有天下」，此乃破除空間對待之限制所顯之合同異。牟宗三以為可依「我知天下之中央，燕之北越之南是也」之義而得解。

其三「犬可以為羊」，本來名指涉實，此乃約定俗成，犬是犬，羊是羊，今謂犬可以為羊，乃自相矛盾。牟宗三斷定此落在經驗實物上，以攪亂而為合同異。

其四「馬有卵」，此為經驗命題，馬為胎生，而非卵生，故牟宗三判定為似是而非之瞎說。

其五「丁子有尾」，陳壽昌云：「丁子無尾，而實為有尾之科斗所化，則謂之有尾亦可。」問題在，此為經驗命題，有則是，無則非，而不能曲為之說，丁子無尾而謂之有尾，即為不能成立之怪說。

其六「山出口」，牟宗三以為根本不表意，不成一思理。

其七「龜長於蛇」，若謂長短本依標準而假立，則可通。破除此執著之標準，即可消融二者在執著長短標準之下，進行比較而有之差別相。然亦不可斷定為「龜長於蛇」。牟宗三以為此混亂了名理與現象經驗之分際。

其八「白狗黑」，白狗而謂之黑，此乃自相矛盾者，牟宗三以為若謂目黑，則與「合同異」無關。

牟宗三將以上八句，重新整列，分為三組：

其一為「卵有毛」、「馬有卵」、「丁子有尾」、「龜長於蛇」，此四句為一組。

其二為「犬可以為羊」、「白狗黑」，此兩句為一組。

其三為「郢有天下」、「山出口」，此兩句為一組。

從第一組而言，其依據落在「名無固宜」之上，然不能因名無固宜，即可合同異，故此義為不相干者。不論是惠施名理之合同異，或莊子玄理之合同異，均不能落在經驗對象上，隨意顛倒其內容，亦不能由此以明合同異，故諸多解說皆不成義理，此四句不免荀子所謂之琦辭怪說。

從第二組而言，「犬可以為羊」與「白狗黑」，雖說名無固宜，然定義已成，即不可混亂，說犬可以為羊、白狗黑，皆屬怪說琦辭，與合同異不相干。

從第三組而言，「山出口」根本不表意，「郢有天下」，若意謂取消政治空間之限制，任一點為中心皆可涵攝天下之圓圈，此可表象空間方面的合同異。

故牟宗三判定似只有「郢有天下」，在解消空間之對待關係之下，可以表示合同異，另「龜長於蛇」若破除長短之心知二分，亦可指向合同異，其餘無一可成義理。此雖用「合同異」一辭，然此等琦辭怪說，非惠子所以為大而觀於天下之說，當屬辯者「相與樂之」之說。

**第二組：「離堅白」組十三條**

「離堅白」乃公孫龍之思路，而與惠施「合同異」之思路，恰成對顯。此離堅白以為二，與惠施之合同異以為一，為名家之兩大類型。

其一「雞三足」，依《公孫龍子・通變論》之「雞足三」，總言雞足是一，此是抽象的單言「足」，數雞足為二，仍承認雞足之數為二，加起來而為三，此「三」只是虛說，只有數目意義，並無實指。牟宗三以為此句乃不相干者，並不是說雞足之數是三。

其二「火不熱」，「熱」不是火的屬性，而是人的感覺，火與熱可以分離，各是獨立之存在。

其三「輪不輾地」，牟宗三依成玄英疏與僧肇至變不動之不遷論，而進一步解說，言輪之轉，雖至動，然「一息不留，忽焉生滅」，則「瞬」不能成立。「瞬」不可得，來去亦不能，是即「至變」轉成「至靜」之存有。時間相之「瞬」不可得，則空間相之「點」亦不可得。是即時間空間不能有一相應之關係。此關係建立不起，則輪固不動，而「輾地」亦不可說。

其四「目不見」，單有目尚不能見，能見要有目，光線及神經作用的傳輸，故目與見可以分離。

其五「指不至，至不絕」，「指」是概念，「指不至」謂概念與存在物不能冥合無間。「至不絕」，馮友蘭依《列子・仲尼》引《公孫龍子》云：「有指不至，有物不絕。」此較合指物對舉之〈指物論〉觀點。「絕」當「盡」解，意謂即使「至」，其意亦不能盡。此言概念之「指」與存在之「物」可以分離。

其六「矩不方，規不可以為圓」，「矩不方」，意謂由「矩」所成之「方物」，不是「方」的本身，「規不可以為圓」，意謂畫成圓形的圓「規」，不是圓的本身。故方矩、方物與方的自身，圓規、圓形與圓的自身皆可分離。

其七「鑿不圍枘」，成玄英疏云：「鑿者，孔也；枘者，內孔中之木也。然枘入鑿中，木穿空處不關涉，故不能圍。」「鑿」與「枘」兩物之各自是其所是，而拆開其間之「虛」的關係，因為「關係」是虛概念，二者不相圍，意即可離。

其八「飛鳥之景，未嘗動也」，「景」讀為「影」，意謂動靜在「物」，而「影」本身皆無所謂「動」。牟宗三以為若依「輪不輾地」之解至動變成至靜，時間之瞬與空間之點，皆不可得，則連鳥之動亦不可能。

其九「鏃矢之疾，而有不行不止之時」，「鏃」是「矢端」，箭射出之疾速之動，在某一時間內一點而言，而明其實為不動，此如同「輪不輾地」，依「一息不留，忽焉生滅」而言，至變即可轉為不變。

其十「一尺之捶，日取其半，萬世不竭」，「捶」，另本作「棰」，成玄英疏云：「捶，杖也；取，折也。」此將量度抽象化，而為一數學量，將一尺之棰，做「日取其半」之無窮分割，永遠還有其本來的二分之一，故云萬世不竭盡。

其十一「狗非犬」，「狗」是小犬，「非」當「不等於」解，小犬不等於犬，因不等而為離，然不礙其「狗是犬」的類屬關係之合。

其十二「黃馬驪牛三」，此說的是馬、牛之個體，加上黃驪之色而為三，實則亦可言四，因為四者皆獨立概念而不相屬。

其十三「孤駒未嘗有母」，此從「孤駒」之定義，即可謂「無母」，若自駒出生之所由來言，則有母。

上述十三條，皆有斷案，而無前提。牟宗三亦將此十三條，分為三組：「火不熱」、「目不見」、「指不至，至不絕」、「矩不方，規不可以為圓」、「鑿不圍枘」等五條為一組；「輪不輾地」、「飛鳥之景，未嘗動也」、「鏃矢之疾，而有不行不止之時」、「一尺之捶，日取其半，萬世不竭」等四條為一組；「狗非犬」、「黃馬驪牛三」、「孤駒未嘗有母」等三條為一組。並云：此三組皆能明「離堅白」之思理。而「雞三足」有類於「卵有毛」、「犬可以為羊」，當可列入「合同異」組。如是，「合同異」組當為九條，其中惟有「郢有天下」、「龜長於蛇」可明「合同異」之思理。

如是而言，「離堅白」組十二條，較諸「合同異」組九條，較少怪說。

「辯者以此與惠施相應，終身無窮」，「應」兼有呼應與應合二義，因為「相與樂之」，故可「終身無窮」，終其身而樂此不疲。〈齊物論〉評述「惠子之據梧也」，有云：「唯其好之也，以異於彼，其好之也，欲以明之彼。非所明而明之，故以堅白之昧終。」此言「好之」，乃心知執著之謂。有云：「三子之知，幾乎皆其盛者也，故載之末年。」此「盛」之到達高峰，近乎「相與樂之」之「樂」，而「載之末年」亦與「無所終窮」相應。惟〈齊物論〉多了價值的省思與批判，批惠施「非所明而明之」，而判為「故以堅白之昧終」，意謂心知所明之離堅白，實為生命的昏昧。在〈德充符〉說出了「天選子之形，子以堅白鳴」之深致惋惜之情的痛切語。「子之形」指謂的是天生的真實，才智絕高，卻一生在「離堅白」的心知執著，與「堅白鳴」的人為造作中，「外乎子之神，勞乎子之精」，既耗神以外逐，又精氣疲困於內，〈養生主〉所說的「以有涯隨無涯，殆已」，堪稱是對辯者之徒最貼切的評斷。

## 三、對桓團、公孫龍與惠施的評論

**桓團公孫龍辯者之徒，飾人之心，易人之意，能勝人之口，不能服人之心，辯者之囿也。**

惠施日以其知與人之辯，特與天下之辯者為怪，此其柢也。然惠施之口談，自以為最賢，曰天地其壯乎！施存雄而無術。南方有倚人焉曰黃繚，問天地所以不墜不陷，風雨雷霆之故。惠施不辭而應，不慮而對，偏為萬物說，說而不休，多而無已，猶以為寡，益之以怪。以反人為實而欲以勝人為名，是以與眾不適也。弱於德，強於物，其塗隩矣。由天地之道觀惠施之能，其猶一蚉一虻之勞者也。其於物也何庸！夫充一尚可，曰愈貴道，幾矣！惠施不能以此自寧，散於萬物而不厭，卒以善辯為名，惜乎！惠施之才，駘蕩而不得，逐萬物而不反，是窮響以聲，形與影競走也。悲夫！

### ❖飾人之口而不能服人之心的桓團、公孫龍

桓團、公孫龍是辯者之徒的代表性人物。「徒」是徒眾，一者與惠施相應合，二

者追隨桓團、公孫龍。成玄英疏云：「並趙人，皆辯士也，客遊平原君之家。」「士」為讀書人的通稱，儒家為儒士，墨家為墨俠，道家為方外隱士，法家為法術之士，名家為專講名理的辯者之士。而自成一學術團隊，諸子百家皆得自古道術之流傳，獨名家與神明聖王之全體大用的道術不相干，而流落在道術之外。

「飾人之心，易人之意」，心為生命主體，「飾」為外鑠而多餘，是心知執著的修飾美化，「易」為人為造作的改變更易，此由「飾」而「易」，試圖以名理取代儒之性理或道之玄理，徒亂心意而已！「能勝人之口，不能服人之心」，成玄英疏云：「言未當理，故不能服人之心。」僅能在思路口辯上，逼對方無言以對，卻不能在理上說服對方。「辯者之囿也」，「囿」，宣穎云：「辯者迷於其中，而不能出。」意謂為自己的名理思路所困住，故「辯者之囿」是辯者之徒的自我遮蔽。《荀子．解蔽》有云：「惠子蔽於辭而不知實。」此等名理命題，遠離實事實理，與生命不相干，不會有道德的感動力，也不會有情意美感的共鳴，當然不能服人之心，而僅能勝人之口，不過白忙一場而已！

### ❖ 強於物而弱於德的惠施

「惠施日以其知與人之辯」，俞樾認定「之」可能是衍文，每日運用自己的才智，對天下人展現自己的辯才無礙。「特與天下之辯者為怪」，「特」當「只是」解，只是跟天下的辯者之徒，好發怪異之論。「此其柢也」，俞樾云：「此其略也。」言其一生行誼，大略如此。

「然惠施之口談，自以為最賢」，然而惠施卻對自己的辯才，給出最高的評價，以為普天之下沒有人可以超過我。「曰天地其壯乎」，說自家的氣勢如同天地般的壯大，「施存雄而無術」，惠施存此雄心壯志，卻僅停留在空論的層次，而無術以彰顯道。

「南方有倚人焉曰黃繚」，「倚」當「奇」解，如〈大宗師〉的「畸人」，說南方有一個名叫黃繚的奇人，不隨流俗，而獨顯風格，拋出了一個天大的問題，「問天地所以不墜不陷，風雨雷霆之故」，問天不墜地不陷，與風雨雷霆之現象發生的理由所在，此亦「歷物之意」的另一章，不是進行當代天文地理與氣象的科學研究，也不是探究天地萬物所從來的生成原理；而僅是腦海裡靈光一閃憑空發出來的大哉問，根本沒有什麼大道理可說。未料，「惠施不辭而應，不慮而對」，惠施竟一點也不推辭，也不經思慮的立即回應，反正「歷物之意」，在名理思路上可以兩相呼應，各憑才氣機智，而無關是非對錯。

「徧為萬物說，說而不休，多而無已」，人生路上徧歷萬物，看到什麼都給出一個觀解式的說辭，說個不停，什麼都說卻不知休止。「猶以為寡，益之以怪」，以為自己還說得不夠，為了引來天下人的心思注意，還增益奇詭怪異之說。「以反人為實而欲以勝人為名」，此名實相對，意謂論說話題的實質內涵，悖離了人情之常，卻藉此怪異之說，打出了自己的名號，「是以與眾不適也」，因此跟天下人不能適意的相處。

「弱於德，強於物，其塗隩矣」，生命的本德天真在消散流失中，而人間街頭的爭逐排名卻往上攀升，「塗」當「途」解，人生的道途也就越走越窄。「由天地之道觀惠施之能，其猶一蚉一虻之勞者也」，天地之道，乃生成萬物之道，就〈天下〉篇所建構之神體明用內聖外王之統體為一的價值體系來評量，惠施「歷物之意」的靈光偶現，既無德行的化成，又無認知的構成，雖「偏為萬物說」，卻「存雄而無術」，盡說空話，悖離了人情之常，還「益之以怪」，打亂了既有的理序，既開不出道路，又修不成德行，故云：「其猶一蚉一虻之勞者也。」蚉虻渺小，且為生物本能所禁閉，故雖勞累而無功。「其於物也何庸」，對萬物的生成來說，又能生發什麼樣的作用呢？意即雖終身無窮，終究未修成正果。

「夫充一尚可，曰愈貴道，幾矣」，在百家中充其數而為一家，那還可以；若謂惠施之名理，「愈」是更加的意思，貴於道則幾矣，意謂可以增長加深道的高貴，「幾矣」是那就差不多了，也就是「危殆了」之意。宣穎解「充一尚可」的「一」為「內聖外王皆原於一」的「一」，再「由充一而愈尊，天道庶幾矣」，此採正面的說解，與上下文之語文脈絡，義理難以貫串。

「惠施不能以此自寧」，惠施雖徧為萬物說，卻安頓不了自家的生命，以其強於物而弱於德之故。「散於萬物而不厭」，心思散開於外，而不知回頭，「卒以善辯為名」，最終僅以善辯聞名於世。「惜乎！惠施之才，駘蕩而不得，逐萬物而不反」，成玄英疏云：「駘，放也，痛惜惠施有才無道，放蕩辭辯，不得真原，馳逐萬物之末，不能反歸於妙本。」此所言之「真原」與「妙本」，皆指謂「道體」而言，失落了真原與妙本，才智絕高而流放於辯者的名理之域，成了人間的棄才。「不得」是價值落空，此深致歎惋痛惜之情，爭逐外物而不知回歸生命本身。

「是窮響以聲，形與影競走也」，宣穎云：「欲窮響而但尋之以聲，欲息影而不知止形，皆不知本之喻也。」想終結音響，卻不斷的發聲，「形」試圖擺脫「影」的追逐，卻出以更快的腳步。此謂完全沒有切身的反省，回響從發聲來，影緊隨形而走，不知問題出在自身，而不在天下，故「歷物之意」乃「逐萬物而不反」，雖勞神苦思，也安頓不了自家的生命，〈德充符〉說惠施「倚樹而吟，據槁梧而瞑」，是惠施一生最好的寫照。

「悲夫」，意謂可悲的一生，此已非〈內篇〉好友間的相知諷勸，而直是對惠施其人的深責論定。

老子「澹然獨與神明居」，淡出俗染塵囂，朗現真我，而與神體同在，與明用同行。

# 莊子內七篇・外秋水雜天下的現代解讀

作者：王邦雄
主編：曾淑正
封面設計：唐壽南
企劃：叢昌瑜

發行人：王榮文
出版發行：遠流出版事業股份有限公司
地址：台北市中山北路一段十一號十三樓
郵撥：0189456-1
電話：（02）25710297
傳真：（02）25710197

著作權顧問：蕭雄淋律師
二〇一三年五月一日　初版一刷
二〇二四年八月一日　初版七刷
售價：新台幣四八〇元（平裝）新台幣七〇〇元（精裝）

ISBN 978-957-32-7193-2（平裝）
ISBN 978-957-32-7194-9（精裝）
遠流博識網 http://www.ylib.com
E-mail: ylib@ylib.com

國家圖書館出版品預行編目（CIP）資料

莊子內七篇・外秋水・雜天下的現代解讀／王邦雄著. -- 初版. -- 臺北市：遠流，2013.05
面；公分
ISBN 978-957-32-7193-2（平裝）. --
ISBN 978-957-32-7194-9（精裝）

1. 莊子 2. 研究考訂

121.337　　102006616